Googleがほしがるスマート脳のつくり方

ニューエコノミーを生き抜くために
知っておきたい入社試験の回答のコツ

ウィリアム・パウンドストーン［著］
桃井緑美子［訳］

Are You Smart Enough to Work at Google?

Trick Questions, Zen-like Riddles, Insanely Difficult Puzzles, and Other Devious Interviewing Techniques You Need to Know to Get a Job in the New Economy

青土社

Googleがほしがるスマート脳のつくり方

もくじ

10. 自分の頭の重さを測る
絶体絶命のときはどうするか　183

解答編

Googleがほしがるスマート脳のつくり方

本書で扱った主題に計り知れない貢献をしたマーティン・ガードナー［一九一四 - 二〇一〇年］を偲んで。

一〇〇人の囚人が一人ずつ三人の海賊と一緒に独房に入れられています。海賊の一人は朝、海に突き出した板の上を歩かされます。囚人は全員一〇本ずつ酒をもっていますが、そのうちの一本は毒が入っています。海賊は一二個の硬貨をもっていますが、一個は贋金で、重さが本物よりも軽いか重いかのどちらかです。独房にはスイッチが一つあり、囚人はそれをそのままにしても切り替えてもよいことになっています。独房に入れられる前に、全員が赤い帽子か青い帽子のどちらかを被せられています。ほかの囚人の帽子は見えますが、自分の帽子だけ見ることができません。一方、ある六桁の素数のサルは桁が入れ替わるまで増え、それから全部のサルがカヌーで川を渡らなくてはなりませんが、カヌーには一度に二頭しか乗れません。しかし、サルの半分はかならずうそをつき、あとの半分はかならず本当のことを言います。さて、一から一〇〇までの数のうち二つの数の積を囚人の一人が知らないのを一頭のサルが知らないことをN番目の囚人は知っていますが、$N+1$番目の囚人が部屋のスイッチを切り替えたかどうかを知らずに、毒の入っている酒瓶がどれで、自分の帽子は何色かを判断するしたら、このパズルの答えはなんでしょう?

——インターネット上で広がっている面接問題のパロディ

1

グーグルプレックスは激戦の場

超人気企業に採用されるには

カリフォルニア州マウンテンビューにあるグーグル社の四四号棟。ジムはそのロビーの椅子にぼんやりすわっている七人のうちの一人だった。全員が押し黙ったまま、おもしろくもなんともないテレビジョウをそれでもやめられずに見つめていた。グーグルのライブサーチボード。たったいまグーグルのサイトに入力された検索キーワードが刻々と映し出されていく。それを見るのは、世界中の人々の日記の鍵をこじ開けておいて、よせばよかったと思うのに似ている。ニューオーリンズかハイデラバードかエディンバラに住む誰かの欲望や不安が、その瞬間にグーグルのロビーにいる選ばれたのぞき屋たちに向かって放送されている。のぞき屋のほとんどは二十代から三十代で、面接の順番を待っているところだ。

大きい文字の聖書
追い蒔き
ファンタジー作品
世界最大の氷河

ジャバスクリプト
男性化粧品
教育の目的
アーチェリーに関するロシアの法律

ジムは自分が面接に通りっこないのがわかっていた。グーグルには年間に一〇〇万人もの就職希望者が殺到する。[1]仕事にありつけるのは一三〇人にたった一人だ。ハーバード大学入学の競争率でさえ一四人に一人だから、いかに苛烈かわかろうというものだ。ハーバードに合格するのと同じで、グーグルの社員になるには高いハードルをいくつも越えなくてはならない。

ジムの第一次面接の面接官は、汗びっしょりで遅れてきた。職場までバイクできたからだ。彼はまず、職歴について丁重に質問した。ジムは短いキャリアのことを一所懸命に説明した。面接官はジムのほうを見もせず、ひたすらラップトップのキーボードをたたいてメモをとっていた。

「次は少々変わった質問です」と面接官は言った。

?あなたの体が五セント玉くらいの大きさに縮んで、ミキサーのなかに投げ込まれたとします。体は縮みましたが、密度は通常と変わりません。六〇秒後にミキサーの刃が動きはじめます。あなたはどうしますか。[2]*

* **?**のついている問題は一九九ページからの解答編に解説がある。

面接官はラップトップから目を上げ、新しいおもちゃを手にしたオタクのようににやりと笑った。

「ポケットから小銭を出し、モーターに投げつけてミキサーを止めます」とジムは答えた。

キーボードをたたく音が止まった。「モーターはむき出しになっていません」。面接官の口調は、そんな答えは聞き飽きたとでも言いたげだった。「機械部分が露出していて小銭を投げつけられたとしても、あなたはドロドロになってそこに流れ込むだけですよ」

「そうですね……ええと……それじゃあベルトをとってシャツを脱ぎます。それを裂いてロープにし、ベルトもつなげます。そこに靴を結わえつけて投げ縄の要領で……」

クリックの音がカチカチと大きく鳴った。

「投げ縄というか……」。ジムはしどろもどろで続けた。「アルゼンチンのカウボーイが投げるのをなんていいましたっけ。ロープのはしに重りがついているやつです」

返事はない。ばかな思いつきだったとジムは思ったが、続けるしかなかった。「ミキサーのふちに重りを引っかけます。それでよじ登って脱出します」

「『重り』というのは靴だけですね」と面接官は言った。「それであなたの体重を支えられるのですか。体重のほうが靴より重いでしょう」

ジムにはそれ以上答えられなかった。だが、これでおしまいにはしてもらえなかった。面接官はいきなり蒸し返し、ジムがいま答えたことに一つずつ難癖をつけだした。体と一緒に縮んだはずのシャツでミキサーのふちまで届くロープがつくれるとは思えませんね。それにもしミキサーのふちまでよじ登れたとしても、そこからどうやって下に降りるのですか。そもそも六〇秒で本当にロープがつくれるのですか。

ジムはこんなところで本当になどという言葉が出てくるとは思わなかった。グーグルが人の体を縮められるレーザー光線をもっていて、来週にも実験しようとしているとでもいうようだった。

「今日はありがとうございました」。面接官はそう言ってまだ湿っている手を伸ばした。

なりふりかまっていられない時代だ。就職競争がこれほど激しかった時代は記憶にないし、採用面接もこれまでになく厳しい。雇用なき景気回復に、仕事の質が変わったことが重なったための苦い果実である。

職を求める人々にとって、グーグルは丘の上の輝ける街だ。そこでは頭脳明晰な人々が最先端の仕事をしている。グーグルはフォーチュン誌の選ぶ「働きがいのある企業一〇〇社」の常連でもある。「グーグルプレックス」と呼ばれているマウンテンビューの本社は、世間から幸運な人たちと思われている社員のために、快適なサービスをずらりと取りそろえている。一一軒ある社員食堂は地元で採れた有機栽培の食材を使った料理を無料で出す。構内のところどころにフリークライミング用の壁とスイミングプールがあり、壁面いっぱいのホワイトボードには思いついたことを自由に書ける。卓球台、テーブルサッカー台、エアホッケー台に、イギリスの赤い電話ボックスや、恐竜のトピアリーのようないたずら心のある装飾類が構内を飾る。さらにコインランドリーやインフルエンザの予防接種、外国語のレッスン、洗車、オイル交換も無料だ。自宅から職場までシャトルバスで送迎してもらえるし、ハイブリッドカーを買えば五〇〇〇ドルの補助が出る。構内の移動にはスクーターが用意されている。子供が生まれた社員は、テイクアウトの食品代として五〇〇ドルの補助と一八週間の育児休暇がもらえる。同性カップルは医療補助にかかる所得税を負担してもらえる。[3] 全社員が毎年スキー旅行に行く。このような特典はたんに会社が気前よくふるまってくれるものではない。かといって、昔と違って組合や個人が交渉して勝ちとったものでもない。この業界では優秀な人材を獲得することに社運がかかっているため、充分すぎるほどの補助や福利厚生を用意するのが企業にとっては得策なのだ。福利厚生は社員を満足させるだけでなく、社員でない人々の憧れの的にもなる。

グーグルはあなたが思うほど特別ではない。今日の群れなす失業者がどの企業をもグーグルのようにしているからだ。いまや人気企業ではなくても、どのポストにもさまざまなキャリアをもつ高学歴の就職希望者が集まる。雇う側にしてみればありがたい。業界の優秀な人材がより取り見取りなのは、グーグルばかりではないのだ。かたや求職者にとってはありがたくない。かつてなく無礼で、辛辣で、プライバシー無視の厳しい質問を浴びせられるのである。

それが最も露骨なのが採用面接だ。もちろん、面接の定番とも言えるおなじみの質問もたくさんされる。「勤務姿勢」に関する月並みな質問はその代表だ。

「同僚とうまくやれなかったのはどんなときですか」
「態度の悪い顧客に対応したときのことを話してください」
「生涯最大の失敗は?」
「納期を守れなかったことは?　そのときどうしましたか?」

「これまでにあなたが管理したなかで一番変わっていたチームは？」

仕事に関する質問もされる。

「ホールフーズについて外国人客に説明してください」
「ターゲットがウォルマートに対抗するにはどうしたらよいでしょう？　シェアを獲得するには当社のブランドをどう変えればよいでしょうか」
「ワコビアが顧客を増やすには？」
「今後一〇年のスターバックスの課題はなんだと思いますか」
「フェイスブックを収益化するには？」

それから実務テストがくる。企業は求人に応募してきた人に何ができるかを口頭でたずねるのではなく、面接中に実際に披露させようとする。セールスマネージャーはセールスプランを案出しなくてはならない。企業弁護士は契約書を起草させられる。ソフトウェアエンジニアはプログラムを書かされる。

最後に、知的能力を試す自由回答の難問が出される。グーグルはこの部分で有名だ。「ミキサーのなかに投げ込まれたら」といった類の問題は、頭の柔軟さのみならず、起業家としての資質を試すものでもある。それがグーグルで重視されるのは、この企業が急速に成長したことと無関係ではない。

あるポストに雇われた人も数年のうちには別の仕事をしているかもしれない。実務テストは有用ではあるが、特定のスキルのみしか測れない。ありきたりでない質問をしてこそ、どの企業も求めていながら測り方を知らない資質を試せるのである。求めている資質とは、革新を生む能力だ。

グーグルの面接で出される問題の多くがマウンテンビューを越えて他企業にも広く使われているのは、そこに理由がある。グーグル「ブランド」はいまや世界で最も高い価値がつけられ、ミルウォード・ブラウンの調査によれば、八六〇億ドルである。そして成功は模倣を招く。どの業界でも、企業は「グーグルのようになろう」と誓う（それがキッチンの床タイル業界にとってどんな意味であれ）。むろん、そこには人材採用の手法も含まれているというわけだ。

次にくる数は？

グーグルの面接スタイルは、過去に論理パズルで応募者をテストしたテクノロジー企業の手法をもとにしている。一つ例を挙げよう。面接官がホワイトボードに次の六つの数字を書く。

10, 9, 60, 90, 70, 66

問題は、次にくる数は何か、だ。

これに似たクイズは創造性の心理テストで使われている。たいていの応募者は考え込み、なんとかして連続した数の意味を読みとろうとするが、どこから考えてもさっぱりわからない。応募者のほとんどが降参する。運のよいごくわずかな者だけがハッと気づく。

計算は忘れよう。そして数を英語で綴ってみよう。すると次のようになる。

ten
nine
sixty
ninety
seventy
sixty-six

文字の数の順に並んでいるのだ！

ここでよく見てほしい。三文字で綴る数は10（ten）だけではない。1（one）も2（two）もそうだし、6（six）もある。四文字の数も9（nine）にかぎらず、0（zero）もあれば4（four）も5（five）もある。ホワイトボードに書かれた数はその文字数で綴る最大の数なのである。

さて、ここからだ。次にくる数はなんだろう？　66の次は九文字で綴る数で最大のものということになる。頭を回転させるうち、96（ninety-six）だと思いつくだろう。100以上の数は考えなかったはずだ。「one hundred」だけで一〇文字を超えてしまう。

七文字の数が100（hundred）でなく70（seventy）なのはなぜだろうと思うのではないだろうか。もっと言えば、100万（million）と10億（billion）も七文字だ。これらの数は正式に綴ると基数がつくため、つまり100なら「one hundred」と綴るのが正しいためと考えるのが妥当だろう。

「オンライン整数列大辞典」のサイトは、数列を入力すると次にくる数を教えてくれる。[4] もちろん面接では使えないが、このサイトによると次の数は96だと解答が出る。最近はありとあらゆる業種の企業が面接でこの問題を出しているが、気の毒な応募者を困らせるためだけの場合も少なくない。こうした企業の多くは、96を唯一の正解としている。

グーグルは違う。マウンテンビューでは、96は可もなく不可もない答えだ。もっとよい答えは

10,000,000,000,000,000,000,000,000,000,000,000,000,000,000,000,000,000,000,000,000,000,000,000,000,000,000,000,000,000,000,000,000,000,000

一〇の一〇〇乗、すなわち「1グーゴル（one googol）」である。

ただし、これはベストアンサーではない。完璧な答えはこうだ。

100,000,000,000,000,000,000,000,000,000,000,000,000,000,000,000,000,000,000,000,000,000,000,000,000,000,000,000,000,000,000,000,000,000,000

「10グーゴル（ten googol）」なのである。

グーゴルという答えのはじまりは、古く一九三八年ごろにさかのぼれる。九歳のミルトン・シロッタと弟のエドウィン・シロッタは、ある日ニュージャージー州パリセーズでおじに連れられて散歩に出かけた。おじはコロンビア大学の数学者エドワード・カスナーで、アイビーリーグの大学で科学分野の終身在職権を得た最初のユダヤ人として少々名を知られていた。カスナーは勉強好きな甥の関心を引こうとして、1の次に0が一〇〇個つく数の話をした。そしてその数字の名前を考えてごらんと幼い兄弟に問いかけた。そうしてミルトンが考えついたのが「グーゴル」だった。[5]

この言葉はカスナーが一九四〇年にジェイムズ・ニューマンとの共著で執筆した『数学と想像力』で紹介された。もっと大きい数を表わす「グーゴルプレックス」、すなわち一〇のグーゴル乗もこの本に出てくる。この二つの言葉は大いにうけて大衆文化に浸透し、『ザ・シンプソンズ』にも登場した。そして、ラリー・ペイジとサーゲイ・ブリンの開発した検索エンジンの名前の由来にもなった。スタンフォード大学のデヴィッド・コラーによると、

> ショーン［・アンダーソン］とラリー［・ペイジ］がオフィスにいて、ホワイトボードを使ってよい名前を考えようとしていた。膨大な量のデータの検索に関係するものの名だ。ショーンが「グーゴルプレックス」と言うと、ラリーはそれより短い「グーゴル」を挙げた（どちらもある大きい数を表

わす言葉）。ショーンがコンピューターの前にすわっていたので、彼がドメイン名の登録データベースで新しいこの名前が未登録で使えるものかどうかを調べた。ショーンは絶対にスペルミスをしない人間ではない。だからまちがえて「google.com」と打ち込んでしまい、数時間のうちにはこのドメイン名で登録手続きをすることになっていた。[6]

エドワード・カスナーは一九五五年に他界し、自分が名づけた数のその後を知ることはなかった。近年は、グーゴルとグーグルの関係が剣呑になっている。二〇〇四年に、カスナーの甥の娘であるペリ・フライシャーがペイジとブリンの会社はこの言葉を無断で使用していると抗議したのだ。法的手続きも辞さないとフライシャーは述べた（この件を報じた記事で最もおもしろい見出しは「グーグル一家はわが『グーゴル』一族に話しにこい」）。[7]

グーグルのグーゴル問題は玉ねぎのように何層にもなっている。初めに、数の属性ではなく綴りの問題だと気づかなくてはならない。これだけでも難しい。さらにカスナーの数を知っていて、それを思い出さなくてはならない。「1グーゴル」を思いついたら普通の人は自分は相当さえていると思って、それ以上考えようとしないだろう。ところが、まだ最後の層がある。「1グーゴル」よりも大きい「10グーゴル」と答えなくてはならないのだ。

この問題は求職者に出題するには難しすぎるだろうか。グーグルの入社試験ならこの程度は当然だろう。しかしこの種の問題は、面接問題としては難がある。たんに着眼点の問題だからだ。要するに、ひらめくかひらめかないか、なのである。並んだ数の関係を論理的に考えていくわけではなく、もともと答えを知っていた者とその場で問題を解くことができた者とを判別できない。ほかでもないグーグルの求人応募者なのだから、検索エンジンの使い方くらい知っていて、質問内容を含めて面接についてあらかじめ調べてこないはずがない。となれば、グーグルは面接官にこれとは違うタイプの問題を出すよう指示しているに決まっている。決定的な「正解」のない、自由回答の問題だ。グーグルの哲学では、よい面接問題とは家にもち帰ってやってくる宿題のようなテストである。面接官が聞いたこともないような答え、聞いたなかでどれよりもよい答えを思いつくことが求められる。

　ある応募者の話では、グーグルの面接官は「やさしくてあたりのやわらかい人たちではない」という。[8]「無愛想」というのもよく聞く言葉で、感情をまったく表わさないらしい。退屈そうにラップトップのキーボードをたたき、こちらがさえたことを言ったつもりでも……反応はない。キーボードをたたくペースも変わらない。

　彼らはわざとそうしているのだ。頭脳を試すグーグルの面接試験は素っ気ない。応募者が順を追って説明していっても、それが「いい線いっているのかいないのか」、脳みそを振り絞った答えが正しいのかまちがっているのか知らされない。よい答えが二つ以上ある場合も多いし、なかなかな解答とみなされるものもあれば、ありきたりなつまらない答えとして切り捨てられるもの、うまい解答だと感心されるものもある。それでも応募者は、首尾よくいったかどうかわからないまま部屋をあとにする。そのせいでああでもないこうでもないと考えすぎて、頭がおかしくなりそうになる。しかも、答えがどうあるべきかも知らない他企業までがグーグル式の問題を採用するというおかしな現象も起こっているのだ。

グーグルの社員特典の極めつけは、寿司でもなければマッサージでもない。二割のプロジェクト参加だ。エンジニアは、週五日のうち一日は自分で選んだプロジェクトに携わってよいことになっているのである。まったく驚いたギャンブルだ。プロクター&ギャンブル［P&G］が社員に週に一日あたえて新しいシャンプーのアイデアを練らせるなど、考えられるだろうか。しかし、それがグーグルでは功を奏する。グーグルの収入の半分以上は二割時間プロジェクトで生まれたアイデアからきていると言われているのだ。[9] Gメール、グーグルマップ、グーグルニュース、グーグルスカイ、グーグルボイス。どれもこのプロジェクトの産物なのである。

創造の才を測るにはどうすればよいだろうか。ビジネススクールはもう何十年もこのテーマに取り組んできた。創造力がどんなものであれ、知能の高い人がその特別なひらめきをもっているとはかぎらない。この違いをうまく言い表わしたのがニコライ・ゴーゴリだった（奇しくもグーゴルおよびグーグルによく似た名だ）。ゴーゴリは小説『外套』で、こう書いた。「外套の裏地を張り替えたり繕いものをしたりするくらいの職人と新しい外套を仕立てる職人のあいだには厳然たる溝がある」。グーグルはエンジニアの労働にかかるコストの二〇パーセントを賭けて、優秀なソフトウェア職人とゼロからキラーアプリケーションを創る才のある職人とを選別しているのである。

ミキサーの問題には新しい製品を創造するプロセスが要約されている。まずはブレインストーミングだ。考えられる答えはいろいろあり、最初に頭に浮かんだのが「いけそうな」アイデアでも、それでよしとしてはいけない。問題の言いまわしによく注意して、もっとよい答えを考えなくてはならない。「想像力は知識よりも大切だ」とアインシュタインは言った。[10] このパズルに答えるのにあなたがアインシュタインである必要はないが、はるか昔に得た知識をここに結びつけるだけの想像力は必要だ。

私たちの多くがすぐに思いつく答えは、ふざけた答えである（ブログにこんなことを書いている人がいた。「ミキサーのスイッチが入れられるということは食材が入ってくるはずだから、クソな健康ドリンクで窒息死するくらいなら、ミキサーの刃に首をあてて待ってるさ」[11]）。真面目な答えでよくあるのは次の二つのようだ。①ミキサーの刃の下で体を伏せる、②刃の横に立つ。回転する刃とミキサーの壁もしくは底のあいだには、少なくとも五セント玉の幅くらいの隙間はあるにちがいないというわけである。

もう一つのありがちな答えは、③刃の上に登って軸の上に体の重心をのせるというものだ。しっかりつかまろう。そこなら遠心力はゼロに近いから、しがみついていられるだろう。

グーグルの面接問題の多くがそうだが、この問題にも不明なことがたくさんある。誰が、あるいは何が、なんのためにあなたをミキサーのなかに投げ込んだのか。悪いやつが人間スムージーをつくろうと企んだのなら、いくらじたばたしようと、生き延びるチャンスはこの先も小さいだろう。ミキサーに液体は入れられるのか。ミキサーにふちはあるのか。刃はどれくらいのあいだ回転するのか。ずっと回転しつづけるなら、③の作戦では目がまわってしまうだろう。意識を失って刃から転げ落ちてしまうかもしれない。

以上のような点を面接官にたずねることもできるが、身も蓋もない返事が返ってくる。「悪いやつの心配はいりません」「液体は入ってきません」「蓋はありません」「刃はあなたが死ぬまでまわっているると思ってください」

もう一つの手は④ミキサーの壁をよじ登って脱出することだ。面接官はどうやって登るのかと聞いてくるだろう。吸盤はもっていない。この場合、体がそのくらいの大きさならハエみたいなものだから、ガラスの壁面をよじ登れると答えるのがさえている。

墓穴を掘る答えは⑤電話かメールでたすけを呼ぶというやつだ。携帯電話も一緒に小さくなっていないか、近くの（小さくなっていない）中継塔に電波が届くかということまで考えなくてはいけない。それに警官にしろツイッターの友だちにしろ、六〇秒以下で駆けつけてくれるだろうか。

ありふれた答えはまだある。⑥着ているものを裂くかほどくかして「ロープ」をつくり、それを使って脱出する。あるいは⑦着ているものか手持ちのものを押し込んで刃かモーターを止める。すでに見たとおり、どちらも行き詰る。

二十日鼠と人間

これまでの答えは、グーグルではどれ一つとして点を稼げない。現職と旧職のグーグル面接官に聞いたところによると、知っているかぎりで最高の答えは⑧ミキサーから飛び出すというものだそうだ。

まさか？　重要な手がかりが問題のなかにある。密度だ。「五セント玉くらいに小さくなる」などという窮地は現実にはありえない。だいいち、そんなことになったら脳のニューロンが九九・九九パーセント以上消えてしまうかもしれない。このような問題の答えを見つけるには、ありそうにないことをどこまで考慮するか、どの部分に着目するかを判断する必要がある。面接官がわざわざ密度などという言葉を出したのなら、ここですよとヒントをくれたようなものだ。質量とか体積といったことがここでは重要で、合格点の答えを出すには簡単な物理の知識を使えばよいと教えてくれている。

要するに、この問題はスケール変化の効果を考えろということなのである。高校のころに聞いたことがあるだろう。アリは体重の五〇倍もの重さのものを持ち上げられる。アリが人間よりも強靭な筋肉をもっているからではない。小さいからだ。アリ（とはかぎらないが）の体重は体長の三乗に比例する。筋肉――とそれを支える骨や外骨格――の強さはその断面積で決まり、筋肉の断面積は体長の二乗に比例する。もしあなたがいまの身長の1／10に縮んだら、筋力は1／100になってしまう……のだが、体重はわずか1／1000になる。ほかの条件が同じなら、重力に逆らって自分の体重を持ち上げることにかけては、小さい生きもののほうが「力が強い」。体重の何倍もの重さのバーベルでベンチプレスができる。

スケール変化を扱った古典は、J・B・S・ホールデンが一九二六年に発表した『適切な大きさについて』である。ググれば見つかるだろう。ホールデンはいくつかの原則を用いて生物の世界の不思議を説明した。極地域にはネズミやトカゲといった小さい動物は生息していない。それなのにホッキヨクグマとセイウチは極寒の地で生きている。その理由は、小型の動物は体積のわりに体表面が大きいため、たちまち凍って死んでしまうからだ。昆虫は苦もなく飛べるが、天使はそうはいかない。翼は多くのエネルギーを要するので、人間の体重を支えきれないのである。

ホールデンの理論はB級SF映画でまったく無視されている。本当なら、重力は突然変異で生まれた巨大昆虫をナンキンムシのようにつぶしてしまうだろう。スケール変化の有利さは、『ミクロキッズ』（一九八九年）や『縮みゆく人間』（一九五七年）といったできの悪い映画の主人公のものになった。相対的に言って、縮んだ人間はあきれ返るほど強い。映画の縮みゆく男は裁縫針でクモと闘うが、まるで電柱を引きずるようにして針を振りまわそうとする。[12] 本当はもっとやすやすと扱える。

なぜこんな話をしたか、おわかりだろうか。五セント玉くらいに縮んだら、スーパーマンのようにジャンプしてミキサーから出られるのだ。

これが模範解答の要所である。もっともグーグルは、ジャンプで脱出すると答えて終わりの人材を求めているのではない。なぜジャンプで脱出できるかをきちんと説明できなくてはいけない。

一六〇〇年代半ば、ガリレオと同じ時代に活躍したジョヴァンニ・アルフォンソ・ボレリは、動物の跳躍について注目すべき法則を発見した。ジャンプするすべてのものは、おおよそ同じ高さにジャンプするというものだ。[13] これについて考えてみよう。体のどこにも故障がなければ、あなたは高さにして七五センチ前後ジャンプできる。言い換えれば、重心をどれだけ高く持ち上げられるかということだ。馬、ウサギ、カエル、バッタ、ノミについても、七五センチの跳躍力があると言っても的はず

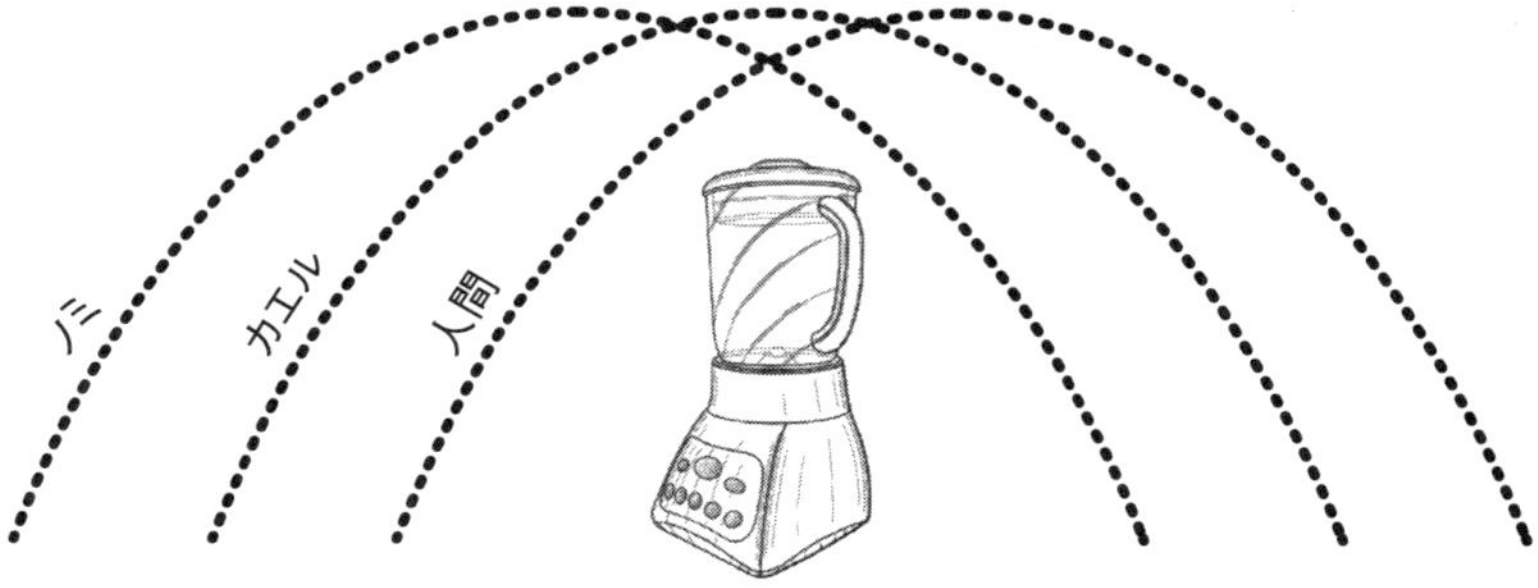

れではない。

もちろんバリエーションはある。「跳ぶ」能力が生存に重要な役割を担っている動物は、体の構造がそのために最適化されており、跳ばなくても困らない生きものよりもはるかにジャンプを得意としている。ヘビ、カメ、ゾウなど、まったくジャンプしない生きものもいる。それにしても、生物の体の構造と大きさにこれだけさまざまな違いがあることを考えると、プロバスケットボール選手のコービー・ブライアントとノミが足の下に同じだけの空間をあけられるのは驚きだ。

グーグルは応募者にボレリを知っていることを要求しているわけではないが、ボレリの理論から答えを組み立てられる者に高い点をあたえる。これは少しも難しいことではない。筋肉のエネルギーは、突き詰めれば化学物質からくる。血液に含まれて体内をめぐるグルコースと酸素、それに筋肉細胞中のアデノシン三リン酸（ＡＴＰ）だ。これらの化学物質の量はいずれも体の大きさに比例する。したがって通常の１／nに体が縮んだら、筋肉のエネルギーはn^3の倍数で減少する。

さいわい、体の質量も同じくn^3の倍数で小さくなるだろう。だから五セント玉の大きさになっても、ジャンプできる高さは増えも減りもしない（空気抵抗は考えない）。ミキサーの高さは三〇センチ程度だ。いまのあなたが三〇センチ跳躍できるかぎり、まったく問題ないのである。

降りるときはどうするのだと思うかもしれない。ミキサーの高さは五セント玉の二〇倍もある。身長の二〇倍の高さから落ちたい人はいないだろう。しかし、それも縮んだあとなら心配ない。体の表面積は$1/n^2$に、体重は$1/n^3$になっている。ということは、体重あたりの表面積がn倍になって落下に抵抗でき、着地したときに内臓がばらばらにならずにすむのである。基本的には、ネズミかそれより小さい動物はどんな高さから落ちても危険がない。ホールデンはこのことをじつにうまく言い表わした。「炭鉱の深さ一〇〇〇メートルの穴にハツカネズミを落としても、穴の底に行ってみれば、地面がやわらかいかぎり、ハツカネズミはちょっと衝撃を受けるだけで何事もなかったように走っていくだろう。ドブネズミは死んでしまう。人間はばらばらに、馬はぐしゃぐしゃになる」[14]

先に紹介した解答④はただハエのようにミキサーの壁を這い登るのだが、これもスケール変化できちんと説明がつく。人間の手のひらはベトベトしていないぞ、と思うかもしれないが、ガラスの上を歩きまわる昆虫の肢も別にベタベタしているわけではない。ガラスを手でこすってみてほしい。きっと抵抗を感じるだろう。じつを言うと、あらゆるものの表面はほかのあらゆるものの表面に少しだけ密着する。もしあなたが縮んだら、体重あたりの手足の表面積がn倍になり、その分だけ密着度も増すのである。スパイダーマンごっこをするには充分だ。

それでもスパイダーマンの答えは、スーパーマンの答えほどにはすばらしいと思われない。這い登るには時間がかかるからである。もう少し正確に言えば、高さ三〇センチのミキサーを這い登るのは、ベテランのロッククライマーが一五〇メートルの壁を登るようなものだ。慎重に場所を選んで手と足を置いていかなくてはならず、これではどうしても六〇秒以上かかってしまう。ミキサーの刃は、スパイダーマンがミキサーの壁をてっぺんまで登りきらないうちに動きだすだろう。手か足を一度でもすべらせたら一巻の終わりだ。スーパーマンの解答はそれよりもずっと速いし、ずっと安全だ。もし一度で飛び越えられなくても、もう一度、いや何度かトライするだけの時間がある。

あなたもスケールアップしよう

私がこれを書いているいまも、アメリカには一五〇〇万人の失業者がいる。彼らが以前に就いていた仕事の多くは二度と戻ってこない。広告、販売、セールス、メディア、旅行などの分野で働いていた人々はいま、彼らが「テクノロジー」企業だと思っているであろう会社で面接を受けている。テクノロジー企業でなければ、これからの世の中で主流になるビジネスだ。そのために彼らは、うかうかしていたら振り落とされてしまう厳しい採用面接を定石とする新しい企業文化に接触しなくてはならない。

ミキサーの問題はその象徴だ。企業の成長は、いやおよそ人間が気にかけるどんなものの成長も、スケール変化だと言える。つまり規模の拡大である。規模の小さいときに通用した問題の解決方法も、拡大したときに同じようにうまくいくとはかぎらない。二〇〇七年に、当時グーグルのCEOだったエリック・シュミットはこう語った。「昨年の最大の悩みは事業の規模を測ることだった。問題はグーグルが非常に急速に成長していることです。急いで人をかき集めなくてはならないときは、いつものやり方をしていられなくなるかもしれない」[15]

グーグルが採用面接で難しい問題を出すのは、いつものやり方を守ろうとする試みの一つだ。グーグルは規模の拡大がどんなことかを、たいていの組織よりもよく知っている。グーグルの事業内容と急成長が他に類を見ないものだからである。だが、生き馬の目を抜くせちがらい今日の世の中で、グーグルの経験には私たちの誰もが学ぶべきことがある。職に就いている人もいない人も、絶えず変化するこの世界で生きているのだから。

現在のトップ企業に誰かが採用される裏には、多くの人の失望がある。雇用者はしばしばこの状況を利用する。だから求職者も新しい戦法で対抗しなくてはならない。本書では今日の面接で出される超難問を分析してみよう。どんな問題なのか、どのように出題されるのか、どのように答えるのがベストなのか。あなたが雇用市場にいようといまいと、世界一頭がよくて創造的な企業の社員と知恵くらべができる（あなたが崖っぷちに立たされているのでないかぎり、問題はとても楽しめる）。そのなかで創造力あふれる思考という、もっと深い謎について何かがつかめるだろう。雇用者も有効な面接とそうでない面接の違いはどこにあるのか、なぜグーグルの面接スタイル――難問、珍問にかぎらず――がこれほど影響力をもつのかについて多くを知ることができるだろう。また求職者にとっては、本書は巧妙な質問で脱落させられるのを避けるたすけになるだろう。たいていの場合、うまくやるには思考をほんのひと跳びさせるだけでよいのだ。

問題
いまどきの面接問題の例

次の問題に答えてみよう。さまざまな業界の採用面接でよく出される問題である。解答は二〇一ページから。

?風があるとき、飛行機での周遊旅行は通常よりも時間がかかる、かからない、変わらないのどれでしょうか。

?次のアルファベットの並びの続きはなんでしょうか。

SSS, SCC, C, SC

?あなたと隣人が同じ日に不用品セールをします。二人ともまったく同じ品物を売ろうとしています。あなたはその商品に一〇〇ドルの値段をつけるつもりですが、隣人に聞くと四〇ドルで売るつもりだということでした。商品の諸条件は同一とします。この隣人ととくに親しくするつもりがないとして、あなたはどうするのがよいでしょうか。

? レコードプレーヤーのターンテーブルに水の入ったコップを置き、ゆっくりと回転速度を上げていきます。まずどんなことが起こるでしょうか。コップの位置がずれる、コップが倒れる、水がはねてこぼれるのうちのどれでしょう?

2

創造力というカルト

人事の歴史、あるいはなぜ面接官は悪乗りするのか

面接官は言った。「あなたは幅も高さも二メートル半の石の回廊にいます。闇の王が目の前に現われます」

珍妙な採用面接はこんな具合にはじまったという。マイクロソフトのプログラムマネージャー、クリス・セルズが書いている話だ。「悪魔のようなものですか」と気の毒な応募者は聞き返した。

「どんな闇の王でもけっこうです」と面接官。「あなたはどうしますか」

「逃げてもいいのですか」

「逃げたいですか」

「え、いえ、そうじゃありません。武器はもっていますか」

「どんな武器がほしいですか」

「そうですね、飛道具を」

「どんな?」

「弓、かな」

「何を射るのです?」

「氷の矢？」

「なぜ？」

「闇の王は火でできているから、かな」

面接官はこの答えが気に入った。「それからどうします？」

「闇の王に矢を放ちます」

「だめです。どうするかですよ」。沈黙。「滅ぼすんですよ！　闇の王を滅ぼすんです！」[1]

ここまでくると、応募者のほうも聞きたくなった。「くそっ、なんなんだ、これは？」

なんなんだと聞くなら、これがＩＴ企業などではいまやめずらしくもなんともなくなった採用面接なのである。面接での奇問珍問は、多くの業界でカッコよさの象徴だ。社員がどんなに「創造的」かを示してくれる。また、社員に求人応募者の面接をさせる企業の特徴でもある。ことに専門性の高い創造的な分野では、人事担当者よりも現場の社員のほうが質問すべきことをよくわかっていると考えられている。なるほど道理だ。ところが現実には、だから悪乗りしても許されると思い込む社員が少なくない。彼らは思いつくままに突飛な問題をぶつけてくる。どこかの面接で出たと耳にしたことのある問題も。だが、このマイクロソフトの例のような質問が人材の選考に役立つとはとても思えない。

なぜこんなことになったのだろう？

人事部の深くて暗い秘密は、採用面接が用をなさないことだ。なにもこれはいまにはじまったことではない。行動科学者のマーヴィン・Ｄ・ダネットとバーナード・Ｍ・バスが一九六三年にこう書いている。

面接は依然として最も広く用いられている社員の選考方法だが、コストばかりかかる、非効率的で無駄な手続きだというのが現実だ。[2]

その一〇年あまりのち、人材スカウト業のロバート・マーティンはこう言った。

私が関わった企業の求人担当者の大半は、まともで熱意ある人たちだった。しかし私自身も含めて、この仕事のコツを心得ている人には会ったためしがない。[3]

IT企業はそこを自覚している。「面接すれば相手が感じのよい人かどうかわかるし、適性のない人は専門的な質問でふるい落とせるが、そこから先はさいころを振るのと変わらない」とビットトレントの創業者ブラム・コーエンは書いている。[4] グーグルの人事担当役員ラスロ・ボックはもっと端的だ。「仕事ができるかどうかは、面接では判断できない」[5]

面接はなぜこんなに評判が悪いのだろう？　いま引用した人たちはみな、現実に痛い目に遭っていた。採用面接を有用だとする裏づけは、霊感や宇宙人による誘拐の証拠に近からずとも遠からずだ。それらしい逸話はあっても、データをよく見ればどうも信じがたい。実際、仕事での有能さについて職歴や学歴から予測できる以上のことが面接でわかるケースはないに等しいようだ。

面接官は勢い「面接の得意な」応募者に肩入れしてしまう。見た目が感じよく、言葉が巧みで、ほどよく冗談が言える人だ。しかし面接が得意でも、仕事が得意だということにはならない。そんなことはほとんどの面接官が百も承知だし、だからいくらか割り引いて判定していると彼らは言う。だが、それが功を奏していないことはほとんどの研究が示している。明確な基準なく無自覚的に判定がなされているなら、「割り引く」もなにもないだろう。採用は勘頼みなのである。

行動が行動を予測する

前世紀の大半を通じて、人事を仕事にする人々は入社志望者のよりよい評価方法を見つけようとしてきた。アプローチの一つは履歴書の活用である。応募者の経歴を普通は決まった書式の書面で提出させ、それをもとに仕事の能力を予測しようというものだ。

履歴書は保険業界から生まれたと言われている。一八九四年にワシントン・ライフ・インシュアランス・カンパニーのカーネル・トマス・L・ピーターズが、保険代理業の志望者に規定の質問をすることにしようと業界の会議で提案した。[6] 保険料の設定に使われている保険数理分析を用いれば、企業はどの人物が職務に最も適しているかを予想できるはずだとピーターズは考えたのだ。履歴書は「行動が行動を予測する」ことを前提とする。たとえば、過去一年間にスピード違反で切符を五回切られた人は今後も違反するおそれがあり、したがって事故を起こす危険がより高いとみなせる。

履歴書の標準的な質問は、第二次世界大戦中に使われていたものだ。空のアナポリスと呼ばれたフロリダ州ペンサコラのアメリカ海軍航空基地では、そのころ平時の一〇倍以上に相当する月間一一〇〇人の士官候補生を訓練しなければならなかった。全員がパイロットとして適格だったわけではない。訓練は苛酷で負担が重く、何日も体調をくずす訓練生が続出した。彼らの多くはそれまで飛行機に乗った経験がなかったのである。戦果は、一流のパイロットになれる資質と忍耐力をもつ者を見極められるかどうかにかかっていた。軍の心理学者は生い立ちと学歴と興味に関する最新式の質問書を考案した。ペンサコラに勤務する心理学者のエドワード・キュアトンは、新兵の回答と彼らのパイロット訓練校での成績とを比較した。そして自分の発見に驚いた。たった一つのある質問が優秀なパイロットになれるかどうかをほかのすべての質問よりも正確に言いあてていたのだ。

その質問は「模型飛行機をつくって飛ばしたことがありますか」というものだった。

この問いにあると答えた新兵は、すぐれたパイロットになる確率が高かった。「つまり飛行機づくりへの情熱、それにずっと打ち込んできた人の情熱が将来の成功を予測したのです」とグーグル人事部の心理学者トッド・カーライルは説明した。「そういう人は搭乗中に何度吐こうとやり抜きます」

履歴書は何度か流行り廃りを繰り返した。正しいかどうかはともかく、履歴書は「創造力豊かな」発明者とマネージャーの採用に用いるには大まかであてにできないと思われている。そのため発想豊かな人材が求められる場合は、いつの時代もどこの企業でもあまり参考にされないのである。

創造力 vs 知能

人材採用で創造力が問われるようになったのは、アメリカがスプートニクの影につきまとわれた冷戦時代の遺産である。一九五七年にソ連が世界初の地球周回衛星の打ち上げに成功したことは、アメリカ人の自信を突きくずした。アメリカが世界を牽引するのは、もはや自明のことではなくなった。新聞の論説はアメリカが技術革新で遅れをとるのではないかと書き立てた。学校は科学と創造的な思考を重視して教育課程を改めた。雇用者も創造力の潮流に乗らねばならないと判断した。そして、将来を担う発明者や起業家やリーダーを見抜くことができるかどうかを問いはじめた。

スプートニクショックと宇宙開発競争は、心理学の分野ではじまっていた動きに拍車をかけた。知能という概念を打ち砕こうとする動きである。教育者も雇用者も、それまで半世紀にわたってＩＱに深い信頼を寄せていた。「知能」とはあらゆる知的活動の成果を決定する一つの量で、血圧と同じように測定できるものと考えられていた。心理学者は学校と雇用者を市場とあて込み、ＩＱテストを作成して世の中にばらまいた。

ＩＱテストの宣伝文句がうそでなければ、雇用者の仕事は簡単なはずだった。資格を満たし、ＩＱテストの点数が高い者を採用すればよい。しかし現実には、人材の採用においてＩＱテストに価値はほとんどなかった。知能などどうでもよいというのではないが、ほぼ同じだけの情報が職歴と学歴から得られるのだ。それと並んで問題だったのが、ＩＱの高い者がすぐれた社員とはかぎらないことだった。頭はよくてもやる気がなく、何をやらせても満足にできない者もいる。

心理学者らは当初、知能が能力の発揮につながらないことに困惑した。二十世紀半ばになると、この役に立たない代物を役立てる方法が編み出された。コーネル大学で学んでトマス・エジソンの助手になったエンジニアのルイス・レオン・サーストンは、知能と能力の発揮の謎に関心を抱き、それが高じて心理学者に転向した。当時のＩＱテストの支持者とは違って、サーストンは「知能」は一つのものではなく、能弁、空間の把握、推論といった明確に区別できるいくつものスキルのことだと考え、これらのスキルのあいだに相関性はあまりないと主張した。一つのことにすぐれていても、ほかのことはからきしだめということはある。

軍属の心理学者から南カリフォルニア大学の研究者に転じたＪ・Ｐ・ギルフォードは、サーストンの説を徹底的に練り上げた。知能をおよそ一八〇もの特徴に細分し、そのすべてが（それだけの忍耐力か関心のある人がいれば）原則的に測定できるとした。[7]

「創造力」をビジネスにした立役者はエリス・ポール・トーランス（一九一五‐二〇〇三年）だ。トーランスは創造力と知能とは別のものであるだけでなく、創造力こそが真に重要なのだと訴えた。折しもＩＱテストへの幻滅が最も深まった一九六〇年代に、これはうまい作戦転換だった。人材採用でＩＱテストに実際的な利点がある証拠が乏しかったためだけでなく、公民権運動によってアメリカの企業が初めて多様性に意識を向けることにもなったからである。ＩＱテストにマイノリティへの偏見があることは、少なくとも統計上は容易に見てとれた。こうして雇用者はＩＱテストも、ほかの数々の標準化された性格テストも使わなくなった。

私たちはみな、「知能」がどういうものかおおよそのところは知っている。知能とは、論理的に思考し、この世の中の機微を理解する能力である。知能の高い人は勉学でも仕事でも呑み込みが早い――意欲さえあれば。一方、「創造力」はもっとわかりにくい言葉だ。人のやる気を引き出そうとするときは、レオナルド・ダ・ヴィンチ、スティーヴ・ジョブズ、シェイクスピア、ヘンリー・フォード、ピカソ、オプラ・ウィンフリーなどの名が引き合いに出される。いずれも創造力にあふれる人物の代表として挙げられる人々だ。ビジネスの世界では、「創造力」のある者が「成功」を収めるとされる。だが、あまたの成功者のストーリーは、創造力イコール成功という単純な図式がかならずしも正しくないことを物語っている。

グーグルのアイデアは夢から生まれた。ある晩、ラリー・ペイジは夢のなかでふと構想が頭に浮かんだところで目が覚めた。「リンクはそのままでウェブ全体をダウンロードできたらどうだろう……。私はすぐさまペンをとってメモしはじめた」。博士号取得者でも世界を変えるような企業を設立しない者は大勢いる。ペイジは彼らとどこが違うのだろう? 幸運な夢? それとももっと重要な何かだろうか。

トーランスがしようとしたのが、この種の疑問に答えを出すことである。トーランスはまず、科学者や発明家や探検家の生涯を徹底的に調べた。取り組むべき重要なテーマは、創造力と知能はどう違うかだ。おもな考え方は二つあった。無関係説と「特別にあらず」説である。無関係説は、知能と創造力をまったく別のものと考える。どちらか一方をもつ者、両方そなえている者、どちらにも恵まれなかった者。あたりまえのことだ。

創造力は特別なものではないとするのが「特別にあらず」説である。私たちの頭のなかでは、創造力と知能ははっきり区別されていない。区別するのは完全に頭の外だ。豊かな発想と高い志から生まれたもの——グーグルや電球やキュビズム——を目にしたとき、私たちは特別な知的能力がそれらを創造したにちがいないと思いたがる。だが、それは錯覚だ。ごく普通の知能と意欲と努力、そしてタイミングと環境が集まって実を結んだのである。

「特別にあらず」説をとるなら、その夢をみたペイジはラッキーだったのだろう。夢をみていなければ、あるいは夢でみたような発想が次々と浮かんでいなければ、グーグルを共同設立することはなかった。何かほかのことで成功したにちがいないだろうが、グーグルのように世界を大きく変えるものではなかったかもしれない。トマス・エジソンは「特別にあらず」を端的に表わす言葉を残した。「天才は一パーセントのひらめきと九九パーセントの努力である」[8]。もちろん、エジソンやペイジほどの知能と気概がなければ、「運よく」ひらめくこともないだろう。運も実力のうちというではないか。

「特別にあらず」説と無関係説のどちらにもいくらかの真実があると考えるのは簡単だ。トーランスはその中間をとり、閾値理論を提唱した。この理論によれば、創造的であるためには高い知能がなければならないが、逆は真ではない。創造的で成功した人々を無作為に集めたサンプルを調べると、ほぼ一〇〇パーセントがきわめて知能の高い人であることがわかる。だが、きわめて知能の高い人を無作為に集めたサンプルを見ると、創造的だったり、仕事や人生で目立つほどの成功を収めたりしている人はほとんどいない。別の言い方をすれば、ＩＱが高い人の団体であるメンサの会には、頭脳明晰な敗者がひしめいている。

　トーランスによれば、創造力のある人は、知能と学歴が高いだけの有象無象とは一線を画す特別な輝きがある。トーランスはその輝きを見分ける方法を探った。そして一九六二年に、以下のようにまとめた。

創造力とは、次のような過程を経て、新しいもの、並はずれたものを生み出すことである。

・困難な点、問題、足りない知識、欠けている要素、不自然な部分に気づく。
・それらについて推論し、仮説を立てる。
・その推論と仮説を評価し、テストする。
・必要があれば推論と仮説を見直す。そして、
・最後に結果を公表する。[9]

なるほどと思うと同時に、わかりきったことだと感じるかもしれない。トーランスはすでにこの創造力の概念を商品にしていた。共同研究者とともに「ミネソタ創造的思考テスト」と「トーランス創造的思考テスト」を考案したのである。これらの標準化されたテストは「拡散的思考」を問うものだった。拡散的思考とはJ・P・ギルフォードの造語で、その後ビジネスの現場ではブレインストーミングと呼ばれている。ギルフォードの提唱した拡散的思考を試すテストで代表的なのは、一個の煉瓦の用途をできるだけたくさん考えさせるというものだ。用途をたくさん思いつくほど、そしてその用途が独創的であるほど、創造力が豊かだと判定される。

子供を対象としたトーランスの同様のテストでは、子供にウサギのぬいぐるみをあたえ、それをどんなふうに改良すればもっと楽しく遊べるかを考えさせた。今日の採用面接は、よくも悪くもこれらの定番のテストの影響が残っている。まさに煉瓦の問題を出す企業もある。バンク・オブ・アメリカはビジネス向けに手を加えた問題を使い、何が入っているかわからない紙袋から中身を取り出させ

て、その場で売り込み文句を考えさせる。「採点」は略式ながらギルフォードの方法とだいたい同じで、セールスポイントの数に独創性の評価点が加えられる。
グーグルの面接では拡散的思考を次のような問題でテストする。

? 読んだことはなかなか覚えていられないもので、ことに何年も経つとすっかり忘れてしまいます。覚えているにはどうしたらよいでしょうか。

応募者はその場で新しい製品を発案しなければならない。このような問題にうまく答えるには、アイデアをたくさん思いつくだけでなく、それを取捨選択して見込みのありそうなものを洗練させる必要がある。拡散的思考を補完するのが「収束的思考」である。論理的に、あるいは直感的に可能性の範囲を絞っていき、どの方法が問題の解決策として最もよいかを決めていく思考プロセスだ。
収束的思考は理解しやすい。私たちは考えた内容を言葉で論理的に説明できる。それにくらべると、「奇想天外な」アイデアがどのように頭に浮かんでくるかを言葉で正確に表わすのは簡単ではない。そもそもアイデア自体がそう簡単に湧いてくるものではない（「頭をフル回転させても何も思いつかない！」）。拡散的思考と収束的思考は、陰と陽のごとく表裏一体だ。革新者として成功するには、両方が必要なのである。拡散的思考だけにすぐれた人は変人かもしれないし、収束的思考のみが得意な人は頭はよくても創造的ではない。

一九六〇年にミネソタ大学が「宇宙時代についての会議」を主催した。基調演説をしたのは高名な人類学者のマーガレット・ミードと、エリス・ポール・トーランスだった。ミードはトーランスに、創造性は以前から研究されているが成果はあまり上がっていないと指摘したうえで、「今回なんらかの成果があると思うのはなぜですか」とたずねた。[10]

これがよいところを突いた質問であるのはいまも変わらない。創造性の研究は足場になる地面がほんの少ししか見えない泥沼のようだと批判する心理学者は相変わらずいる（『白鯨』の作者ハーマン・メルヴィルが哲学についてそう述べた）。[11] トーランスがひねり出したのは、部外者にはなんの意味もなさない新しい専門分野だ。創造性の心理学には独特の用語も専門誌もあれば、正統とされる研究もあり、崇められている権威もいる。抜きがたい問題は、創造性に対する今日の理解が常識とかけ離れているのではないかという疑問がつきまとうことだ。

今日の心理学者が定義する創造力とは、特定の社会的状況で新しい発想を有用性に結びつける能力とするのが一般的である。[12] 社会的状況を重視するのは最近強まっている傾向で、ビジネスの世界の「創造力」ではことに大きい意味をもつ。天才の独り舞台に喝采する、個人主義のアメリカらしいものの見方がそこにある。一匹狼のカウボーイが世界を制覇するにちがいない値千金のアイデアを思いつくのだ。だが、いつもそううまくいくとはかぎらない。ピーター・ロバートソンはプラスとマイナスのねじまわしよりも便利な先端の四角いねじまわしを発明した。だが、ほとんどのエンジニアに便利さを認められているにもかかわらず、カナダ以外では普及しなかった。その理由は誰にもわからない。

成功の理由は失敗の理由と同じくらい説明が難しい。ビズ・ストーン、エヴァン・ウィリアムズ、ジャック・ドーシーはツイッターを開発して大成功したが、なぜ成功したのかははっきりとはわからない。ツイッターが登場する以前から、eメール、携帯メール、ブログ、ポッドキャスト、ユーチューブ、マイスペース、フェイスブックはみなあった。ほかのミニブログもすでにあったし、いまもある。ツイッターの付加価値はとらえにくいが、つまりは世情にはまったのだ。ツイッターは絶えず移り変わるコミュニケーション様式という生態系のニッチなのである。ツイッターが創造的という言葉で形容されるのは、ツイッターが成功しているからだ。これだけの成功を予測していた者がツイッター社にさえいただろうか。革新者はおもしろいと思うことをやってみて、それがあたるのを願う。

はじまりはオックスブリッジとIBM

心理学の研究は、すでにはじまっていた傾向を理論的に正当化した。人物の評価に難問や奇問を使うことだ。イギリスのオックスフォード大学とケンブリッジ大学では、古くから入学志望者に厳しい口頭試問を課している。「オックスブリッジ試問」には論理パズルや哲学的パラドックスもあり、いかにもイギリスらしいひねった問題が出題される。「ガールスカウトには政治目標があるか」「火星人に人間のことを説明するとしたら、どんなふうに表現するか」「牛一頭の体の水分は世界の水の何パーセントか」「(殺人だけによろこびを感じる) 精神病質者に疑似体験装置で好きなだけ『殺人』をやらせるのは道徳的か」。ケンブリッジの神学部は学生にこんな難題をふっかける。「地球から人類がいなくなったら、キリストの再臨はあるか」[13]

アメリカでは、コンピューター産業界が他に先立って面接に難問を採り入れた。そのはしりはしばしばＩＢＭだとされている。ＩＢＭの有名なエンジニア、ジョン・Ｗ・バッカスは人事部もお手上げの有能な人材で、その多才さは試験で測定できるようなものではなかった[14]。バッカスはバージニア大学を成績不良で退学させられたあと、第二次世界大戦中に陸軍に召集された。軍が一連の適性検査を受けさせたところ、通常の軍務に就かせるにはもったいないほど優秀だとの結果が出た。バッカスは入隊する代わりに、公費でふたたび大学に入った。

その後、バッカスはコロンビア大学で数学の修士号を取得した。ある日、幸運な偶然からニューヨークのマディソン街にあるＩＢＭ本社の前を通りかかった。そこに展示されていたＩＢＭの新型電子計算機は、画期的な小型化によってマンハッタンのオフィスを一つ占める程度の大きさになっていた。バッカスが目をまるくしてそれを眺めていると、社内見学の案内係が話しかけてきた。バッカスは数学を勉強していると話した。案内係は彼を二階に通し、結果的にそれが採用面接となった。そのときに出題されたのが論理パズルだったのである。

時は一九五〇年。当時のＩＢＭは困っていた。ソフトウェア設計は電気工学とはまったく別の完全に新しい分野で、名称も学位のとれる課程もまだないことに遅まきながら気づいたのだ。ソフトウェアという言葉すらなく、ハードウェアと言えば、レンチや配管掃除用の通し棒のことだった[15]。ＩＢＭが求める人材は、どんな分野の出身でもおかしくなかった。論理パズルを問うのは急場しのぎの方法ながらも、新しい発想のできる人材を見分けようとする一つの試みだった。

バッカスは論理パズルに見事に答え、その場で採用が決まった。やがて彼は開発チームを率いて高水準コンピューター言語の第一号であるFORTRAN（フォートラン）を誕生させる（ソフトウェアにおけるこのプログラミング言語の重要性は、ハードウェアにおけるトランジスタのそれに例えられている）。高水準プログラミング言語がそもそもなかったために、それに通じている者もなく、バッカスはチームの人材を集めるのに広範囲に網を打たざるをえなかった。バッサー大学で数学を専攻し、新卒で採用されたロイス・ハイブトはこう述べている。「問題解決のスキルがありそうだとみなされれば、どんな人でも採用されました。ブリッジ選手、チェス選手、それに女性さえも」[16]。結晶学者と暗号解読者も加わり、チームは一〇人に増えた。バッカスはFORTRAN開発の創造的プロセスについて、エジソンやトーランスを思わせる言葉で語っている。「アイデアをたくさん出して、わき目もふらずに努力しても、うまくいかないことがある。それでも、うまくいく方法が見つかるまで何度でもやり続けなくてはいけない」[17]

一九五七年、トランジスタの発明者として名を残す三人のうち最も気難しかったウィリアム・ショックリーは、電子機器を製造して市場に出すために西部に居を移した。ショックリー半導体研究所はシリコンバレーで最初のベンチャー企業で、所在地はマウンテンビューだった。現在のグーグルプレックスから自転車で行けるくらい近い。ショックリーは採用面接で論理パズルを出題することに異様なまでに執着し、ストップウォッチで回答時間を計るほどだった。たぶん、それは一つの前兆だったのだろう。ショックリーは鬼のような上司だった。彼が採用したすこぶる優秀な人材のうち八人——名高い「八人の反逆者」——はまもなく嫌気がさして辞めていった。その彼らがフェアチャイルド・インスツルメンツやインテルといった企業を創設した。以来、コンピューター業界の採用面接には脳みそを絞らせる難問がつきものになっている。

サーゲイの魂を悪魔に売りわたせ

二〇〇四年七月、アメリカの東西両端に謎めいたビルボード広告が立てられた。一つはハーバード大学に隣接するハーバードスクエアに、もう一つはシリコンバレーのハイウェイ一〇一号の脇に。いずれも白い背景に黒い文字で次のように書かれているだけだった。

{eの数列に最初に現われる10桁の素数}.com

誰が立てたのかも、なんの広告なのかも、いっさい告知されていなかった。

これはテストだった。案の定、広告は評判を呼んだ。数学好きのブロガーたちが広告板のことをブログで取り上げ、ナショナル・パブリック・ラジオが謎について報じた。このパズルを最初に解いた一人は、型破りな物理学者にして数学者のスティーヴン・ウルフラムだ。一九五九年にロンドンで生まれたウルフラムは天才的な子供で、十七歳のときにクォークに関する重要な論文を発表し、その三年後にはカリフォルニア工科大学で素粒子物理学の博士号を取得した。一九八〇年代には別名「天才賞」と呼ばれるマッカーサー・フェロー賞を授与され、プリンストン高等研究所に勤務し、リチャード・ファインマンと共同研究をした。一九八七年にウルフラム・リサーチを共同設立し、科学者とエンジニア向けの計算システム「マセマティカ」を商品として売り出すと、世界中でこのシステムが使われるようになった。ウルフラムは、このマセマティカのコードをたった一行だけ使って広告板の問題を解いてしまったのだ。

この広告の問題の意味を説明しよう。まず、括弧内の斜体の小文字 e だが、これはオイラー数のことで、約2.71828……である。e を説明する一つの方法として、複利の威力を表わすものと言うことができる。悪徳な金貸しから日利一〇〇パーセントの複利で一ドルを借りると、一年後には e ドル弱の借金を抱えることになる――二・七一ドルだ。

複利は e の仮の姿の一つにすぎない。e は神秘的とも言える数で、数学のさまざまな場面に出てくる（そのほとんどが高利貸しとは無関係だ）[18]。その点で、e はもっと広く知られている π に似ている。円周率と言いながら、π も円と無関係な公式にも登場する。π と同様、e は十進記数法では正確に表わせない。2.71828ではじまる終わりのない小数の連なりで……決して循環しない。

そこがこのパズルにふさわしいのだ。e は循環少数ではないので、その数字の列をずっと見ていけば、そのなかにどんな数の組み合わせも見つかるのである。あなたの電話番号は e のどこかにある。どんな人の電話番号も、信用度を表わすクレジットスコアも、打率も、ある。世界の人口も、明日の宝くじの当選番号も、モロッコの都市タンジールの現在の気温も、すべて e のなかにある。

広告板の問題は、e の数字の列に最初に現われる一〇桁の素数を問うものだった。素数とは、1より大きい整数のうち、1とその数自身でしか割り切れない数のことである。7は素数で、23もそうだ。

8は2と4で割れるので素数ではない。25も5で割れるから違う。古代ギリシアの時代から、素数の分布にははっきりしたパターンがないことが知られている。あらゆる大きさの素数がある。

オイラー数eの計算方法も、素数を見分ける方法も、多くが知られている。二十一世紀を生きる私たちにとって、断然簡単な方法はグーグル検索だ。何百ものサイトが何に使うのかわからないほどの桁数のeを教えてくれるだろう。素数のリストを提供してくれるサイトもあるだろう。

だが、それらは期待するほど役に立たない。特定の短い数（自分の体重など）がeのどこに最初に出てくるかを知りたいなら、オイラー数の載っているサイトを探して、ブラウザの検索機能で目ざす数を見つければよい。しかし、一〇桁の素数は残念ながら山ほどある。四億個以上だ。解錠番号を一つずつ試す泥棒さながらに、それらを一つ一つ調べていかなくてはならない。素数を教えてくれる協力者がいて、睡眠をとらずに一秒に一個ずつ調べられたとしても、全部を確かめるには一四年近くかかるだろう。

このパズルを解く唯一の現実的な方法は、プログラムを書くことだ。ウルフラムがしたのはそれだった。さいわい、マセマティカはこのパズルを解くのに要するような数論的計算が効率よくできるように設計されている。ウルフラムの書いた一行のプログラムは次のようなものだった。[19]

```
Select[FromDigits/@Partition[First[RealDigits[E,10,1000]],10,1],PrimeQ,1]
```

目ざす一〇桁の素数は7,427,466,391だと、このプログラムがたちどころに答えを出した。次に示すように、*e*の小数点以下九九位の数からはじまる。

2.718281828459045235360287471352662497757247093699959574966967627724076630353547594571382178525166427427466391…

広告では括弧のあとに.comと書かれていたので、ウルフラムはブラウザに「7427466391.com」と入力した。するとこんなページが開いた。

おめでとうございます。あなたはレベル2に到達しました。

続いて二問目の問題が出題された。それに正解すればレベル3に進める。世界中の切れ者がたちまちこのパズルに取り組むようになった。レベルが上がるごとに、テレビゲームのようにプレイヤーの数が減っていった。ついに最終問題の終了とともに、賞品が発表された（つまり、あっけない種明かしがされた）。グーグルに履歴書をお送りくださいという誘いだ。

採用試験として頭脳を試す難問を出題することを、グーグルほどおおっぴらに宣伝した企業はないだろう。メリーランド州のロシア移民の息子だったサーゲイ・ブリンは英語があまり話せなかったため、数学パズルに楽しみを見出した。少年時代のラリー・ペイジは、変わり者の発明家ニコラ・テスラに夢中だった。ミシガン大学時代には、レゴブロックで実際に動くインクジェットプリンターをつくった。[20]

グーグル草創期の五年間は、ペイジかブリン、もしくは二人ともが応募者の一人一人と面接した。[21] いまでも新人を雇用するときはかならずペイジの承認が要る。二人は面接で奇抜な質問をすることで知られていた。弁護士のアリッサ・リーが面接を受けたとき、ブリンは自分の魂を悪魔に売る契約書を作成してくれと言った。契約書は三〇分以内にeメールで送らなければならなかった。

リーはこう語る。「あまりに現実離れしたおかしな問題だったので、法的な質問をブリンにするのをすっかり忘れてしまいました。どんな法的保護を必要とするか、どんな条件をつけたいか、魂の代償として何がほしいのかといったことです。でも、そんな心配は的はずれだと気づきました。ブリンが求めていたのは、変化球を受け止め、それを楽しむことさえできる人、予期せぬ事態に対処する過程で力を発揮する人だったのです」[22]。リーは採用された。

グーグルのビルボード広告は、人材募集広告のようでいてじつはそうではなかった。履歴書ならすでに殺到している。パズルを解いて職を求めてきた切れ者たちは優遇されたわけではなかった。派手な広告は、おもに新しいものを創造する職場としてのグーグルのイメージをいっそう輝かせるためのものだったのだ。グーグルはごくわずかな出費で旧来のメディアの注目を集めるとともに、ネット上でうわさを広げることにも成功した。誰もが注目したわけではないし、注目した人の多くがグーグルは救いがたいオタクの集団だと思ったにちがいない。それでも、グーグルで働く資質のある人のほぼ全員がなんらかのかたちでこの広告について見聞きしたのは確かである。広告はウルフラムのように職を求めていない世界トップクラスの天才の関心を集めた。この広告のおもな効用は、ソフトウェアエンジニアが転職を考えたとき、真っ先にかならずグーグルを思い浮かべるようになったことだ。

アップル教団

グーグルよりももっとカッコいい企業があるとすれば、それはアップルだ。アップルに採用されるときの心配は、「仕事のためならみずから去勢することさえ厭わない社員の多さ」だとある応募者は語る。[23] この人はフロリダ州に開店するアップルストアのスタッフの募集に応募した。時給一一ドルほどの販売員の仕事である。アップル教団に入信しなかった彼はこう話した。

慈愛に満ちた神が見守ってくれていると全員がすっかり信じている教会へ行ったことがありますか。あるなら、アップルの面接もそれに似ていると思ってください。新規開店のための面接は二カ月から三カ月かかりました。まず会社の紹介です。見事アップルの社員になった人が四、五人きて、アップル製品の特長とアップル製品で生活がどんなふうに変わるかを説き、それから応募者に立ち上がって自己紹介するように言います。そのあとが採用してくれるマネージャーのお眼鏡にかなうべく、猿まわしの猿のように芸を披露する時間です……。最初から最後まで、まるでマルチ商法組織の面接みたいな雰囲気ですよ。[24]

アップルストアの店員がディズニーランドのスタッフのようにきっちり役割を振られているのに気

づいた人もいるだろう。彼らはそろっておのおのの役割にぴたりとはまっている。ダサイ人は一人もいない。なぜなら、ものすごい数の人を押しのけて採用されたからだ。二〇〇九年にアップルがマンハッタンのアッパーウェストサイドに新店舗を開店したときの応募者は一万人にのぼり、そのうち採用されたのはわずか二〇〇人強（約二パーセント）だった。[25] グループ面接で聞かれた質問がアップルの文化を雄弁に物語る。「二〇〇一年の出来事は？」。9・11同時多発テロをもち出そうものなら、ほかにいいニュースがあったでしょう、と素っ気なく言われる。「正しい」答えはこうだ。「アイポッドが発売されました！」「アップルストア一号店が開店しました！」

これが勝ち組企業の社員採用なのである。憧れの企業だからこそ、一人の求人に何十人もの応募者が押し寄せる。そして面接でパズルを解かされ、芸を披露させられ、試され、いたぶられる。その果てに、群を抜いて光る才能のもち主だけがすくいとられ、残りはお払い箱になるのだ（その彼らにしても、大半は申し分なく能力の高い人たちだろう）。企業がこんなことをする理由はわからないではない。不思議なのは、なぜこれほど多くの求職者が企業の魔力の虜になるかだ。

つい最近まで、求職者はインクで手を汚しながら地方紙の求人広告に目を通したものだった。雇用者が出す広告の大半は地元の媒体にかぎられていた。インターネットとモンスタードットコムのような就職情報サイトによって、求職者は居住地を越えた選択の自由に目を開いた。待遇や社風の比較記事を読んで、一流企業に応募者が殺到する。評判の高さは企業にナイトクラブと同じ効果をもたらす。人気の高いところは入るのがひどく大変なものだ。

シリコンバレーでは、破格な福利厚生もひねった面接問題と同じくらい歴史がある。ヒューレット・パッカードはその先鞭をつけた企業の一つで、無料のおやつや高額な結婚祝金と出産祝金が社員に支給された[26]。グーグルの社員特典の多くは、バイオテクノロジー企業のジェネンテック（金曜日に形式ばらない会議をする）やフェイスブック（犬を職場に連れてこられる）などをまねたものである[27]。いまやシリコンバレーの企業では一流の料理人がつくる無料の食事があたりまえになっているし、子供が生まれただけで五〇〇〇ドル前後がもらえるのだ。ラリー・ペイジが言うとおりなのである。「うちと張り合うには、そういう面でも競争力がなくてはね[28]」

これを気前のよさと呼ぶなら、徹底した個人主義を標榜した作家のアイン・ランドが気に入りそうな類の気前のよさだ。グーグルの初期の投資家が無料の社員食堂に渋い顔をしたとき、サーゲイ・ブリンは得意の数字をもち出して防戦した[29]。社内で食事ができなければ、昼食をとりに車で出かけ、料理が出されるのを待ち、それからまた車で戻ってこなくてはならない。会社の敷地内で食べられれば、社員一人につき一日三〇分が節約できる。そう考えれば、社員食堂は割に合うというわけである。

もっと肝心なことを言えば、人が働きたくなるような企業がどこから見ても「すぐれている」のは確かなことなのだ。ペンシルベニア大学の経営大学院、ウォートン・スクールのアレックス・エドマンズの計算によれば、フォーチュン誌が選ぶ「働きがいのある企業一〇〇社」の一九八四年から二〇〇五年までの投資実績は、市場全体を年四・一パーセント上まわっていた[30]。

なぜだろう？　フォーチュン誌の年間ランキングを作成したロバート・レヴェリングとミルトン・モスコウィッツは、働きがいのある職場に不可欠な要素は信頼だとずっと前から主張してきた。私たちがしらけた時代に生きているのは隠れもない事実である。そこらの企業で上司を冗談まじりにくさすのにどれだけの時間が費やされているだろう？　社員が製品と上司と会社そのものに愛着をもつ数少ない企業では、みなもっと一所懸命に働いている。

ペイジは、ミシガン州フリントのシボレーの工場で働いていた祖父が革を巻いた鉄パイプを持って出勤していたのを覚えている。[31] ストライキ期間中に会社がスト破りのために雇ったならず者から身を守るためだった。十二歳のころから起業を夢みていたペイジは、会社に不服のある労働者は非生産的な労働者だと思うようになっていた。

グーグルやアップルのような企業は、創造的で先進的な職場だと思われるために努力を惜しまない。聞いたこともないような社員特典はそのごく一部にすぎないかもしれないが、経営陣が人的資本を大切にしていることをアピールするには目立つやり方である。少なくともシリコンバレーでは、福利厚生は景気低迷期にもあまり削減されず、このところは社員特典の充実がまた流行になってきているようだ。ゲームやソーシャル・ネットワークのもっと小規模な企業の待遇にくらべると、いまやグーグルが月並みでケチくさく見えるほどである。ソフトウェア企業のアサナに入社した社員は、一万ドル相当のコンピューターと電子機器という大盤振る舞いにあずかる。企業は有望な人材を引きつけられる新しいものを探して躍起になっているようにさえ見える。スクリブドのサンフランシスコのオフィスは、就業時間後にゴーカート場に早変わりする。ワイヤーロープを張り巡らせて滑車で滑空するジップラインもある。ソーシャル・ネットワーク・ゲーム会社のジンガは、社員が電話やケーブルテレビの配線工事に立ち会う必要があるときに、自宅に代理を派遣することにしている。「うちが初めての職場という新卒社員がいますからね。ほかの会社で働きたいと思われないようにしないといけません」とジンガの人事部門責任者コリーン・マクレアリーは言う。[32]

権利意識の強い求職者の多さを企業が嘆くのも無理はないだろう。景気の回復に雇用が伴わなかろうと、この傾向は変わらない。最近の調査によれば、二〇一〇年の大学新卒者の四一パーセントが就職の内定を断わっており、この数字は好況だった二〇〇七年と同じである。[33]面接官が応募者に質問はあるかとたずねると、熱心に聞いてくるのは手当や特典のことばかりということも少なくない。ある面接官は法的な事柄に関する特典に異様なほどこだわる求職者の話をしてくれた。「会社は訴訟費用を負担してくれるのか、自分が訴えられたときはどうか、現在係争中のものにも適用されるのか、会社を訴えても『理論上』は特典を利用できるのかを知りたがったのです」[34]

今日の面接問題は天才を見つけるためのものであると同時に、甘やかされた大きい赤ん坊をふるい落とすためのものでもある。コンサルタントのラケシュ・アグラワルは、マイクロソフト、AOL、サーチ、電子版ワシントンポスト紙の仕事をしたことがあるが、面接で求職者にその企業の製品についてどう思うかをたずねている。あるとき某所で応募者の一人とたまたま顔を合わせたので、よかれと思って、面接の前に製品についてしっかり調べておくとよいと助言した。面接の日、その男は製品を試していないと話した。ウェブサイトは見たが、興味が湧かなかったという言い分だった。アグラワルによれば、「マーケティング担当副社長の面接だったんですよ」とのことだ。

問題
オーソドックスな頭の体操

次に挙げるのはテクノロジー企業の面接で長年使われている難問である。現在は他業界の多くの企業でも出題される。(解答は二〇九ページから)

? 川岸に人間が三人とライオンが三頭います。全部を向こう岸に渡さなくてはなりませんが、ボートは一隻しかなく、一度に運べるのは二人(頭)だけです(人間一人とライオン一頭も可)。岸にいるライオンの数が人間の数を上まわると、人間が喰われてしまいます。どうやって渡せばよいでしょうか。

? 四分の砂時計と七分の砂時計を一個ずつ使って正確に九分を計ってください。

? 一ドル以下の釣り銭を出すときの硬貨の組み合わせの最少個数は?

? 真っ暗な部屋で一組のトランプをわたされます。そのうちN枚が表を上に向け、残りは下に向けています。カードを見ることはできません。カードを二つの山に分け、どちらの山にも表が上を向いたカードが同じ数だけあるようにするにはどうすればよいでしょうか。

? 立方体のチーズが一個とナイフが一本あります。チーズをまっすぐに切って二七個の小さい立方体に分けるには、何度切ればよいでしょうか。

?箱が三個あり、そのうち一個に高価な賞品が入っています。ほかの二個はからです。あなたは好きな箱を一個選べます。それに賞品が入っているかどうかは教えてもらえませんが、あとの二個のうち一個が開けられて、からであることを見せてもらえます。最初に選んだ箱を取るか、もう一個の開けられていない箱と交換するか、どちらかを選べます。交換しますか、それともそのまま最初の箱にしますか。

?あなたは自動車に乗っていて、床にヘリウム風船がひもで結びつけてあります。窓は閉まっています。アクセルを踏むと風船はどうなりますか。前に傾くか、うしろに傾くか、それとも真っ直ぐのままでしょうか。

3

ひっかかった、面食らった！

大不況はいかにして奇問珍問を流行らせたか

大手スーパーマーケットチェーンのウォルマートは、一時期だれ彼かまわず雇ったと言われている。それもいまは昔のことだ。経済情勢の厳しい現在は、従業員の欠員が出るたびに応募者が殺到し、しかもその多くが資格過剰であることから、面接で以前よりもひねった問題を出すようになった。たとえばこんな具合だ。「買い物客がろくに服を着ずに店に入ってきたらどうしますか」。難問で知られるグーグルの問題ほど難しくはないにしても、口先だけでうまく答えるわけにはいかない、慎重を要する心理パズルである。この問題には、身なりで人に不快感をあたえるのはそういう人ばかりではないと答えるのがよいだろう。仲間うちで褒めそやされる最新ファッションを身につけた目立ちたがりの若者と、ふさわしい服装のできない知的障害者の大人を同じにはできない。ウォルマートは、ワンパターンな答えをしない人を求めている。

ウォルマートが社員を厳選するのには理由がある。二〇〇九年九月、労働省は求職者数が求人数の六倍にのぼると発表した。[1] これだけ失業者があふれているために、難問やひっかけ問題や何回にもわたる面接が規模の大小を問わずあらゆる企業に広がった。いまや最先端ではない成熟産業までがこのやり方をまねている。

「もしもスーパーヒーローになれるとしたら誰になりたいですか」
「あなたの性格を最もよく表わす色は何色ですか」
「動物にたとえるとあなたはどの動物ですか」

これらはシリコンバレーの型破りな新興企業の面接問題ではない。それぞれAT&T、ジョンソン・エンド・ジョンソン、バンク・オブ・アメリカの面接で質問されたことなのである。この時代、雇用者がこれまで以上に厳しい目で社員を選抜しなくてはならないと考えるのは無理もない。だが、とりわけ優秀で意欲的な人材を確実に見抜く方法は、残念ながらいまもってない。そこでハイテクベンチャーのみならず、大企業も「創造力」や「社風との適合性」を判断するという名目で、奇問、珍問、ときにはひっかけ問題を出すのだ。

「ほとんどの面接官は始終面接をするわけではありません。年に二度くらいでしょうか。自分が見たり聞いたりしたことをまねるので、それがずっと続いていくのです」とコンサルタントのラケシュ・アグラワルは説明する。[2] 奇抜な面接問題はジョークやバイラルビデオと同じで、口コミとまねで伝わっていくミームだ。それが広がり続けるのは、人材選びに役立つからではなく話題になるからなのである。

足切り問題とリトマス試験

二〇〇八年に求人市場が大幅に縮小したのに伴い、雇用者は就職フェアに参加したり、電話で聞きとり調査をしたりするようになった。そしていわゆる足切り問題を出し、リトマス試験をする。「ふさわしくない」人をはじくための（とされる）簡単な問題や審査基準だ。今日のように応募者が多くては、それも必要だと言われている。仕事に関する知識や意欲、性格、社風との適合性、ストレス対処能力などが試されるだろう。応募者にはねらいがわかりにくい場合が多いが、それでも「ふさわしくない」答えを言えば二次面接には進めない。

ラケシュ・アグラワルは一番好きなインターネット製品をたずねる。そして「あなたならそれをどう改良しますか」と聞く。二番目の質問はうそ発見器だ。「Gメールにどれだけ惚れ込んでいるかを聞いたあとでGメールに望むことを話させるのですが、それが初めからGメールに備わった機能だったりするのです」[3]

多くの企業が自社について細かい質問をする。本当に意欲的な人ならそれ相応の下調べをしてきただろうと考えるからだ。ゴールドマン・サックスの面接官は自社の株価をたずねる。ジョンソン・エンド・ジョンソンは、自社が訴えられている係争中の最大の訴訟について説明させる。製薬業界の裏の現実も認識せよということか。

モルガン・スタンレーの面接問題には、最近フィナンシャル・タイムズ紙でどんな記事を読んだか——答えられない応募者が多いらしい——とか、０・０１の平方根を答えよというものもある（答えは0・1)。JPモルガン・チェースは円周率の値をたずねる。応募者が何桁まで暗誦できるかがわかると、得るところが大きいと考えられているのだ。

ブルームバーグLPは、文字校正をさせるのを好む。応募者は一段落のなかに指定された文字が大文字小文字含めて何個出てくるかを数えさせられる。これは想像するよりはるかにむずかしい(うそだと思うなら試してみよう。残らず見つけられる人はほとんどいない)。

とくにウォール街では、面接はいじめと紙一重と言っていいくらいだ。ブルームバーグでは、面接官が応募者の足を引っ張ることもある。ある応募者はこう振り返った。「面接官は私の言うことにいちいち『確かですか? 確かですか?』と口をはさみました。暗号めいたものをメモしながら、『確かですか?』と笑いながら聞いて、へまをさせようとしていました。答えが正しいときでもです」[4]

モルガン・スタンレーのPDTグループのマネージャー、ピーター・ミューラーは、彼の財布に現金がいくら入っているかを「九五パーセント自信をもって」推測させることで知られている。[5] 応募者は小さい金額と大きい金額の二つを答え、財布のなかの金額がその範囲内であることに九五パーセント自信がなければならない。

誰でも用心深いので、だいたいは小さい金額にゼロを選び(ミューラーほどの人物なら現金など持ち歩かないかもしれない)、大きい金額のほうはたとえば五〇〇ドルなどと答える。するとミューラーは、即座に財布から五〇〇ドルを取り出して言う。「金額を変更したいですか」。応募者がどれほど大きい額に変更しようと、ミューラーはまた財布からその金額を取り出す。手のなかから次々とコインを出すマジシャンさながらだ。

「漫画のキャラクターになるとしたら、どのキャラクターになりたいですか。その理由は?」。これはバンク・オブ・アメリカが、気分はすでに銀行家の意欲満々な応募者たちにたずねる質問だ。ある応募者は「ヨギベア〔日本語版ではクマゴロー〕と答えました」と言う。「そう答えた理由は覚えていませんが、採用担当のマネージャーたちは手を打ってよろこびましたよ」。その人はすぐに採用が決まった。[6]

このような、ときにはバカバカしいにもほどがあると言いたくなるような質問がいまではあたりまえになっているのだ。数学やテクノロジーに秀でていることはたいていの事業経営には関係ないので、大企業は性格的に会社と相性のよい人材を見つけるほうにいっそうの力をそそぐ。採用面接はお見合いのようなものになっている。ホールフーズの面接官は「最後の晩餐」はどんなものにしたいかを話させる。食品の知識と食べることへの情熱を判定する手っとり早い方法なのである。エクスペディアも旅行に関して同様の方法をとり、「どこへでもキャンプに行けるとしたら、どこにテントを張りますか」といった質問をする。

油田サービスのシュルンベルジェは、求める人材の性格について考えが非常にはっきりしている。外向的なエンジニアだ。遠隔地の支店を転々とさせられるので、すぐに友人ができるような人でなければ頭がおかしくなってしまうと考えるからだろう。そこでシュルンベルジェの面接は、引っ込み思案な人をふるい落とすという観点から計画されている。応募者は泊りがけの面接で採用担当者と酒を酌み交わし、「趣味はなんですか」などと聞かれたりする。そのときに「ジョナサン・フランゼンの小説の最新作を読むこと」と答えるのはあまり感心しない。

このところよく用いられる「一〇段階自己評価」にどのように答えるのが最善かについては、いろいろと推測されている。たとえば金融大手のウェルズ・ファーゴは競争心の旺盛さを一〇段階で評価させるが、応募者のほぼ全員が8かそれ以上と答える。採用されたければ、謙虚なふりはしないほうがよいというわけだ。

ネット小売業のザッポスは、もっとひねった質問を用意している。「一〇段階でいうと、あなたはどのくらい変わり者ですか」と聞くのだ。[7] CEOのトニー・シェイは、中間あたりが好ましい答えだと言う。1では「わが社には少し堅すぎるだろう」し、10は「変人すぎるかもしれない」とのことだ。

気づかないうちにリトマス試験にしくじっていることもある。高級デパートのノードストロームは、採用担当者によると、次の三点だけで女性の応募者の九〇パーセント以上を落とすという。[8]

・黒い服を着ているか。
・ハイヒールをはいているか。
・腕時計をしているか。

この三つすべてに「イエス」でなければならない。独断的もいいところだ。それでも小売業を志望する人のほぼ全員がノードストロームで働きたがっているのなら（フォーチュン誌の二〇一〇年「働きがいのある企業一〇〇社」で五三位）、雇用する側にしてみれば、暗黙の服装規定にはずれる応募者を合格とする理由はないということになる。

同じように知らないうちにテストされるのが、いつでもどこでもできる「エアポートテスト」という性格評価である。面接官が応募者と会ったあとでその人の好感度を評価するのだ。ラリー・ペイジはこう説明する。「出張のときに空港で長い乗り継ぎ待ちをしているあいだ、その人〔応募者〕とずっと一緒にいなければならない場合を考えてみるのです。楽しみだと思えるか、それともがっかりか」[9]。一緒にいて楽しい人を雇いたいのだ。

今日最もよく用いられているリトマス試験は、クレジットスコアと雇用状態の二つにちがいない。雇用者の多くは信用度の低い人と失業中の人を雇いたがらない。なぜか？　信用度の低さは判断力のなさとみなされるからである。それはショッピングモールでのみならず、職場でも同じだ。「過去に判断ミスをしたことがあるとわかったら、そんな失敗を会社でもやらかされてはたまらないと思うのです」と化学企業ソネボーンの人事責任者アニタ・オロスコは言う[10]。

もっと読みの深い企業は、失業者をいっさい雇わない。企業がレイオフするときは「できる」社員を残すのが当然だという頭があるからだ。優秀な人材はレイオフを実施した企業に集まっている。求められるのはそういう人材であって、実際に職を必要としている人ではないのだ。「管理職を採用する人事担当者のほとんどは、自分では認めたがらなくても、失業中の応募者には見向きもしない」とCNNマネーに語ったのはマスメディアと出版業専門の人材コンサルタント、リサ・チェノフスキー・シンガーである[11]。

運よく面接官と会って話すことができた応募者を待っているのは……次また次の面接だ。アトランタの働きたい職場ランキングにつねにランクインする会計事務所のアーロンズ・グラント・アンド・ハビフで採用を担当するミシェル・ロビノヴィッツは、「能力を試す回数は以前よりも確かに増えている」と言う。「景気がよかったころは、面接は一度か二度だった。いまは適性をしっかり見極めたいので、最低でも四回は面接する」[12]。この傾向は景気が回復しても続くだろうとロビノヴィッツは予想する。[13] 企業は「スリム化」の必要性を痛感し、雇用に失敗すると高くつくことを学んだのである。

グーグルは応募者を飛行機で呼んで一日で集中的に面接するが、そんな余裕のある企業ばかりではない。応募者はもっとつらい目に遭わされる。不条理な面接だ。つまりに採用されるかされないのか延々と決着のつかないまま、何度も呼び出されて面接を受けさせられるのである。しかも、最後に決着がつけばまだいい。そうやって何度も足を運んでも、お疲れさまのメール一本もらえずに、ただ呼ばれなくなる場合もあるのだ。五日も六日も費やして五回も六回も面接を受け、それでも状況が皆目わからなかったりする。以前なら、普通は五回も面接に呼ばれれば脈があると思ってよかっただろうが、いまは五回でもなんの意味もない。

宙ぶらりんの状態は面接をもって終わりになるとはかぎらない。最近は、これはと思う応募者に試用期間として数カ月間働いてもらうというのが流行ってきている（その間の福利厚生は微々たるものか皆無）。グーグルではこの期間を契約社員扱いとする。どういうことかおわかりだろうか。この場合の「仕事」も実際には別のかたちの面接なのである。この期間が終わって初めて、会社は正規に採用するかどうかを決定する。いうまでもないが、このやり方はきちんとした仕事に就いている応募者には向かないだろう。だが、職探しに必死な今日の大勢の失業者や不完全就業者は、仕事らしきものならなんでも逃すまいとするものだ。

突飛な面接問題の効果はいかに

最近の多様な面接スタイルは、優秀な人材を見分けるのに役に立つのだろうか。その答えはまだ出ていない。珍奇な問題や独断的な評価基準は、今日の人事の堅実な指針に反して見えるだろう。応募者の選考方法はできるだけ仕事に直結するものであるべきだとするのが人事の鉄則なのである。人事担当者の大半は、採用後の仕事と似た仕事を実際に、あるいは模擬的にやらせる実務テストに最も信頼を置いている。サーゲイの魂を悪魔に売る契約書を作成させるのも、突飛ではあってもその一例だった。その効果は統計調査によって証明されている（一九五六年から一九六五年までのAT＆Tによるものが有名[14]）。

「創造的思考力」を測る難問と性格判断は、特定のスキルに限定せずに総合的な能力をテストできるということになっている。だが、本当にそうなのだろうか。確かなのは、特定の問題に不思議な効果を感じてそれを「得意の問題」としている面接官がいることだ。連勝中は肌着を替えないスポーツ選手がいるが、面接官もそれと同じように、「効果があった」覚えのある質問を毎回かならずする。革新を生む羨望の的の企業の多くが面接でそうした問題を出しているところを見ると、そのやり方が正しいようにも見える（「論より証拠」）。

それが正論かどうかはまったくわからない。人事の仕事は価値をはっきり表わせない慣行ばかりだ。心理学者のダニエル・カーネマンは、イスラエル軍が士官候補生の資質を見極めるために使ったテストについて語っている。記章をはずさせられた新兵が八人一組になり、電柱を塀や地面にふれさせずに塀の向こう側に移動させるよう指示された。目的は、誰が指揮をとり（「天性のリーダー」）、誰がおとなしくうしろに控えているか（「部下」）を観察することだった。「ところが、困ったことに判別できなかった」とカーネマンは言う。「毎月のように『統計日』を設けて士官訓練校から意見を聞き、そこから候補生の資質に対する私たちの評価の精度がわかった。結果は毎回同じだった。仕官学校での成績を予測する能力は私たちにはないに等しかった。それでも、次の日にはまた候補生が障害物訓練場に連れてこられ、私たちは彼らを塀に向かわせて本性が現われるのを見守ったものだ」[15]

この手法はいまも企業国家アメリカのいたるところに、かたちを変えて立派に残っている。今日の過熱した求人市場でよく行なわれているのは、同じ仕事の応募者を集めて議論をさせる「グループディスカッション」である。彼らは採用されるのが一人だけだとわかっている。ディスカッションはちょっとしたリアリティ番組になり、採用担当者は誰がイニシアティブをとるかに黙って注目する。この方法にイスラエル軍のテスト以上の効果があるかは疑わしい。

採用方法に効果があること——あるいはないこと——を証明するには、複雑な統計分析が必要である。採用の基準は百パーセント信頼できなければ困るというなら、雇用者はあてずっぽうで採用するほかないだろう。そんなものなどありはしないのだ。職歴も、学業成績も、そのほかどんなものも確実ではない。採用はつねに運まかせのゲームなのである。有能でも今日のようなひねった面接問題にうまく答えられない人はいる、だからその種の問題で採用を決めるべきではないと多くの求職者が抗議する。この言い分には先に述べた理由からいくらでも反論できる。それでも採用や昇進を決定する基準は、ほぼどれも「不当」と思われやすいことが心理学の研究から明らかになっている。[16] 基準になじみがない場合は、なおさら強く不当と感じられる。これまでの面接は対話が主体だった。合否の通知は数日後か数週間後に届き、そのあいだには気持ちも落ち着く。だが、創造的思考力を測る問題を出す場合には、面接中にその場で不採用を突きつけられる。しくじれば、しくじったとわかるものだ。これは後日不採用を通知されるよりもつらい。不採用に変わりはないのだから理屈に合わないのだが、そもそも感情とは理屈に合わないものではないか。

問題
基本的な計算能力によるふるい落とし

数字を扱う企業は、最初の電話調査で短い計算問題を出して足切りすることがよくある。コンピューターに向かいながら答えられるが、それで解けるとはかぎらない。むしろ紙と鉛筆のほうが役に立つ場合が多い。（解答は二三三ページから）

? ある調査によると、国民の七〇パーセントはコーヒーが好きで、八〇パーセントは紅茶が好きだといいます。コーヒーと紅茶の両方が好きな人の割合の上限と下限は何パーセントでしょうか。

?三時一五分のとき、アナログ時計の分針と時針の角度は何度でしょうか。

?1から1000までの整数に「3」を含む数はいくつありますか。

?総ページ数がNの本があり、通常のやり方で1からNまでページ番号がふられています。ページ番号の数字の個数を合計すると一〇九五個になります。この本は何ページあるでしょう?

?一〇〇の階乗の末尾にはゼロがいくつありますか〔一〇〇の階乗とは、一〇〇に一〇〇未満で一までのすべての自然数を掛けたもの〕。

4

グーグルの採用テクニック
一三〇人の応募者からどうやって一人を選ぶのか

「グーグルが頭の切れる人間を雇うのがうまいのは誰でも知っている」。当時アマゾンの採用担当マネージャーだったスティーヴ・イエギは、二〇〇四年に自身の人気ブログにこう書いている。

ただの逸話ではなく、数字がうまさを物語っている。アマゾンは多くの優秀な人材をグーグルにごっそり取られてしまった……そうはっきりしたことではないが、数の違いばかりではなく、本当にグーグルは技術者の採用が得意なのだろう。人材の質が違うのだ。彼らのしていることは、もはやリクルーティングとは呼べない。「リクルーティング」という言葉は、人材を探しに出かけていって、うちで働いてもらえませんかと説得するという意味だ。グーグルはそれを逆にしてしまった。いまでは頭の切れる人たちがグーグル詣でをし、グーグルはかなりの時間を使って優秀な人材を断わっている。[1]

その優秀な人たちは何を求めているのだろうか。グーグルが大富豪社員を続々と生んでいるといっても（グーグル創業当初からの社員三〇人は、二〇〇八年までに五億ドル相当の株を受けとった。

三〇人に五億ドルずつだ)[2]、彼らが求めているのはお金ではない。グーグルがあたえてくれるものは、名門大学やシンクタンクのそれに近い。ただし大学は理論を学べるが、グーグルでは実践に携われる。新しいデジタル世界を創造するという夢のような仕事に力をそそげるのだ。イエギはこう分析する。「類は友を呼び、おかげで彼らはものすごいものを創出して世に出し、それによってますます注目され、気づけばフィードバックループになっている[3]」

ノイズに埋もれた信号

グーグルでは、人事を「ピープルオペレーションズ(人材作戦)」、略して「ピープルオプス」と呼ぶ。トッド・カーライルは髪を肩までのばした若い産業心理学者で、二〇〇四年にピープルオプスで働きはじめた。「グーグルには大量のデータがありましたが、それを見て分析し、そこからわかることを会社に報告する者がいなかったのです[4]」

カーライルの仕事は統計分析し、人材採用にどんな要素が重要かを見つけ出すことだった。「創業者はみなエンジニアですから、ノイズに埋もれた信号を探すのには慣れています」。ところが相手が人間となると、統計から何かを知ろうとしてもなかなかうまくいかない。「コンピューターに結婚相手を診断させるようなものです。面接するときはどんな人材を求めているかわかっている気でいます。だからよく話し合おうと思って、『どんな人がほしいんだ?』と聞いたのですが、返ってきた答えはまったくばらばらでした。それで『全員が正しいことを言うわけないな』と思いましたよ」[5]

カーライルは、履歴書の活用のしかたを考えている。「『初めて自分のコンピューターを手に入れたのはいつか』といったことをよく調べることにしました」[6]。四半期ごとの勤務評定などと照らし合わせた結果、コンピューターに早くからふれていた人ほど、入社後の業績がよいことに気づいた。もう一つの予測方法は、キュアトンの模型飛行機の質問を少し変えて「コンピューターを部品から組み立てたことがありますか」と質問することだった。模型飛行機をつくるのと同じように、部品を集めて自分でコンピューターをつくるのはオタクっぽいかもしれない。だが、そういう人はたいていコンピューターへの情熱を生涯もちつづける。その情熱こそ、明けても暮れてもコンピューターのことばかり考える厳しい仕事環境に耐えられることを示すよい予兆なのだ。

二〇〇六年に、カーライルはグーグル応募者調査を考案した。社風との適合性（「グーグリネス」）を判断するためにつくられたオリジナルの性格テストである。初めに入社五カ月以上の社員全員に三〇〇問からなる調査書に記入してもらい、その結果を実際の仕事ぶりのデータと比較した。カーライルが予想していたとおり、多くの項目は仕事ぶりになんら関係が見出せなかったが、関連しているものが二、三項目あった。調査書は改良が重ねられ、二〇〇七年には実際に面接で使うまでになった。

頭脳と意欲はもちろん重視するが、グーグルは独り黙々と仕事に打ち込むというエンジニアのイメージとは反対の、オープンで協調的な職場環境も重要だと考えている。グーグルプレックスは和気藹々《わきあいあい》とした場所だ。作業スペースの仕切りは低く、まわりと切り離されて仕事をしている者はいない。部外者から見れば、誰にもプライバシーがないとも言える。ラリー・ペイジとサーゲイ・ブリンは、かなりあとになるまで同じ部屋で仕事をしていた。皮肉な話だが、静かな時間が少しばかりほしくなった社員は空いている会議室に避難する。

グーグルで働くには、金魚鉢のようにまる見えの場所でも平気で仕事ができなくてはならない。カーライルはこう説明する。「協力的な人が望ましいですね。ここでつくっているもののことはなんでも知っていてほしいし、チームでやっているということをよく理解してほしい。プログラムを書いて、うまくできたぞと思っているだけではだめです。ほかの人のプログラムと統合しなければならないのですから[7]」

つきあい上手のソフトウェアエンジニアをどうやって見分けられるだろうか。最も簡単な方法は、共同作業がどの程度好きかをたずねることだ。だが、ここで履歴書の根本的な問題にぶつかる。応募者は雇用者に気に入られそうな答えを書くのである。

これを解決するには、ごまかしようがないように質問を工夫するとよい。グーグル応募者調査には次のような質問がある。

次の二つの作業形態があるとして、あなたが好むのは1と5のあいだのどのあたりでしょうか。

1. 単独作業。机の上には専用のエスプレッソマシンとヌガーチョコが一箱。腕が鳴る！

5. 協同作業。みんながいっぺんに意見を言うし、エゴはぶつかりあうし……口をはさむのも大変！[8]

この質問は、グーグルの望む答えに不利な表現になっている。単独作業は上等なコーヒーとチョコレート付き、協同作業は非生産的という印象をあたえるのだ。五段階評価は正直な答えを引き出す。1と5の極端な答えを選ぶ人は少ない。中間が「より安全」だとわかっている。それでも、独りが好きな人は2か3を、人とわいわいやりたい人は3か4を選ぶ傾向がある。本心を隠す人が多くても、統計には性格の違いが表われる。

カーライルは「ほかに、いくつかのコンテストを対象にして、プログラミング・コンテストに参加したことがある人の入社後の仕事ぶりを見て」みた。グーグルは有名なグーグル・コード・ジャムを主催している。グーグルで働くことに憧れる大勢のエンジニアがこれに参加する。調べた結果、「コンテストに参加したことがあっても、入社してみると参加経験のない人よりもぱっとしない人がいました」とカーライルは言った。[9]

コンテストに参加した世界トップクラスのプログラマーでも、グーグルとくに相性がよいわけではないのはなぜだろうか。統計は理由を教えてくれない。どうやら美しい女性を探すモデル事務所に似たところがあるようだ。美人コンテストの優勝者なら一流モデルになれると決まっているわけではない。プログラミング・コンテストは条件の限定された課題に個人が挑戦するもので、はじまりと終わりがある。それでよい成績を収めても、グーグルの協同作業とはほとんど関係がないのだとカーライルは分析する。コンテストに参加しようと思うような人は、決められた短い時間内でライバルを負かしてやりたいのかもしれない。そういう人にはグーグルの仕事は退屈だろう。

グーグル応募者調査はほとんど使われなくなった。グーグルで存分に能力を発揮してくれるかどうかを確実に予測できる汎用テストにはならなかったのだ。広告営業部の人員ではよい結果が得られた質問項目が、ソフトウェアエンジニアや広報部員ではそうではなかった。それでも、部署によってはまだ一部の質問を面接で使っているところがある。応募者調査でわかったことは何か。勤務形態と性格に関する質問は有効だということだ。グーグルが協調的な性格の頭の切れる人材を熱望しているのに変わりはないのである。

「パッケージ」――これ一冊で

応募者に関する情報は企業に細切れに入ってくる。雇用者はたまたま初めに目にした情報を重んじ、それから先は第一印象に合わない情報を無視してしまいがちだ。意思決定のさいにはこの過ちを犯しやすい。これを避けたいので、グーグルでは情報をすべて集めてから意思決定者に見せることにしている。そのために人事採用は本社が一元管理している。インドのムンバイやポーランドのヴロツワフのオフィスへの応募者に関する情報も、一度マウンテンビューに送られる。海外の応募者はテレビ電話でグーグルプレックスの面接を受けることになるだろう。

この方針を徹底した結果が「パッケージ」である。グーグルの人材分析・給与部門の責任者プラサド・セティの説明によると、パッケージは応募者一人一人の四、五〇ページにもおよぶファイルで、いってみればグーグルが集めた情報で綴られた応募者の伝記だ。なにしろこの会社にとっては、比喩的にも文字どおりにも「ググる」のはお手のものなのである。パッケージには、大学進学適性試験

（SAT）の結果と大学の成績、本人が提出した履歴書、実務テストの結果（論文、プレスリリース、開発商品など、あらゆるもの）、身元調査報告書、ウェブからの情報などが含まれる。ネット情報にはブログ記事やソーシャル・ネットワーク・サイトの投稿もある。

このパッケージのせいで、グーグルの採用基準に関してさまざまな都市伝説が生まれた。それによると、左記の条件にあてはまらなければ採用されないという。

・GPA（成績評価点の平均値）が三・七以上（非技術系の職種の場合は三・〇以上）。
・スタンフォード大学、カリフォルニア工科大学、マサチューセッツ工科大学、もしくはアイビーリーグ出身。
・SATで三科目すべて八〇〇点満点をとっている。または、
・博士号取得者。

どれも絶対条件ではない。だが、グーグルに入社したいと思ったら、これをほぼ満たす応募者と競うことになるだろう。

元社員はこう振り返る。「グーグルは新卒で勤めた会社でした。有名大学で英文学を専攻し、採用されて人事部に配属されました。そこからしてグーグルとは合いませんでしたね。事務の仕事にアイビーリーグ卒業生を雇う必要が本当にあるのでしょうか。ジャック・デリダを勉強していた私が、有給休暇をとる社員のために届出事項変更申請書の処理をしていたのです[10]」

グーグルが学歴や学業成績を重視するのを腹立たしく思う人は多い。ニューヨーカー誌の記者ケン・オーレッタは「本末転倒」という言い方をした。[11] 医療情報学の高級学位をもつ医師のロニ・ジーグラーは、審査中に高校の成績も提出しなければならないことに驚いたそうだ（彼は採用された）。[12] テックブロガーたちは、グーグルが「非アイビーリーグ」の履歴書には目もくれないと書いている。[13]

グーグルの社員は誤解だと反論する。グーグルは学業成績の提出を求めるが、求めない企業もあるために、はたからはグーグルが成績を過度に重視しているとしか見えない。実際には、学業成績に過不足なく相応の重きを置くことを目ざしている。「先週はGPAが三・〇以下の人を六人採用しました」と人事担当役員のラスロ・ボックは二〇〇七年に自慢げに言った。[14] カーライルは（彼自身は非アイビーリーグのテキサスA&M大学で博士号を取得）、アイビーリーグ出身という学歴を一つの目安にしているのだと言う。「私たちに代わって審査してくれたと考えるわけですが、それだけで足切りするようなことは絶対にありません。私たちは苦労してそこまでになった人たちに目を向けます。その人は家族のなかで初めて大学に進学したのかもしれない。先日採用した人は家族で初めての大学進学者だったばかりでなく、大学で常勤で働いて妹も進学させました。その人を採用しましたが、まさにアイビーリーグ外の出身でした」[15]

グーグルの評価方法は、アイビーリーグの大学のそれに似ていると言ったほうが正確かもしれない。その方針は、並はずれて頭のよい人を優遇するアファーマティブアクションとも言えるだろう。通常は不利とされる条件の人のなかに、本当に頭のよい人を探そうとしているのだ。ラリー・ペイジは「普通とはちょっと違う人を雇おうとがんばっているんだ」と言ったことがある。[16] そのためにカーライルは「見落としてしまいそうな人を見出す」ことが自分の役目だと考えている。「たとえばインドの村に十二歳で村中の電話回線を直してしまう子供はいないか。ほかにできる人がなく、その子には技術的な素質があるからです。デトロイトのスラムにそういう素質のある女の子はいないか。そういう子を早いうちに見出し、グーグルにきてもらうにはどうすればよいでしょうか[17]」

グーグルは女性社員の割合が現在五〇パーセント近いと言われている[18]。女性の科学者やエンジニアがいまだに正当に評価されない社会で、これはたいした数字だ。グーグルは世界中から人を雇い、大勢がマウンテンビューにきて、グーグルプレックスを国際色豊かな場所にしている。

偏見を排除するための五回ルール

技術系の企業には多いが、グーグルの採用面接は同じ専門分野の社員がする。人事部は面接官に、公正雇用法から「不採用通知術」まであらゆることに関してアドバイスする。「面接官は丁重に断わる方法を訓練されます」とカーライルは言う[19]。グーグルの「面接」の主体は実務テストである。エンジニアはアプリケーションのプログラムを、広報希望者はプレスリリースを書かされるだろう。

グーグルは、ほかの方法と比較して面接をどれだけ重視すべきかをつねに考えている。また、面接を何回するかも重要だ。ある程度の回数は必要だが、「無駄な時間を使わせたくない」とカーライルは言う。統計分析をしたところ、面接は五回くらいが最適で、それ以上しても新しい収穫はないという結果だった。

二〇〇三年に調査会社のコーポレート・エグゼクティブ・ボードが同様の調査をもっと大がかりに実施し、全国の入社まもない二万八〇〇〇人の被雇用者に採用までの面接回数をたずねて、その回答と入社後の勤務評価とを比較した。結果はカーライルの分析結果に近かった。優秀な社員は四、五回面接したのちに採用された人たちだったのである。[20]

五回以上面接を受けて採用された社員は、どっちつかずな印象だったのかもしれない。面接が好結果のときとそうでないときがあり、はっきりさせるためにさらに面接を重ねることになった。文句なしの採用でなかったのは無理もなかった。それは調査結果に表われている。

だが、コーポレート・エグゼクティブ・ボードの調査結果は、別の解釈もできる。優秀な人材は面接が度重なると嫌気がさして、「もうたくさん!」と思ったとも考えられる。八回も一〇回も面接しようとした企業は、職がなくて困っている人を採用するしかなくなったのだ。

グーグルの応募者は、面接官が毎回違う面接を本社で五回受ける。面接は一日で終了する。一度は昼食をとりながらの面談で、このときばかりは厳しい質問攻勢から解放されておいしい料理を味わえることになっている。評価は四段階で、カーライルによると「採用しないほうがよいと思う」「採用しないほうがよいと思うが、再考の余地はある」「採用したほうがよいと思うが、再考の余地はある」「断固『採用せよ』」だ。[21]

面接官自身は合否の決定を下さない。彼らの仕事は、しっかり面接して結果を報告することだ。報告書には質問の内容と回答、そして回答に対する感想が記載される。いわゆる「集合知」(グーグルの人材採用の原則の一つ)は、判断を下す一人一人が独立して自由に意見をもてるときに最大の力を発揮する。このとき、多様な意見をならしたものが真実に近いことが多い。グーグルでは、面接官は報告書を提出するまでたがいに応募者のことを話し合ってはいけないことになっている（申し送りは、応募者が明らかに不適格な場合に時間の無駄を省くためというもっともな理由がある。グーグルでは面接官が求人担当者に簡単な報告をし、求人担当者はまれにあるそういう残念なケースで面接を打ち切る権限をもつ）。

面接官の報告書はパッケージに加えられ、採用委員会に配布される。委員会がその応募者を承認すると、別の委員会がパッケージを検討し、それからまた別の委員へまわされる。最終的な採用決定は、いまもラリー・ペイジの承認が必要である。グーグルの人材採用はアルゴリズムよりも手続きが煩雑できっちりしている。

これはまったく意外だ。「私たちが目ざしているのは公正な採用です。偏見をできるかぎり排除したいのです」とセティは言う。グーグルは「偏見」の問題を真剣にとらえている。ここでいう偏見とは、人種差別や性差別だけではなく（もちろんこれらも重視されている）、惰性につながるような広い意味での偏見のことでもある。たとえば「スタンフォードの博士号取得者を雇えばまちがいない」というのを基準にしている面接官がいるかもしれない。そのせいで重視するデータに偏りがあったとしたら、それは偏見だ。また、能力には無関係だとして学位や出身校をまったく考慮しなければ、それもまた偏見ということになるだろう。グーグルはすべてについて相応の重きを置くことを目ざすと明言する。実現しえない目標かもしれないが、それがグーグル人事部の指針なのである。

面接官を誰にするかは、経歴、性格、性別、年齢、民族性を考慮して、そのなかからふさわしい人物が選ばれる。応募者と出身校が同じだとか、境遇が似ているとか、服装や話し方に共通点があるなどすれば、話しやすいのが人情だからだ。「採用プロセスから人間味をなくす気など毛頭ありません」とセティは言う。目ざしているのは「そのようなパターンを理解して、決定を下す人に〔それを〕教えることであって、彼らに代わって決定を下すことではないのです[22]」。「ほとんどの企業では、部長が経理部に行って『うちの部で人を雇う予算はあるかな』と聞く。それさえ確かめておけば、あとはやりたいようにやればいい。知り合いと話してみて、気に入れば雇う。でも、グーグルでは正反対です。私たちは面接官にこう言うのです。『決定は任せないよ。誰でもその人なりの偏見があって、誰であろうと一人で正しい決定を下せるとは思わないからね』。一見するととても複雑で時間のかかるやり方をするのはそのためです。でも、要するに誤採用を減らすのが目標なのです[23]」

誤採用と採用漏れ

「誤採用」とは、入念な審査を経て採用した社員がじつは仕事ができなかったという結果をさす。その逆に、優秀な社員になったはずの応募者を見落として不採用にしてしまうのが「採用漏れ」だ。誤採用も採用漏れも同じようによくないことに思えるかもしれない。ところがグーグルでもどこの会社でも、二つは同じではない。

求職者は、優秀な人が報われない採用漏れを心配する。厳しい面接官やひっかけ問題に足をすくわれて、活躍できたはずの職に就けないのは、応募者から見ればまったく不当だ。ところが雇用者の側は、採用漏れがあっても気づかない。「いまのやり方に採用漏れが多いのかどうか、私たちにはわかりません」とセティは認めた。「採用していないのだからわかりようがないのです」[24]

一方、採用の失敗は誰の目にも明らかになる。グーグル人事部の使命は誤採用を減らすことであり、セティによれば「創業以来、ラリーとサーゲイとエリックの信念」なのだという。[25]だからグーグルの採用プロセスはしつこいくらい念入りなのだ。

これはグーグルに限った話ではない。南カリフォルニア大学効率的組織センターのアレック・レヴェンソンはこう述べている。「たとえば一九九〇年代後半のような好況の時期には、採用に失敗しても損失は小さかった。企業は採用に関してもっとずっと鷹揚に構えていられた。会社に合わないと思えば、社員はすぐにほかへ移っていくだろうからだ[26]」

いまはそうはいかない。社員はコバンザメのように職にしがみつく。できない社員ほど、しっかりくっついて離れようとしない。問題のある社員をなんとかするには解雇するしかないが、解雇の手続きは多難だ。「雇用を保護する法律に守られる人が増え、雇用の完全な自由はここ三〇年で徐々に失われた」とレヴェンソンは説明する。「会社にとっては人を雇うのも解雇するのも……ますます難しくなっている。会社を告訴できる立場の人が一〇〇人いたとして、実際に告訴するのは一人か二人だとしても、それだけで大変だ[27]」。今日の雇用はかつての結婚のようなものだ。継続する覚悟がいる。

誤採用を心配しながらも、カーライルは「応募者が面接で大失敗してしまっても、それで万事休すというわけではありません」と励ます。[28]グーグルは面接がノイズの多い信号だとわかっている。面接官の一人が非常に熱心に推した応募者が、面接官全員からたんに好意的な評価を得た応募者よりも、おしなべて入社後の業績がよいという証拠もある。彼らはインディーズ映画に似ている。万人を満足させようとするよりも、一人でも誰かを夢中にさせるほうがよい。裏返して言えば、一つくらい低い評価を受けてもそう悪いことではないのだ。

オバマの面接問題

グーグルの面接官は「マンホールの蓋はなぜ丸いのか」といった、他社に多いありきたりな頭の体操を出題してはいけないことになっている。また、次のような雑学的な問題で応募者の知識を試すのもいけない。

? 「死んだ牛（dead beef）」の意味を説明してください。

また、次のような社内でしか通用しない内容で応募者を惑わすのも禁じられている。

? 南アフリカにはレイテンシー問題があります。原因を突き止めてください。

こうした問題を出してはいけないのは、正しい答えが返ってきても判断材料にならないうえ、知っていれば簡単に答えられるからだ。ところが他社にも多いが、グーグルのエンジニアも人事部の忠告を話半分でしか聞かず、この手の問題を出してしまう（聞いたことのない人のためにお教えすると、マンホール問題の答えは「四角い蓋はマンホールに落ちてしまうが、丸ければ落ちないから」。「死んだ牛」と「レイテンシー問題」の解答は二四一～二四四ページ）。

以前グーグルで面接官をしたことのある人は、「面接問題は自由回答式で、まず問題解決能力や一般的な知識を試し、それから専門的な問題に移ることになっている」と説明する。[29] 最もグーグルらしい、そして最もまねされる面接問題は応募者の考えをどんどん引き出すような短い問題だ。

二〇〇七年十一月十四日、大統領候補の上院議員バラク・オバマはIT関連企業の支持を確かなものにしようとし、グーグルプレックスを訪れてエリック・シュミットと会談した。シュミットは、大統領になるのは大変だが、グーグルで職を得るのも大変だと言った。そしてオバマがグーグルに就職できるかどうかを試そうと、こうたずねた。「一〇〇万個の三二ビット整数をソートする最も効率のよい方法はなんでしょうか」

オバマは答えた。「バブルソートは違うでしょうね」[30]

もちろん前もって用意されたジョークだが、大うけだった。そのときの映像はユーチューブで見られる。

この「オバマの面接問題」は、グーグルがソフトウェアエンジニアの応募者に出題する真面目な問題である。ソフトウェアエンジニアなら、バブルソートでは時間がかかりすぎるのがわかっている（そこがオバマのジョークの落ち）。一〇〇万個もの数の並べ替えにバブルソートを使うのは、スイミングプールに水を満たすのに指ぬきを使うようなものだ。

この問題には、まず「状況しだいです」と答えるのが正しい。整数リストのデータ構造や時間とメモリ消費量の制約しだいなのだ。だから応募者はそれらを質問して確認することが期待されている。問題の意図は、アルゴリズムの長所をくらべて仕事に最適なツールをどのように選ぶか（教えたり学んだりするのが最も難しいのがここだろう）を話させることにある。

「普通、私たちは特定の仕事をしてもらうために採用するのではありません」とセティは説明する。「グーグルは業態を変えながら成長してきました。決まった仕事に就いても、五年後には正反対の仕事をしていたりする。一つの仕事のために人を雇えばよいわけではなく、グーグル全体を考えて雇いたいのです[31]」

そういうわけで、スキルを限定しない問題が有用なのである。グーグルはもっと自由なおもしろい問題――「ミキサーに放り込まれたら」のように――を出題し、面接官とやりとりしながら論理的に考えて答えを出させようとする。グーグルの面接官は優秀なジャーナリストに似て、決まりきった解答にならないように、応募者が何か答えるたびに補足質問をする。絶えず問われるのは、「その答えをもっとよいものにできませんか」だ。

フェイスブックも考慮の対象？

グーグルのすることはプライバシーの概念を変える。そこから都市伝説が生まれる。夫の浮気の証拠をつかんだ女性の話を聞いたことはないだろうか。グーグルマップのストリートビューで、夫のS

ＵＶ車が浮気相手の家の前に停まっているのを見つけ、即座に有能な離婚弁護士をグーグル検索で探したという話だ（二〇〇九年にイギリスのタブロイド紙で事実として報じられたが、のちにつくり話であることが暴露された）[32]。ほかにも、グーグルは応募者のコンピューターのＩＰアドレスからその人の検索履歴を調べているという大うそもある。そんなことをすれば、応募者が最近どの企業の採用情報にアクセスしたかがわかってしまう。もちろん、そのほかたくさんの興味深いことも。

これはデマだが、ソーシャル・ネットワーク・サイトが人事採用のために閲覧されているのは事実で、グーグルをはじめとする企業は正しく活用しようと苦労している。雇用者がフェイスブックやユーチューブやツイッターの情報を利用して採用か不採用かを決めるのは合法的だろうか。興味深い倫理問題だが、はっきり言うともう手遅れだ。

二〇〇七年に、リンクトインの共同設立者であるリード・ホフマンは新しいＣＥＯを迎えようとして、適任者を探していた。だが、重役の審査で身元照会を重視する旧来の慣行を疑問に思った。「その人物を褒める人が二、三人いるのがわかればよいという程度では、選考基準として甘すぎる」と考えたのである。そこで身元照会のかわりに、リンクトインのネットワークを使って最有力候補者の仕事上の接触相手を二三人突き止めた。候補者自身は照会先として挙げなかった相手だ。間接的な関係なので除外された相手も一部あった。このような「抜き打ち照会」は、率直な意見を聞くためだ。ホフマンは言う。「そういうやり方は探偵のようなことも少し必要だし、調べた内容をまとめなければならない。だが、本当によい人材か見せかけだけなのかがすぐわかる」[33]

二〇〇七年に先端的だったことが、現在は広く浸透している。ソーシャル・ネットワーク・サイトで応募者を調査する企業の割合は二〇〇八年に二二パーセントだったのが、二〇〇九年には四五パーセントにまで急増したことがキャリアビルダーの調査でわかった。本書の刊行時には、その数字はもっと大きくなっていると思ってまちがいない。

「みな、フェイスブックやリンクトインで自分のことをどんどん教えてくれます」とグーグルのトッド・カーライルは言う。社員になるかもしれない人の情報があるのに利用しないのは馬鹿正直すぎると考える社風の企業には、抵抗しがたい魅力だ。「割り引いて考えなくてはならないのは、グーグルに向けて書いたわけではなく、求人に応募しているのでもないことです。そこのところは慎重でありたいと思っています」[34]

だが、誰でも慎重なわけではない。二〇〇九年の調査では（マネージャーと人事部員二六六七人が対象）、三五パーセントがフェイスブックやマイスペースなどのサイトを見て、仕事をしてもらうのをやめることがあると答えた。危険を知らせる最大の信号は「猥褻もしくは不適切な写真や情報」（五三パーセント）と「飲酒やドラッグの使用……について書いていること」（四三パーセント）だった[35]。言い換えれば、フェイスブックでよく目にする内容だ。

応募者のほうも検索して面接官のことを調べている。面接する側とされる側の両方の経験をもつラケシュ・アグラワルは、「私はいつも面接を受ける相手をあらかじめ調べて、ツイッターに投稿していないか、ブログをもっていないかをグーグル検索するようにしています。ちょっとした手間をかければ、その分わかることがあるものです」と言う。面接官になったときは、ネットで知ったことにもとづいて質問する。「その場合のこつは、相手を厭な気持ちにさせないことです。つきまとったり、フリッカーの写真にくまなく目を通して一〇年も前のぼやけた写真を見つけたりしてはいけない」[36]

プライバシー侵害の心配もさることながら、応募者がソーシャル・ネットワークを悪用するおそれもあるとカーライルは言う。人事部がひそかにフェイスブックを見るにちがいないと考えた応募者がうその業績を書き加えたり、友人にそうしてもらったりすることはありうる。履歴詐称は解雇を免れない違法行為だ。それはソーシャル・ネットワーク・サイトではいまだ放置されたままの領域なのである。

いまはたがいに隠し事をしている状態だ。雇用者はソーシャル・ネットワーク・サイトを閲覧していることを認め、求職者は正々堂々と正しい履歴をサイトに掲載するべきである。

ネット上の個人情報量が幾何級数的に増大するにつれて、「サイトをまわって個人の情報のすべてに目を通すのはますます難しくなっています」とカーライルは言う。「リンクトインに載せていること、フェイスブックに書いていること、ユーチューブで流しているビデオ、応募書類の内容、そういうものを全部まとめられる簡単な方法があるなら、のどから手が出るほどほしいですね」[37]。いまのところは夢物語だが、それもやがてできるようになるだろう。

一方、求職者の側は一般的な忠告にしたがったほうがよい。ソーシャル・ネットワークのページを「非公開」に設定するか、就職活動の前に内容を見直してきちんとしたものにしておこう。両方やればなおよい。キャリアビルダーの調査で一つわかったことがあるが、それにはほっぺたを引っぱたかれた思いがするだろう。「文章力のなさ」が問題にされるのだ。雇用者の二九パーセントが、それを交渉決裂の要因になりうるものとして挙げており、そこには文法のまちがいやスペルミスの多さも含まれている。また、一六パーセントが応募書類やeメールに「携帯メール用の略語」（「great」を「GR8」と書くなど）を使った応募者を検討の対象からはずすことにしている。

「フェイスブックの文章が下手だからといって不採用にするのは少々ばかげている」と言う人もいる。「先週、レストランでうしろのボックス席から見張っていたら、あなたは文法的にまちがったジョークを言ったので採用しませんと言うのと同じだ[38]」

まったくだ。それでもスペルや文法に注意するに越したことはない。

問題

グーグルの典型的なパズル

グーグルの面接官が出題することで知られているもっと突飛な問題を紹介しよう。コンピューターの素養が必要なのは一つだけだが（「鶏を記述してください」）、どれも難問だ。多くは他社でも採用されている。（解答は二四四ページから）

? サンフランシスコの避難計画を立案してください。

? ある国の親は全員が男の子を授かりたいと思っています。どの家庭も男の子が生まれるまでは子供が増えつづけ、男の子が生まれると子づくりをやめます。その国の男の子と女の子の比率を答えてください。

?僻地の幹線道路で三〇分間に車を見かける確率は九五パーセントだとします。一〇分間では何パーセントでしょうか。

?あなたは二つの賭けのどちらかを選べます。一つは、バスケットボールのボールをわたされ、一回でシュートを決めれば一〇〇〇ドルもらえます。もう一つは、三回シュートして二回決めれば、同じく一〇〇〇ドルが手に入ります。どちらを選びますか。

?プログラミング言語を用いて「鶏」を記述してください。

?階段があり、一段ずつか一段飛ばしで昇るとします。N番目の段まで昇る方法は何とおりありますか。

?あなたは会社をN社所有していますが、合併して一つの会社にしようと考えています。何とおりの方法がありますか。

?いままでに見た最も美しい方程式はどんなものですか。その理由も説明してください。

5

エンジニアという人種——彼らのように考えないためには

単純に考えることの大切さ

高名な物理学者のリチャード・ファインマンが、あるときマイクロソフトに就職しようとした（というのは折り紙つきのつくり話だが）。「これはこれは、ファインマン先生」と面接官は切り出した。「マイクロソフトといえども、ノーベル賞受賞者はそう多くはおりません！　しかしながら、採用するにあたっては少々手続きが必要です。先生の創造性に富んだ論理的思考力を拝見するために、一つおたずねしなくてはなりません。それでは問題です。なぜマンホールの蓋は丸いのでしょう？」

「ばかげた問題ですね」とファインマンは答えた。「まず蓋がみんな丸いわけではない。四角い蓋もありますよ！」

「ここでは丸い蓋のものだけ考えてくだされぱけっこうです」と面接官は続けた。「なぜ丸いのでしょうか」

「丸い蓋がなぜ丸いかですって⁉　丸い蓋は丸いに決まっていますよ！　これは同語反復だ」

「ああ……確かに。それでは先生、失礼して人事部と相談してまいります」。面接官はそう言って一〇分ほど部屋を留守にした。そして戻ってくるなり高らかに告げた。「ファインマン先生、まことに光栄ながら、当社は先生をマーケティング部門に採用いたします」

このジョークはマイクロソフトの人材採用で長く使われている有名な頭の体操型の面接問題をからかったもので、現CEOのスティーヴ・バルマー自身が考えたと言われている。[1] ここには、このような面接問題のどうとでもとれるきわどさが表われている。ファインマン（サーゲイ・ブリンは子供のころファインマンに心酔していた）[2] の発想は、マイクロソフトの想定するいわゆる正解よりもよほど創造的だ。

今度は実話である。ブリンはスタンフォード大学の大学院生時代、寄贈者にちなんで「ウィリアム・ゲイツ」と名づけられたコンピューターサイエンス棟で研究していた。ゲイツ棟の部屋にはそれぞれ四桁の番号がふられていた。「一万も部屋があるわけではなし、四桁の部屋番号をつけるなんてばかげていると思った」とブリンは言う。そこで三桁の数字を使った部屋番号のふり方を新しく考案した。棟に一〇〇〇も部屋があるわけでないことに変わりはないが、ブリンは三桁の最初の数字が階を示すという世の中の慣習は守るべきだと考えた。「フロアを一巡するように部屋番号をふった。外に面した部屋に偶数番号、内側の部屋に奇数番号をふり、十の位を見れば部屋がフロアのどこにあるかがわかるようにしたんだ」[3]

グーグルの社員は、自分は設計に対して独自の創造的なアプローチをしていると考えたがる。その点から見るとマイクロソフトはだめな例だとたたかれる。この意地悪い比較はマイクロソフトの本当の姿を批判しているというよりも、無責任なジョークにすぎない場合が多いが、マイクロソフトの成り立ちを見れば根拠がないわけではない。マイクロソフトは、小型コンピュータが一部のマニアのもので、みながごてごてのスパゲッティコードを書いていた時代に誕生した。グーグルが創設されたのはその一世代あとで、そのときにはすでにアルゴリズム理論によってソフトウェアのプログラムはすっきりわかりやすく書かれるようになっていた。もちろんマイクロソフトは、世界で最も優秀なプログラマーとコンピューター科学者をそろえている。だが、マイクロソフトには負の遺産がある。これまでの製品、これまでのユーザー、一九八〇年代に築かれた企業風土だ。グーグルはそのような重荷を背負わないまま新世紀を迎えた。テックブロガーのジョエル・スポルスキは次のように書いている。

マイクロソフトの古参のソフトウェア開発者でグーグルに転職した人が、グーグルの考え方はマイクロソフトよりも抽象化のレベルがずっと高いと言った。「マイクロソフトが『if』文を使うところで、グーグルはベイジアンフィルターを使うんだ」と言う。そのとおりだ。それにマイクロソフトは、エラーIDとヘルプテキストの対応表を使うが、グーグルはインターネット全体の全文検索をする。グーグルのスペルチェックの方法を見てほしい。辞書ではなく、インターネット全体の単語の用法の統計にもとづいているのだ。そのため私の名前のスペルがまちがっているとき、グーグルはどのように訂正すべきかを知っているが、マイクロソフトのワードは知らない。[4]

ボブとイヴ

「抽象化のレベルがずっと高い」ことは、グーグルの多くの面接問題に表われている。次の例を考えてみよう。

?あなたはボブがあなたの電話番号を知っているかどうかを確認したいと思っています。ボブに直接たずねることはできません。そこでカードにメッセージを書いて仲介役のイヴからボブにわたしてもらいます。イヴはボブから返事をもらってあなたにわたしてくれます。しかし、あなたはイヴに自分の電話番号を知られたくありません。ボブにどう指示しますか。

この問題はソフトウェアエンジニアに出される。「ボブ」と「イヴ」と聞いて、彼らはすぐにピンとくる。コンピューターサイエンスの教科書では、昔から「アリス」が暗号化されたメッセージを「ボブ」に送ることになっている（「AがBにメッセージを送る」と言うよりもちょっと人間的な感じがする）。悪役はいつも「イヴ」（「盗聴者（eavesdropper）」から）というスパイだ。暗号メッセージは電子商取引やクラウドコンピューティングの土台であるため、インターネットでは非常に重要である。ハッカー、スパムを送信する者、フィッシング詐欺をする者など、イヴは大勢いる。この面接問題は、その核心において現代のネットワーク社会の主要な問題を象徴していると言っても過言ではない。

また、問題を解くときにまったく違う考え方があることも教えてくれる。技術的にはとてもすぐれた解決方法がある。教科書はボブとイヴが出てくると、続いてRSA暗号について説明する。RSA暗号はペイパルなどの電子商取引に用いられている暗号方式だが、難解な計算が必要だと言えば、ここではそれ以上の説明はいらないだろう。そこのところはいつもコンピューターがやってくれるのだからかまわない。この暗号を知っている頭のよい応募者は、ボブにRSA暗号を説明する方法があるだろうかと考える。しかも名刺の裏に収まるくらいの短いメッセージにして。あなたのおばあさんが自分でアイパッドを組み立てられるように、そのやり方をわかりやすく教えてあげるようなものだ。

できないことはない！　そう、暗号化のことなど何も知らないボブにRSA暗号の要点を説明することはできる（詳しい説明は解答編）。必要最小限の短い説明なら七・五×一二・五センチの索引カードにおさまるだろうし、読むのに虫眼鏡がいるほど小さい文字が書けるなら、名刺の裏でも足りるだろう。ボブ宛てにRSA暗号の概略を説明するメッセージがうまく書けたなら、応募者は場外ホームランを打ったような気分になるだろう。

いや、早まってはいけない。このやり方でボブが受けとるのは「マイクロソフト式解答」だ。イヴがいようといまいと、ボブは電話番号の確認というただそれだけのことのために、こんなに複雑な指示にしたがうのを面倒がるにちがいない。グーグルの面接官はもちろんエンジニアにRSA暗号の知識があることを期待しているが、もっと単純で実際的な答えを思いつくことのできる者をより高く評価するだろう。

ボブに電話をくれと伝えよう（できれば時間を指定して）。あなたの電話が鳴れば、ビンゴ！　鳴らなければ、ボブは番号を知らないのだとわかる。問題が求めているのはそこまでだ（「ボブがあなたの電話番号を知っているかどうかを確認したい……」）。わざわざややこしくする必要がどこにあるだろう？

ボブ、次の指示に黙って注意深くしたがってほしい。僕の電話番号を普通の10桁の数だと思ってくれ。まず、その数を三乗する（その数に同じ数を掛けた積に、もう一度同じ数を掛ける）。正しい答え（30桁の数になる）を出さなくてはいけないよ。必要なら筆算すること、そして確め算をすること。次に生涯で最高に長い割り算をやってもらう。さっきの積を 5053366937341834823 で割るんだ。この計算もまちがえないようにやってほしい。そして商のあまりだけを僕に知らせてくれ。ここが大事だ。答え全部はいらない。あまりだけだよ。

マイクロソフト式解答

ボブ、僕の電話番号を知っていたら電話をくれ。

グーグル式解答

この問題は専門知識よりも稀有なものを試している。不要なら、知っていることを無視する能力だ。仕事では、あなたの知識のどの部分が活かせるか（活かせるものがあるとして）を教えてくれる人はいない。誰でも身につけた知識をフルに活用して満足感にひたりたい気持ちになるものだ。グーグルは、できるというだけでむやみに複雑なやり方をしようとする人間は求めていない。求めているのは、単純ですっきりした方法を思いつく発想力豊かな人材なのである。

人間の本性を考慮しよう

ここで非常に重要な問題を考えよう。起業家はエンジニアとどこが違うのだろうか。一つには、エンジニア的なものの見方をすてられることだ。エンジニアは新しい製品に採り入れられた気の利いたアイデアやアルゴリズムについ夢中になる。起業家はそういうことを忘れて、製品がユーザーの役に立つか、気に入ってもらえるかを考えなくてはならない。グーグルは仕事内容が流動的な職場なので、他人の見方でものを考えられる社員を求めている。グーグルの面接問題の多くはこのことをねらいにしている。

処刑人が一〇〇人の囚人を一列縦隊に並ばせ、全員に赤か青の帽子を被せます。囚人は自分より前に並んでいる囚人の帽子を見ることはできますが、自分と自分よりうしろの囚人の帽子を見ることはできません。処刑人は列の最後尾に行き、最後の囚人から順に被っている帽子の色をたずねていきます。囚人は「赤」もしくは「青」と答えなくてはなりません。答えが正しければ死刑を免れられます。まちがえれば問答無用でただちに処刑されてしまいます（答えは全員に聞こえますが、正しいかどうかはわかりません）。処刑前夜、囚人たちは作戦会議を開きます。どうすれば彼らは助かるでしょうか。

「ボブとイヴ」のように、これもどこかで聞いた覚えがある。古い論理パズルにこのタイプがあった。もとになったのは、アメリカの数学者でコンピューター科学者のアロンゾ・チャーチ（一九〇三 - 一九九五年）がつくった頭の体操であるのはまちがいない。チャーチは一九三〇年代に、おでこを泥で汚した三人の庭師のパズルを考えた。もちろん全員が自分のおでこは見えず、また鏡もない。三人は彼らのうち少なくとも一人のおでこに泥がついていると教えられ、それが誰かをあてなさいと言われる。チャーチの教え子だった論理学者のレイモンド・スマリアンがこのアイデアをもとに独創的なクイズをたくさん考え、それらはクイズ本シリーズになって人気を呼んだ。のちにスマリアンらが考えたバリエーションは、「汚れ」が帽子や色のついた点など、本人だけが見えないものに置き換えられ、スートリーも誰の妻が誰を騙しているかとか、誰がスパイなのかといった具合に愉快な脚色が施された。その多くが各分野の企業の面接試験で用いられている。

このクイズの答えは、登場人物の全員が「完璧に論理的」であることを前提にしている。つまり人物Aは、Bがyから推理し、Cがzから推理できなかったことにもとづいてxを推測できるのだ。現実には考えにくいことが当然のように解答として用意されている。このようなクイズは、現実の人間がどう考え、どう行動するかを理解している人には不利だ。

グーグルの面接試験で出題される処刑人のクイズは、この種の論理パズルのパターンを少しくずしたものである。これが正解だと決まっているものはない。そして最良の解答を出せる人は、人間の本性とその意図せざる結果をよくわかっている人ということになるのだ。

まず、囚人が無策のままその日に臨んだ場合にどうなるかを考えてみよう。自分の帽子の色をあてずっぽうで答えるしかないなら、答えが正しい可能性は五分五分で、生き残れるのは一〇〇人のうち平均して五〇人ほどということになる。

どんな作戦を立てるにしても、これよりましな結果にならなくてはいけない。普通に考えれば、囚人は自分の前にいる仲間に帽子の色を教えてやりたいと思うだろう。最後尾の囚人一〇〇号には自分を除く全員の帽子が見える。答えるときにどんなことを言ってもよいなら、九九人の帽子の色を言って全員を救えるだろうが、それは禁じられている。口にしてよいのはひと言だけで、「赤」もしくは「青」である。九九個の情報を送りたいのに、それでは情報一個でしかない。

最後尾の囚人は、自分の帽子の色を知るすべがないので失うものは何もない。せめて自分の答えを人のために役立てるのがよさそうだ。たとえば目の前の帽子の色を言えば、囚人九九号は正しい答えを知ることができる。囚人一〇〇号もそれが自分の帽子の色とたまたま同じなら、五分五分の確率で助かる見込みがある。

だとしたら、全員が自分の前の帽子の色を答えてはどうだろう？　残念だが、それはできない相談だ。自分が列の真ん中にいると想像してみればよい。あなたのうしろの囚人が「赤」と答えたら、あなたの帽子は赤いとわかる。ところがあなたの前にいる囚人の帽子は青い。「赤」と答えて自分の命を救うか、それとも「青」と答えて前の囚人に正しい答えを伝えるか。あなたはジレンマに陥る。

別の作戦――作戦Aとする――は、偶数番号の囚人が目の前の帽子の色を答えて奇数番号の囚人が（幸運にも）命拾いする。この場合には、奇数番号の五〇人は全員助かり、偶数番号の囚人は運を天にまかせる。彼らのおよそ半分が処刑されると予測できるので、全体としては生き残る囚人の数が七五人に増える。なんの策も打たないより、作戦Aでいくほうが確実にましだ。

あるいはいかさまポーカーで使われる「サイン」が送れたら、生き残る率をもっと上げられる。囚人一〇〇号は九九号の帽子の色を答える。九九号は九八号の帽子の色が自分と同じときにかぎり、咳払いをしてから自分の帽子の色を言う。九八号も咳払いのサインをもとに正しく答え、そのときに同様のサインを九七号に送ればよい。これで一〇〇号を除く全員が処刑を免れる。一〇〇号が生き残るチャンスも五分五分の確率でまだ残っている。この場合、囚人の生存率は九九・五パーセントに上がる。

だが、秘密のサインは答えとして普通は認められない。囚人は「赤」もしくは「青」としか答えられず、それ以外は何も口にしてはいけないのが前提だからだ。反則なしで、同じくらいよい方法がある。これを作戦Bと呼ぼう。最後尾の囚人が自分の前に見える赤い帽子の数を数え、その数が奇数か偶数かで答えを決める。仮に「赤」なら「赤い帽子の数は奇数」、「青」なら「赤い帽子の数は偶数」という合図だとしよう。

作戦Bでも最後尾の囚人の生存確率は上がらない（どんな場合でもそれはない）。これは残り全員の命を救う作戦だ。たとえばあなたが九九号だとして、一〇〇号が「青」と答えるのが聞こえたとする。一〇〇号には赤い帽子が偶数個見えたのだ。あなたは自分の前に赤い帽子がいくつあるかを数える。やはり偶数だったら？　もしそうなら、一〇〇号が見た赤い帽子のなかにあなたの帽子は入っていない。ということは、あなたの帽子は青だ。あなたは「青」と答えて自分の身を守れる。この作戦がすばらしいのは、「青」という答えが九八号の命も救うところにある。九八号は一〇〇号が偶数個の赤い帽子を見たこと、九九号の帽子が赤ではないこと（九九号も「青」と答えたから）を知っている。ここから自分の帽子の色を推理できる。

ひと口に言うと、全員が赤い帽子の数が偶数か奇数かを知っていて（囚人一〇〇号の帽子を除く。それは視界にも計算にも入っていない）、うしろの囚人の帽子の色もわかるので（うしろの囚人が答えたから）、そこから自分の帽子の色を推理できる。自分の帽子の色を答えることで、どの囚人も自分を救うと同時に自分の前の囚人に必要な情報を伝えられるのである。

作戦Bは、一〇〇号の答えと自分のうしろの何人が「赤」と言ったかを全員が覚えていなくてはならない。そして各自その中間結果に自分の前に見える赤い帽子の数を足し、合計を一〇〇号の答えとくらべなくてはならない。一〇〇号が「赤」と言ったなら、赤い帽子は奇数個見えたのだから、あなたが数えた赤い帽子の数が四七だとすれば（前に見えるのが二一、うしろで「赤」と答えた囚人が二六人）、どちらも奇数で一致する。赤い帽子は全部勘定に入っているから、あなたの帽子は青だ。一致しなければ、あなたの帽子が赤いからにちがいない。これで自分の帽子がどちらの色でも、あなたは正しく答えられるというわけである。

いまの説明はややこしいだろうか。これをアッティカ刑務所の一〇〇人の囚人に説明しているところを想像してほしい。あるいは義理の妹や中西部のセールスマンに。現実の人間はミスをする。これから処刑されるかもしれないというときなら、なおさらである。一人でもへまをしようものなら、作戦はおじゃんだ。

エンジニアにはそうは思わない人がいる。誰にも理解できない答えでも、理論的に正しければ満足し、それ以上考えようとしない。だからあなたの家のテレビに四つもリモコンがあるようなことになるのだ。そのほうがややこしい。

この問題にもっとうまく答えるなら、論理パズルとしての正解を言っておしまいにしてはいけない。応募者はさらに問わなくてはいけない。作戦Bは現実的だろうか、と。

救いは赤と青の二つしか選択肢がないことである。パニックに陥ってしくじっても、まぐれで正答する確率は五分五分だ。だが、もっと大きく考えれば、どこかで誰かがミスをするのは避けられず、そこが作戦Bの欠点になる。規模が拡大しても通用する答えをグーグルが好むことを思い出そう。「一〇〇人の囚人」は「一〇〇〇人」に、あるいは「無限に大きい数」になるかもしれない。ジョン・

メイナード・ケインズではないが、長い目で見れば、みな死んでしまうのだ。これにて終了。長い列のなかにはミスをする者がかならずいる。正しい情報をもとに答えて生き残れるのは囚人の約半数で、残りの半分はまちがった情報をもとに答えてあっけなく殺される。ミスを考慮に入れると、作戦Bの漸近生存率はわずか五〇パーセントと、無策の場合と変わらない。

いずれにせよ、現実的に考えれば、作戦Bの生存率は作戦Aの七五パーセントにおよばないだろう（作戦Aでは、誰かがまちがえても前方の囚人に影響しない）。その作戦Aにしても絶対確実ではない。偶数番号の囚人は、気高くも見返りなしで奇数番号の囚人を救うことを求められる。サン・クエンティン州立刑務所でこれを実行したらどうなるか、想像してほしい。奇数番号の囚人をどんなやり方で決めようと、番号の振り分けは容易に消えない恨みの火種になる。偶数番号の囚人は生き残る確率を五分五分から上げることはできない。意地の悪い囚人は、目の前の奇数番号の囚人にわざとまちがった答えを教えて溜飲を下げるかもしれない。まちがいは列の前方に伝わっていきはしないので、作戦Aの現実の生存確率は、理論上の七五パーセントをやや下まわるくらいである。

理想的には、両方の作戦を実際に試して生存率が高いほうを選びたい。答えの最後にそのことを言い添えるとよいだろう。この問題にしろ、もっと現実的な状況にしろ、他人が新しいアイデアをどれくらい気に入ってくれるかを確実に予測することはできない。やってみるしかないのだ。

お母さんの言うことも聞こう

コンピューターサイエンスの博士号取得者とあなたの母親では、どちらが頭がさえているだろうか。グーグルで何年か面接官を務めたエンジニアのポール・ティマは、この疑問を明らかにしてみようと思い立った。ここに一〇〇万枚の紙があるとしよう（ティマの面接問題はこうはじまる）。学生の大学での活動記録だ。あなたはそれを年齢順に並べなおさなくてはならない。どうすればよいだろうか。ティマは自分の母親にも同じ問題を出してみた。ティマ夫人はコンピューターサイエンスの知識はまったくない。だが、母の考えたやり方はティマがそれまでに面接した大勢の高学歴の応募者の方法よりも効率的だったのだ。

どんな方法か。ティマ夫人の答えは、書類を山に分けていくというものだった。まず記録書の一枚を取り、年齢を見る。二十一歳と書かれていたら、それを二十一歳の山に置く。次の記録書に十九歳と書かれていたら、十九歳の山に置く。以下も同様にしていく。記録書に一回ずつ目を通すだけでよい。最後まで分けたら、あとは年齢順に山をまとめる。これで完了！[5]

この手順は、クイックソートよりも約二〇倍も速かった。[6]クイックソートとは、グーグルの就職志望者の多くが答えたアルゴリズムである。ティマ夫人の方法を聞かされて憤慨した応募者もいる。クイックソートは漸近的に最速に「決まっている」んです！　教科書にそう書いてあったんだ！

彼らは数学におけるただし書きを忘れている。クイックソートは比較を処理の基本とするもので、この数はあの数よりも大きいかをくらべていく。ただし、並べ替えはいつも比較が必要なわけではない。そしてこの場合は必要ではない。なぜなら記録書の数が膨大で、大学生の年齢の差はごくわずかだからだ。クイックソートはスイス・アーミーナイフのように万能だが、この作業に関してはティマ夫人のやり方が、偶然とはいえはるかにすぐれているのである。

よく言われることだが、創造性の不思議の一つは第三者の素人が画期的なアイデアを思いつくことだ。コンピューターサイエンス学科の卒業生は高度なアルゴリズムを考えるのがあたりまえになりすぎて、ついそうせずにいられない。ティマ夫人はそういう縛りがないだけに、かえってよりすぐれた方法をひらめいた。「創造性」とは、ときにたんなる常識なのである。

マイクロソフトの本拠地レドモンドの住民へのお詫びをこめて、最後にマイクロソフトに関するジョークをもう一つ紹介しよう。というのも、それが核心を突いているからだ（マイクロソフトに関してだけでなく、どんな状況にも言える）。ヘリコプターがシアトル上空を飛行中、電子航法と通信の機器が故障して動かなくなってしまった。雲は厚く、操縦士にはどこを飛んでいるのかわからない。ようやく高いビルが見えたので、そちらを目ざして飛行し、旋回しながら「私はどこにいますか」と大きく書いた紙を掲げた。高層ビルにいた人たちは、即座に返事を紙にでかでかと書いて教えてくれた。「ヘリコプターのなかだ」。操縦士はにっこり笑い、地図を見てシアトル・タコマ空港への針路を決定し、無事に着陸した。地上に降りたあとで、どうやって針路を決定したのかと副操縦士に聞かれた操縦士はこう答えた。「あれがマイクロソフトのビルにちがいないとわかったんだよ。やつらの返事は理論的に正しいが、まったく役に立たなかったからね」

問題
理論的に正しくても使いものにならない答えはすてる

次の問題には、単純で実用的な答えと複雑で役に立たない答えとがある。それがヒントだが、気をつけよう。思いつきやすいのは複雑な答えのほうだ。（解答は二七五ページから）

? 一セント銅貨がエンパイアステートビルと同じ高さに積まれています。これを一つの部屋に収めることはできるでしょうか。

? あなたはウェブサーバーソフトのアパッチをのせたサーバーを一万台もっていて、それを利用して一日で一〇〇万ドルを儲けるつもりです。どのようにしますか。

? ハヤアシとノロスケという二匹のウサギがいます。二匹が一〇〇メートル競走をした場合、ハヤアシがゴールするとき、ノロスケはまだ九〇メートル地点にいます（どちらも走る速度は一定）。次にハンデをつけて競争させます。ハヤアシはスタート地点の一〇メートル後方からスタートし（ゴールまで一一〇メートル走る）、ノロスケは最初と同じスタート地点からスタートして一〇〇メートル走ります。勝つのはどちらでしょう？

? 秒針のついたアナログ時計があります。秒針と分針と時針が重なるのは一日に何回ありますか。

?あなたは無人島でサッカーをしています。コイントスで陣地を決めなくてはなりませんが、島にあるたった一枚のコインはあいにく曲がっていて、重さが偏っています。ゆがんだコインでどうやって公平に陣地決めができるでしょうか。

6

クセもの問題対策の手引き

面接官の隠された意図を見抜く

採用面接に臨むときの心得はごまんとあるが、役に立つものばかりではない。競争の激しい今日の面接についてよく言われていることの一つに、面接官は手を差し伸べてくれるというものがある。だが、面接官がそこにいるのはそのポストに最も適した人材を見つけるためだ。それがあなたである可能性は、十中八九（あるいはもっと）、ない。

面接官はやさしいといううわさが定着したのは、就職情報サイトのアドバイスのせいだ。グーグルも応募者にeメールで次のようなアドバイスを送っている。

グーグル人事部は協力と話し合いを惜しみません。大切なのは、充分に理解して問題に答えるために面接官からできるだけ多くの情報を引き出すことです。

・面接官にはいつでも質問できます。
・問題を解くように求められたときは、まず自分なりに問題をとらえてみましょう。
・わからないときは助言や説明を求めましょう。

・なんらかの前提条件が必要だと考えたときは、それが正しいかどうかを確認しましょう。
・問題をどのように解いていくつもりかを説明してください。
・面接官が知りたいのは解答だけではありません。答えにいたるまでの思考過程がわかるように、考えながらその内容を話してください。あなたの言おうとすることがしっかり伝わっていれば、行き詰ったときにヒントを出すでしょう。
・最後に、面接官の言葉をよく聞いてください。助け船を出そうとしているときにヒントを聞き逃さないようにしましょう。[1]

誤解しないでほしいが、これ自体はどれもこれもよいアドバイスである。だが、グーグルの面接官が答えを「一緒に」考えてくれるなどと期待してはいけない。それにこのアドバイスからは想像もつかないだろうが、彼らの「能面のような」ポーカーフェイスがどれだけ応募者を意気阻喪させることか。グーグルの面接経験者が言うとおり、「自分の発言がいい線いっているのかまるでだめなのかわからず、『宇宙に取り残されたような』気分になるだろう[2]」

面接官のポーカーフェイスには、一つには公平であるためという理由がある。評価が主観的にならないようにするのはなかなか難しい。唯一の「正解」しかない場合でさえそうだ。答えに四苦八苦する応募者を「時間切れ！」とばかりにさえぎって次の質問に移る自由が、彼らにはある（あと数秒あたえれば解答を思いついたかどうか、わかりようがないではないか）。気に入った応募者には無意識に多くの時間をあたえ、そうでない応募者は早めに切り上げてしまうかもしれない。グーグルでは、そのような不公平がないように努めている。声の調子や身振りでヒントをあたえてはいけないし、あたえるなら公平にあたえなくてはならない（たとえば「ミキサーに蓋はあるかと聞かれたらないと答え、聞かれなければ蓋のことは何も言わない」）。手取り足取りの親切を期待するのはお門違いだ。

テレビゲームには、一人称シューティングゲーム、戦略ゲーム、シミュレーションゲームなどのジャンルがある。ジャンルの約束事がわかっていないプレーヤーは不利に決まっている。一筋縄ではいかない面接問題も同じで、やはりいくつかに分類できる。出された問題のタイプを見極めるのは重要で、それが面接を勝ち抜くための第一歩になる。頭脳を試す問題のおもなタイプと答え方を簡単に伝授しよう。

古典的な論理パズル

このタイプの問題はずいぶん古く、中世までさかのぼれるものまである。新聞雑誌の記事や書籍、テレビゲームでも取り上げられる。たとえば次のような問題だ。

マサチューセッツ工科大学（ＭＩＴ）出身の二人が二〇年ぶりに会いました。

Ａ「ひさしぶりだね。どうしてた？」

Ｂ「ああ、おかげさまで結婚して娘が三人いるんだ」

Ａ「娘さんたちはいくつ？」

B「三人の年齢の積は七二、和は向こうのビルの番号と同じだよ」
A「ええと……それだけじゃわからないな」
B「一番上の娘は最近ピアノを習いはじめたんだ」
するとAは言った。「本当かい？　うちの一番上の子と同じ年だ！」
Bの三人の娘は何歳でしょうか。

このようなパズルを解くのは根気が頼りである。最初から見ていこう。Bが結婚して子供もいることは、Aには初耳だった。二人が会っていなかった期間は二〇年だから、Bの娘は三人とも二十歳以下ということになる。年の数は最大で19と思ってよいだろう。

少し算数をしよう。何か役に立ちそうだ。娘たちの年齢をx、y、zとする。積は72なので、こう表わせる。

$$xyz = 72$$

Bの発言の後半部分はもっと謎だ。三人の年齢の和を教えず、ビルの番号と同じ数だと言っている。それなのにその番号は知らされない。

$$x + y + z = \text{ビルの番号}$$

ここから何かがわかるだろうか。これだけで推理するのは難しい。なにしろビルの番号というだけで、番地なのかなんなのかもわからないのだ。とりあえず番地ということにしよう。番地の制約は、負の数やゼロ（あるいは無理数や虚数）ではないということしかない。分数の場合もあるが、このさい分数は考えなくてよいだろう。年齢は整数で表わすのが普通だ。とにかく、ここまでの情報では年齢はわからないとAは言っている。

それでもビルの番号は重要だろう。論理パズルは詩や暗号に似ている。よい詩や暗号には無駄な部分がないものだ。問題がビルの番号について述べているからには、なんらかの意味があるにちがいない。それが何かわからないだけだ。

Bは一番上の娘がピアノを習いはじめたと言っている。Bには何気なく「一番上」と言うような娘がいるのだ。ピアノを弾く娘が双子だったら——たとえ五分でも先に生まれて、法律上は「一番上」だとしても——そういう言い方はしないだろう。また三つ子でも「一番上」とは言わないだろう。

したがって三人の娘は三つ子ではなく、上の二人は双子ではない。ほかに何かないだろうか。そうだ、赤ん坊が生まれるには九カ月かかる。双子でない姉妹は普通年齢が違い、少なくとも一歳は年が離れている。ただしこれは完全に誤りのない推論ではない。一一カ月違いで生まれ、一年のうち一カ月は同い年になる場合もある。MIT卒の二人はその月に会ったのかもしれない。

だが、ためしにこの線で考えてみよう。まちがいだと明らかになるまでは、次の二つの内容が正しいものと仮定する。

・娘は三人そろって同じ年齢ではなく、かつ
・上の二人は同じ年齢ではない。

Bが「一番上の娘」のことを話すと、Aの頭の上で電球がパッと点いた。何かひらめいたのだ。そして、Aは自分の一番上の子がその子と同い年だとわかった。

どうしてわかったのだろうか。最初に戻って、等式xyz＝72を見なおしてみよう。年齢は整数だから、この等式が成り立つ数の組み合わせは限られている。72は6と12の積で、素因数は2×3×3×4である。1も因数に含められる（たとえば1×1×72＝72）。積が72になる三つの整数の組み合わせをすべて並べると次のようになる。面接では、これをホワイトボードに書き出すとよいだろう。

1×1×72
1×2×36
1×4×18
2×2×18
2×3×12
1×6×12
1×8×9

2×4×9
3×3×8
2×6×6
3×4×6

最初の二つは除外してよい。娘たちは全員二十歳前でなくてはいけない。また、上の二人は双子ではないから、2×6×6も除いてよいだろう。だが、Bが「一番上の娘」という言葉を口にしたのは最後だから、Aはそのことに頼らずに推理しているのだ。ためしにそれぞれ年齢の合計を出してみよう。二人のやりとりのなかにビルの番号が登場する理由がきっとあるにちがいない。

1＋1＋72＝74
1＋2＋36＝39
1＋4＋18＝23
2＋2＋18＝22
2＋3＋12＝17
1＋6＋12＝19
1＋8＋9＝18
2＋4＋9＝15

3＋3＋8＝14

2＋6＋6＝14

3＋4＋6＝13

13！　最後の3と4と6の和は、迷信が生きているこの世の中では番地に使われそうにない「不吉な」数になる。もちろんこれも絶対確実だとは言えない。13が番地として使われることはなくはないし、別の理由で（たとえばテレビの13チャンネルの宣伝などで）ビルに「13」と書かれることもあるだろう。だが、論理パズルではまさにこういうひねりに着目しなければいけない。応募者が数学的な推論で解く問題だと思っているときに、わざと文化的な要素を紛れ込ませるのが出題者の手なのである。

3、4、6は、和の13がビルの番号には使われないだろうから候補からはずそう。しかし、この「さえた」推理もそこまでで止まってしまう（これもこのような論理パズルではよくあることだ）。積が72で、和が不動産のタブーにふれない年齢の組み合わせは、まだ七つも残っているではないか。

おや、ちょっと待てよ――問題中の二人は私たちの知らないこと、つまりビルの番号を知っている。二人ともその番号を目にし、だからこそわざわざ口に出さないのだ。それなのに、Aは年齢の和がビルの番号と同じだとわかったあとも迷っている。MIT卒業生が手がかりを見逃すはずはないから（これまた完全に誤りがないとは言いがたいが）、ビルの番号そのものはクイズを解く決め手として足りないらしい。だとすれば、ビルの番号は14だと考えるしかない。和が14になる年齢の組み合わせが二とおりあるからだ。もしビルの番号が18なら、Aは1、8、9しかないと迷うことなくわかるだろう。

残った組み合わせは次の二つになった。

3、3、8

2、6、6

一番上の娘がピアノを習いはじめたとBが言ったとき、それが最後の決め手になった。これで上の二人が同じ年の組み合わせ（2、6、6）が除外される。ということは、Bの娘の年齢の組み合わせは3、3、8なのだ。正解はそれ以外にありえない。答えは一瞬のひらめきではなく、行きつ戻りつの推論を重ねて導き出される。机のうしろの絡まりあったコードを解きほぐすようなものだ。

マーティン・ガードナーはサイエンティフィック・アメリカン誌に長期連載しているコラムにこのパズルの別バージョンを載せ、それを投稿してきた読者のうち、カナダのウィニペグのメル・ストーヴァーが最初だったと紹介した。[3] ほかにパズルの起源を知らないので、そのころ新しくつくられたのだろうとガードナーは述べている。そのバージョンでは、積は36、和はどこかの家の番地と同じで、一番上の子は左手の親指にタコができている。

年齢の積が36なら、組み合わせの候補はもっと数が少ない。家の番地は13のはずだ。二とおりの答えが考えられる和がほかにないからである（正解は2、2、9）。きっと13は番地にあまり使われない数だと誰かが気づいて、パズルを修正したのだろう。

たぶんあなたはこう思っているだろう。「よし！　この問題ならどんとこいだ！　でも、ほかの問題だったらどうしよう？」

解答のしかたにはある程度パターンがある。ジョークやゴルフコースや俳句と同じで、論理パズルもなんらかのかたちの頭のさえが必要で、いくらかのルールを楽しみながらゴールを目ざす。答えが出たところで問題の構造を分解してみれば、ほとんどの論理パズルにあてはまる三つのポイントが見出せる。次のとおりだ。

1. 最初に思いついた答えや攻略法に飛びつかない。それが正解ならそのパズルは簡単すぎる。だからその線でうまくいくわけがない。
2. 問題の言いまわしで「引っかかる」ものが手がかりになる。
3. 答えに意外性がある。

このMIT卒業生パズルは、ちょっと見ると方程式を立てて解く数学の「文章問題」のように思える。そうでないことはもうおわかりだろう。数字だけに注目していると八方ふさがりになってしまう。Bの言葉に「引っかかる」ところが二つある。ビルの番号を話題にしたのに、番号そのものは言わなかった。また、一番上の娘がピアノを習いはじめたというのは、唐突としか言いようがない。ところがこれが決定的な手がかりになって、Aは、そしてパズル解答者は謎を解くことができるのである。

三つ目のポイントは最も重要だ。よくできたパズルには意外性がある。解答そのものがあっと言わせるものか、あるいは解答にいたるまでの謎解きに驚かされるか。この問題の場合、和が14になる年齢の組み合わせが二とおりあり、そこで行き詰るどころか、むしろそれ自体が手がかりになるところがミソだ。

直感問題

スタンダードな論理パズルと違って、直感問題は一歩ずつ推理を進めていくのではなかなか答えにたどりつけない。直感で一気に答えまで到達する。ひらめくか、ひらめかないかだ。「そうか!」と思う瞬間がこない人――そしてその前に面接官が次の問題に進んでしまった人――は、ツキがないとしか言いようがない。

グーグルではときどき次の問題が出される。

対角線上の二つの角が切り取られたチェス盤があります。したがってマスの数は通常の六四でなく、六二です。隣り合う二つのマスにぴったりはまる大きさのドミノの駒が三一個あたえられます。それを並べてチェス盤を埋めてください。

応募者は無駄な努力をさせられるだろう。チェス盤を埋めることはできない。この問題の難しさは

そこを見抜き、不可能だと証明することにある。
直感問題はおもしろい。答えがある種の「落ち」になっているものが多いのだ。だが、応募者は脂汗を流すことになる。考え方を筋道をたどって説明しようにも、話すことがあまりない。
この問題の場合は、切り取られた角の二個のマスがかならず同じ色であることに気づくかどうかにかかっている。ドミノの駒はかならず白一個と黒一個のマスを覆う。三〇個のドミノを置いて六〇マスまでは埋められるが、そこで同じ色のマスが二個残る。同じ色のマスが隣り合っていることは絶対にない。斜めに並んでいるのがせいぜいで、残ったドミノでその二つを同時に埋めることはできないのである。

このような問題への対策は、よく出される問題を知っておくことだ。問題の数には限りがあり、ほとんどは昔から知られている。マーティン・ガードナーはサイエンティフィック・アメリカン誌のコラムで、一九五七年にこのチェス盤クイズを紹介している。[4]

水平思考パズル

感謝祭の夕食の席で毎年同じジョークを言う困った伯父さんのように、水平思考パズルを出さずにいられない面接官がいる。言いまわしのみで決まる問題で、以前に聞いたことがあるかないかを問うものでしかない。例を一つ挙げよう。

水着を着た女性が三人います。二人は悲しみ、一人はよろこんでいます。
悲しんでいるほうがにこにこし、よろこんでいるほうは泣いています。
その理由を説明してください。

この手の問題を出してくる面接者は、それがおもしろいと思っているのだろう。おもしろいと思うものがいかに人によって違うことか。

この問題の答えは、「三人は美人コンテストの出場者である」だ。

水平思考パズルは短く、情報がいやに少ないように思える。それでこのタイプだとわかるだろう。

拡散的思考力テスト

このテストは、創造性を試したいときに使われる標準的な心理テストによく似ている。ブレインストーミングをして答えていく自由回答式の問題である。「正解」があって、それを推論するものではない。目的はよいアイデアをできるだけたくさん出すことで、独創的だと認められたアイデアがとくに高く評価される。

二種類の検索エンジンを比較したいとき、あなたはどうしますか。

問題のなかで目的が明言されていないときは、まずそれを確認するとよいだろう。検索エンジンとは、いってみれば祭りの会場に店を出す占い師のようなものだ。とりとめのないわずかな手がかりから客の心を読まなければいけない。評判のよい検索エンジン（または占い師）は、実際よりもずっといろいろなことがわかると思わせるのがうまい。やってはいけない最悪の失敗は、いんちきを悟られたり「わかってくれない」と思われたりすることだ。この問題の模範的な答えには、次のようなものがある。

検索の速さを測る。検索結果はどれくらいの時間で表示されるだろうか。

自分をググってみる。私たちはみな、自分に関するエキスパートだ。自分の名前を検索キーワードにしてみれば、検索エンジンのリンクがどれくらい適切かがわかる。

ごく普通の短い言葉からなる文章や句を検索する。「生きるべきか死すべきか」と入力した人は、この台詞が出てくる戯曲を知りたいか、これをキャプションにしたニューヨーカー誌の漫画（しどろもどろのハムレットに黒子が台詞を教えている）を探している。検索キーワードが普通の言葉すぎて検索できなくても、ユーザーは自分の検索語の選び方が悪いとは思わない。検索文字列を引用符でくくれば、もっと効率的に結果が示されるだろうか。

検索キーワードをまちがえて入力してみる。「Exhibit pimp ride」と入力したら、スミソニアン博物館の展覧会（Exhibit）ではなく、ラッパーのイグジビット（Xzibit）が司会を務めるテレビ番組『ピンプ・マイ・ライド』が表示されなければいけない。

大文字の扱いを確める。検索エンジンは大文字と小文字を区別する手間をユーザーに要求できないので、大文字だろうと小文字だろうと、あたえられた手がかりを最大限に利用しなければならない。「googol（グーゴル）」（数）、「Google（グーグル）」（企業）、「Gogol（ゴーゴリ）」（作家）を、最初の文字を大文字にした場合としない場合で確かめてみよう。大文字にせずに「gogol」と入力すると、検索エンジンは「googol」ではないかと聞き返してこないだろうか。

検索順位がどれだけ変えられるかを確かめる。どの企業も自社のサイトが検索結果の上位にくるのを望んでいる。検索結果に細工する技術は日進月歩で、検索エンジンとの果てしない闘いは、同じ場所にとどまりたければ全力で走り続けなければならない『鏡の国のアリス』の赤の女王と同じ境遇だ。検索エンジン最適化サービスの業者に依頼して、架空サイトの順位を上げるテストをすることができる。検索エンジンがそれに騙されるかどうかを見てみよう。

グーグル爆弾対策を確認する。二〇〇三年にジョージ・ジョンストンというブロガーがいたずらを仕かけ、「惨めな失敗」と入力すると検索結果の上位にジョージ・W・ブッシュ大統領が表示されるようにした。ブッシュ大統領のホワイトハウスの公式ページにはその言葉は含まれていなかった。ジョンストンはブロガーに呼びかけてその言葉を使わせ、大統領のページにリンクを張らせたのだ。たちまちねらいどおりの結果が現われた。「失敗」と入力して「I'm Feeling Lucky」をクリックするだけで、ブッシュ大統領のページにジャンプする。このいたずらで、ブッシュ大統領のページが通常以上に多くヒットするようになった。現在では、どの検索エンジンもグーグル爆弾対策に工夫を凝らしている。各検索エンジンの対策がどの程度効果を上げているか、テストしてみるとよい。

この面接問題は、実際に行なわれたテストをもとにしている。一九九八年、ラリー・ペイジとサーゲイ・ブリンはベンチャーキャピタリストのラム・シュリラムに、グーグルに出資してほしいと誘った。シュリラムは容易に首を縦に振らず、検索エンジンの名称を隠してブラインドテストをしたいと主張した。シュリラムがキーワードをいくつか選んでグーグルと当時の主要な検索エンジンに入力すると、グーグルが最も速く検索結果を表示した。こうしてシュリラムは、二五万ドルの小切手を切ったのだ。[5]

フェルミ問題

これは面接でよく出題される問題で、未知の量をその場で素早く推算することを求められる。目的は「正しい」答えを出すことではない。なにしろ面接官も正解を知らないのだ。重要なのは、いかに論理的に考えて答えを導き出すか、その過程を見せることである。物理学者のエンリコ・フェルミ(一九〇一―一九五四年)が学生を教えるのに使っていたことから、フェルミ問題と呼ばれている。

この部屋にテニスボールをいくつ入れられますか。

まず部屋をざっと見わたして大きさを見積もる。一〇×一〇×一〇フィートの立方体の容積は、一〇〇〇立方フィートだ。面接にだだっ広い部屋を使うことはないだろうから、あなたがいる部屋の大きさは一〇〇〇から二〇〇〇立方フィートくらいだろう。

標準的なテニスボールは直径が二・五七五インチから二・七〇〇インチである。もちろんそんな値は知らなくてよい。大まかに考えて「直径約三インチ」とする。一フィートには約四個のボールが並べられるから、一立方フィートには四×四×四で六四個のボールが立方格子状に整然と並ぶ。

この数字（「一〇〇以下」とまるめてかまわない）に、部屋のおよその容積をかければよい。CEOの特別室で面接を受けているのでもないかぎり、答えは約一〇万個になる。

アルゴリズム問題

シリコンバレーばかりかフォーチュン五〇〇社でもよく用いられるようになった問題を、ここでは「アルゴリズム問題」と呼ぶことにする。あたえられた課題をどのように解決するかを問うもので、扱われるのは宇宙に関することから日常的なことまで、非常に幅広い。効率性が重視されることが問題からわかる場合が多く、時間と労力と費用をどれだけ節約できるかで評価が決まるだろう。漠然としていて、自分をアピールしろと言われているように思える問題もあり、慣れない人は意欲を見せればよいのだと勘違いするかもしれない。実際には、問題をその内容のとおりに解釈して、解決するための細かいプランを考えることが求められている。一例を挙げよう。

クローゼットいっぱいにシャツがしまってあり、目あてのシャツがなかなか見つけられません。簡単に探し出せるようにするにはどう整理すればよいでしょうか。

「収納システムを買う」は期待されている答えではない。収納するシステムそのものを考えるのだ。

このような問題には、実際的だと思えるアイデアを出して、そこからどんどん工夫していくのがよいだろう。この問題なら、まずシャツを虹の色に並べるというのがよさそうだ。シャツを色別に分けてスペクトルの順に棚に収める。これで手持ちのシャツをひと目で見わたすことができ、どのシャツがどこにあって、どこにしまうべきかがすぐにわかるだろう。緑のシャツは青と黄のあいだ、もっと細かく言うなら青緑と黄緑のあいだにしまう。

しかしよく考えてみると、これだけではすまないことに気づく。白、灰色、黒などは虹の色にない。これらは虹色の隣に並べればよい。また、マドラスチェックや多色使いのロゴマーク入りTシャツなども考慮しよう。

あるいは色別ではない基準で並べることもできる。袖丈（長袖か半袖か）、デザイン（プルオーバーかフルボタンか）、目的（ビジネスシャツ、スポーツシャツ、カジュアル、フォーマル）、生地、ブランドで分けてはどうか。これでいくと、はっきり分けられないものも出てくる。ビジネスシャツとスポーツシャツとカジュアルの違いはわずかで、とくにグーグルではその差はないに等しい。また、生地には混紡もあるし、ブランドを気にしない人もいる。目的は、シャツをどこにしまえばよいかがパッと見てすぐにわかるようにすることである。

分類しにくいという悩みをすっかりなくす方法は、クリーニング屋方式だ。全部のシャツに通し番号のタグをつける。あとは番号順に並べればよいというわけだ。だが、これではどのシャツが何番かを覚えていないかぎり、結局はむやみに探しまわることになってしまう。あなたが利用しているクリーニング店では、シャツを探すのにどれくらい時間がかかるだろうか。なんの意味もなく番号をつけるのでは、シャツはでたらめに並んでいるだけだ。それでは「システム」でもなんでもなく、少しも改善したことにならない。

実用的な方法がある。シャツを迷わずに分けられる方法でできるだけ細かく分類しよう。そしてカテゴリーごとに収納ボックス（あるいは棚の一段）に入れる。最も効率的に分類する方法は、どんなシャツをどれだけもっているかで違ってくる。次はその一例である。

単色▼　紫、青、緑、黄、オレンジ、赤とピンク、白、灰色、黒、茶系（ボックス一〇個）
　　ストライプ（ボックス一個）
　　チェック（ボックス一個）
ロゴ入りのTシャツとジャージ▼　ロゴの頭文字がAからLまでとMからZまで。（ボックス二個）
Tシャツ▼　柄あり、ロゴなし。（ボックス一個）

ボックス方式の不都合な点は、一個のボックスに複数のシャツが入ることだ。似たような青いオックスフォード生地のボタンダウンシャツを二〇枚もっているサラリーマンなら、これは問題にならないかもしれない。ボックスからシャツを一枚つまみだし、クリーニングから返ってきたら適当にボックスに戻しておけばよい。だが、面接で期待されているのは、そういう特殊なケースのシャツ探しではない。あなたがマイアミ・ドルフィンズのTシャツを一枚だけもっているとしよう。「M－Z（ロゴ入りのTシャツとジャージ）」のボックスからそのTシャツを取り出したいのだが、ボックスにはほかのシャツもたくさん入っている。一個のボックスに効率よくしまうにはどうするか。

簡単なのはボックスのなかでシャツを決まった順に並べることである。アルファベット順でも、スペクトルの順でも、なんでもいい。これなら探しやすいし、しかも（理屈のうえでは）枚数が増えても対応できる。

もっと現実的で、もっと頭のよい答えは、シャツに八〇対二〇の法則を適用することである。あなたは普段の生活で、たぶん手持ちのシャツの二〇パーセントを着て八〇パーセントの時間を過ごしているだろう。ほとんどの衣類はめったに袖を通さない（しかし「捨てるにはもったいない」）。それを考えて、よく着るシャツの数枚がボックス一個につきできるだけ少なくなるようにする。分類はいつでもやり直せる。もしあるカテゴリーのシャツが増えすぎたら、さらに細かく分け直せばよい（たとえば「半袖の青いシャツ」と「長袖の青いシャツ」というように）。一番よく着るシャツを各ボックスの一番上にしまう。これなら見つけるのも戻すのも簡単だ。たまにしか着ないシャツを出すとき以外は、ボックスの下のほうをかきまわす必要がない。あとはよく着る順に重ねておく。こうしておけば一番着たいシャツが真っ先に見つかる。

プログラマーがこのような問題を出された場合、ソフトウェア設計との類似点を指摘するのを期待されている。色や形によるシャツの分類は、検索の高速化に用いられる「ハッシュ関数」であり、収納ボックスのなかでシャツを決まった順に並べるのは、データ中央値との大小関係で検索する「二分検索」である。プログラマーではない人にとっては、アルゴリズム問題は組織化能力の簡略なテストだ。答えるときは、何が効率化できるか（この場合はシャツを探すのにかかる時間と労力）を説明できなくてはならない。

問題
問題のタイプを見分ける

面接問題のおもなタイプからひねった問題を選んでみた。どのタイプの問題かを考えてから答えてほしい。（解答は二八一ページから）

? シアトル中の窓を掃除するとしたら、料金をいくら請求しますか。

? 男がホテルまで自動車を押して行き、破産しました。何があったのでしょうか。

? スキー場でリフトに乗って山の頂上まで行きます。リフトの椅子の何割とすれ違うでしょうか。

? データベースとは何かを八歳の甥に三つの文章で説明してください。

? 次の数列を見てください。

1

11

21

1211

111221

次の行にはどんな数がきますか。

? 二五頭の馬がいます。足の速い馬を一番から三番まで選ぶには、何回レースをすればよいでしょうか。ストップウォッチはなく、一レースで五頭しか走らせられません。

7

ホワイトボード利用術

図を用いて解答するコツ

ホワイトボードに図や表を描きながら思考過程を説明させるのが、ホワイトボーディングである。ウォーターボーディング（水責め）と聞えそうで胸にグサッとくるが。最近は多くの企業が面接でこの手法を使う。好意的とはかぎらない相手の前で頭の中身をさらけ出させるのだから、一種の精神分析だ。技術に関する面接問題ではホワイトボードが欠かせないが、前章で解説したほかのタイプの問題でも活躍する。「プログラミングの問題でなくても、考えをホワイトボードに書いていくとよいでしょう」とグーグルのトッド・カーライルも勧めている。[1] 図や絵にしたほうがわかりやすい問題はもちろんのこと、緻密な推論を必要とする問題でも強い味方になってくれるだろう。

図を描いたり字を書いたりすることで、手に何かをやらせているあいだにインスピレーションが湧くかもしれない。問題のポイントを書き出せば、自分がどれだけ理解しているかが確認できる。また、考えたり分析したりした結果や途中の計算結果を書いておけば、メモ代わりにもなる。何より、図にしてみるのは問題を解くたすけになるものだ。その例を紹介しよう。グーグルで出題された問題だ。

一本の棒を無作為に三つに折ります。その三本の棒で三角形がつくれる確率はどれくらいでしょうか。

最初に、三本の棒で三角形ができないのはどんな場合かを知らなくてはならない。そこであなたはこんな図を描いてみるだろう。

折った棒がだいたい同じ長さなら、かならず三角形ができる。きれいな正三角形とはかぎらないが、三つの辺と三つの角がある。

三本の棒で三角形ができない場合もある。次頁の図の二つの例を見てみよう。どちらも一辺があとの二辺を足したよりも長い。二本の短い辺は長い辺のはしからはしまで届かない。

もとの棒の長さを1としよう。折ってできた三本のうち一番長い棒が0・5以上ある場合は、残りの二本の長さを合わせても0・5にならないので三角形ができない。それ以外の場合は三角形ができる。まったく単純だ。

そうすると問題は、一番長い棒がもとの棒の長さの半分を超えない確率はどれくらいかと言い換えられる。答えは「棒を無作為に折る」というのがどんな意味かで違ってくる。この点を面接官にたずねて確認するとよい。

もし奇術師が客席のなかから私を選んで、棒を「無作為に三本に」折ってくれと頼んだら、私はまず両端を握って棒を曲げ、ポキンと二本に折るだろう。真ん中で折って同じ長さにしようとか、極端に長さの違う二本にしようとはしない。それから長いほうを（片方が明らかに長いとして）同じ要領で折るだろう。

この折り方は無作為とは言い切れない。木の性質や握りこぶしの大きさなどで、折れやすい場所というのができるからだ。本当の意味で無作為に折れるなら、棒はどんな長さにも分けられる。もとの長さと変わらないくらいの長い一本と二つの小さいかけらもできるだろう。この場合は三角形ができない。

面接では、現実性は無視して、数学的に無作為に折れるものと考えてよいと言われるだろう（実際には、面接官も現実性を考えに入れた場合にどうすればよいかを知らないから、そう答えるしかない）。そこでこう考えよう。棒の長さは一メートル、一方のはしに0、もう一方のはしに1と書かれていて、全体に目盛りがふられている。なんらかの機器か関数で乱数を発生させ、0から1のあいだの数を選ぶ。その値のところで棒を折る。続いてもう一度無作為に数を選び、そこで棒を折る（二度目に折るのは二本の棒のどちらかになる。だから定規のように目盛りのついた棒を使うのが便利だ）。これで棒は本当に無作為に折られた。三本の棒の長さは0から1までのどんな値もありうる。

このように解釈しなおすと、単純な図が描ける。x軸に最初に折った点、y軸に二回目に折った点をとってグラフにしよう。これで正方形ができる。正方形内の点は、棒を無作為に三つに折る場合の折り方を表わしている。すべての点は等しく可能性があるので、表の面積は確率に相当する。

それが次頁の図だ（面接中はここまできれいに描けないだろうが）。

正方形を縦横それぞれを半分にして四つの小さい正方形に分ける。棒を折った点が二カ所とも中間点（0・5）から見て同じ側にある場合が右上と左下の四角形内にあたる。グラフのこの部分が灰色なのは、得られた三本の棒で三角形がつくれないことを示している。

あとの二つの四角形は、折った二点が中間点を挟んで両側にある場合だ。この部分は対角線で二つに分けられ、灰色の三形角はx－yもしくはy－xが0・5よりも大きい。つまり、折った二カ所に挟まれた真ん中の部分が長すぎて三角形ができない。蝶ネクタイのような形の白い三角形は、真ん中の部分の長さが0・5よりも短いので、三本の棒で三角形をつくれる。白い三角形がグラフ全体の面積の四分の一に相当するのは一目瞭然だ。したがって、一本の棒を無作為に折ってできた三本の棒で三角形がつくれる確率は四分の一になる。

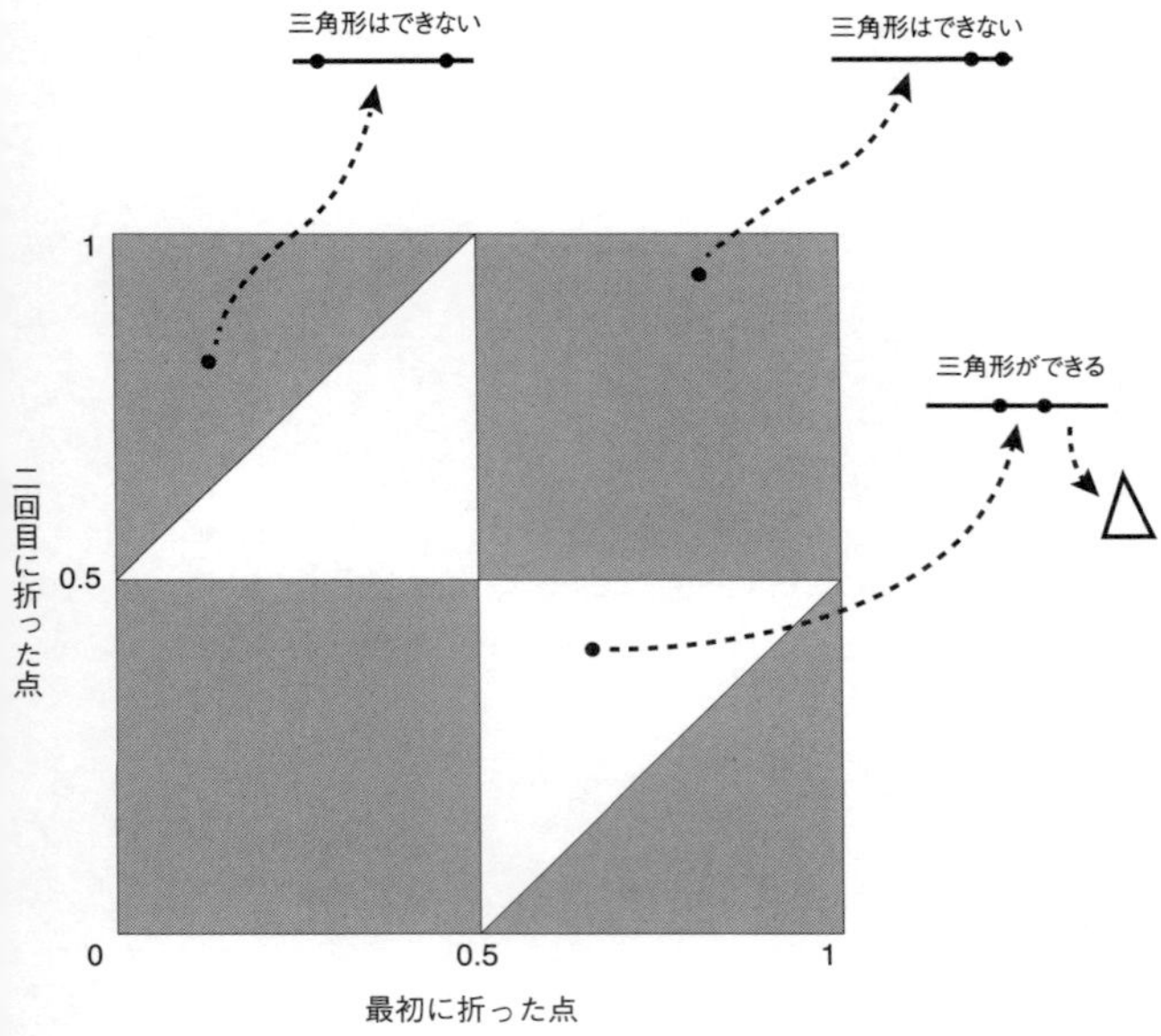

絵とマッピング（とピザ）

前述のパズルでは、ホワイトボードを二とおりに使った。折った棒そのものの図を描くためと、棒を折る点をグラフの点に対応づけるマッピングのためである。マッピングを用いて問題を視覚的に解ける応募者は、とくに高い評価を得られるだろう。図を描く必要がないときでも、ホワイトボードは役に立つ。たとえば次のような問題がそうだ。

あなたは一枚のピザを友人と分けあって食べています。一切れ食べるのに、あなたはX秒、友人はY秒かかります。ピザは一切れずつ食べるのがエチケットで、一切れ食べ切らないうちに、次の一切れに手を出してはいけません。あなたと友人がまったく同時に最後の一切れに手を伸ばした場合は、その一切れは友人のものになります（タイブレーク・ルール）。ピザは同じ大きさにカットされています。あなたができるだけたくさん食べるためには、ピザは何切れあればよいでしょうか。

問題を読んだ途端に、ピザをカットする絵を描きたくなるかもしれない。まあ、そうしても悪いことはないが、それではなかなか答えに近づけないだろう。これはピザよりも速度の問題なのだ。

ピザを食べるのが速い人が有利なのは誰でもわかる。ほかの人が一枚目を食べ終わる前に、その人はもう二枚目にとりかかっている。ドミノピザのようにピザが八枚にカットされていても、あるいは違う枚数でも、ピザが四角くても丸くても、クラストが厚くても薄くても、食べるのが速いのが有利なのは変わらない。

極端なケースを考えてみよう。ピザをまったくカットせず、まるのまま出すとする。あなたと友人がそろってピザに手を伸ばせば、タイブレーク・ルールが適用される。最初の「一切れ」は最後の一切れでもあるので、友人はピザをまる一枚食べられる！

あなたはなんとしてもピザをカットしたいだろう。次に単純なのは、ピザを半分に切る場合である。この分け方なら二人が一切れずつ食べられて公平だ。ここは重要なポイントなので心得ておきたい。あなたは五〇パーセントよりも少ないピザで我慢する必要はまったくないのだ。

もう一つの極端なケースは、ピザをどこまでも小さく、どこまでもたくさんの枚数にカットする。とことんまでたくさんにカットすれば、最後の小さな小さな一切れをどちらが食べるかなどは問題でなくなる。勝敗を決するのは食べる速さで、速さに応じて取り分が増える。あなたと友人が同じ速さで食べるなら、二人ともピザの半分を食べられる。あなたが二倍の速さで食べれば、二倍食べられる。

そこで次のような作戦が立てられる。

・友人のほうがあなたよりも食べるのが速ければ、ピザを二切れにカットする。これでピザをかならず半分食べられる。
・あなたのほうが食べるのが速ければ、ピザをどこまでもたくさんの枚数にカットする。これで食べる速さに応じた枚数が手に入る（したがって半分よりも多く食べられる）。

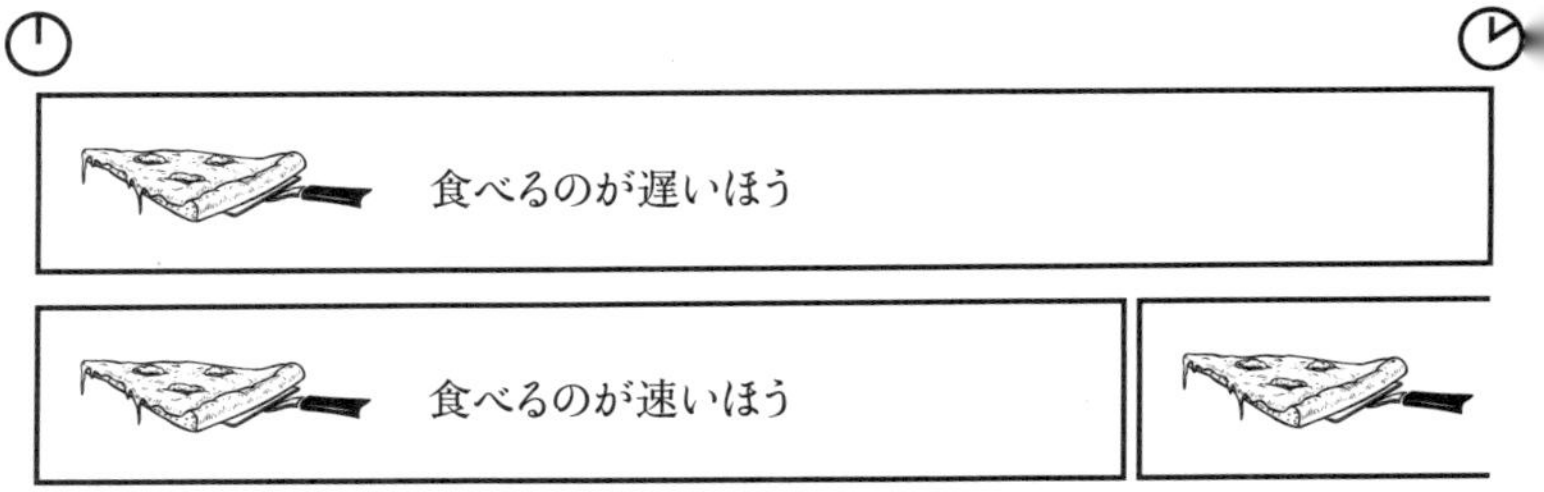

どちらに転んでもあなたの勝ちだ。

だが、最初に浮かんだ考えがよさそうでも、飛びついてはいけない。もっとよい方法はないだろうか。

いまの作戦の難点は、ピザを「どこまでもたくさんの」枚数にカットするところだ。カットするにはどこまでも時間がかかる。終わるころには太陽は燃えつき、ピザは冷え切っているだろう。せめて「たくさんの」枚数にカットするくらいで手を打つことにしても、「たくさんの」時間が無駄になる。

もっとずっとよい作戦がある。ピザを手に取っていく様子を時間表にしてみよう。あなたと友人が一切れずつピザを取ったところからスタートする。食べるのが速いほうがその一切れを食べ終え、二枚目を取る。ここで時計を止めよう。このとき食べるのが速いほうは二枚をものにし、遅いほうは一枚だけである。

ピザがこの三枚でおしまいだったらどうなるか。食べるのが速いほうがピザの三分の二を食べられるのだ。しかも、速いといってもうんと速い必要はないことに注目してほしい。数分の一秒速いだけで充分なのである。このほうがずっとよさそうではないか。

どこまでもたくさんにカットする作戦でいく場合、食べるのがわずかに速いくらいでは半分よりわずかに多く食べられるだけだった。

食べるのが速いほうは、食べるのが遅いほうの二倍以上速く食べられるとしよう。速いほうが二切れたいらげ、いまや三切れ目にとりかかろうとするとき、遅いほうはまだ一切れ目を食べ切っていない。もしそのピザが四切れにカットされているなら、全体の四分の三が速いほうのものになる。要は、食べるのが速いほうは遅いほうがまだ最初の一切れを食べているあいだに二切れ目を取りさえすればよいのである（もちろん三切れ目、四切れ目……でも）。

すると最良の作戦を立てるには、友人が一切れ目を食べているあいだに何切れ取れるかがわかればよい。問題によると、あなたは一切れのピザを食べるのに*X*秒かかり、友人は*Y*秒かかる。*Y*の値が大きいほど、あなたが口いっぱいにピザをほおばる回数は増えるだろう。厳密に言うと、友人が一切れ目を食べているあいだに、あなたは*Y*／*X*切れ（必要なら四捨五入して整数にする）のピザをたいらげられる。したがって、ピザをその数プラス1に切り分ければよい。これであなたは一切れを除いて残りのピザをすべて手に入れられる。

さらに簡単にしよう。現実には、*X*と*Y*の値が大きくかけ離れていることはないだろう。一切れ食べ終わるのに人よりも三〇パーセント余計に時間がかかることはあっても、人の三倍速く食べられるとか、一〇分の一の速度でしか食べられないというのは考えにくい。となれば、ありそうな状況は二とおり。あなたのほうが食べるのが遅ければ、ピザを二つに切り、半分ずつ食べる。あなたのほうが速ければ、三枚にカットして三分の二をせしめる。

ホワイトボードを利用する秘訣は、適切なマッピングを見出すことである（それはあらゆる問題解決の秘訣でもあるが、普段は頭のなかで「マッピング」している）。だからホワイトボードの最大の特長をためらわずに使おう。黒板消しのことだ。

問題
図を描いて問題を解く

図や表を描くことで解ける面接問題をあといくつか紹介しよう。（解答は二九〇ページから）

? ＣＤのように回転するディスクを思い浮かべてください。白と黒の二種類のペンキがあたえられます。センサーがその下で回転するディスクのはしの色を検知して結果を表示します。センサーの表示だけを見てディスクの回転方向を知るには、ディスクをどのように塗ればよいでしょうか。

? 非共線の三つの点から等距離にある直線を平面上に何本引けるでしょうか。

? 次の式が成り立つように、標準の演算記号を書き加えなさい。

3　1　3　6　=　8

?人嫌いの客ばかりが集まるバーがあります。二五脚の椅子が一列に並んでいます。入ってきた客は、かならず先客からできるだけ離れた席にすわります。誰も人の隣にすわろうとしません。客が入ってきて、好みの席がないとわかればそのまま店を出てしまいます。もちろんバーテンダーは、できるだけ多くの客にきてほしいと思っています。バーテンダーが一人目の客にすわる席を指定できるとしたら、どの席にすわらせればよいでしょうか。

?立方体を三色のペンキで塗るとしたら、何とおりの塗り方がありますか。

8

フェルミ博士と地球外生物

一六秒以下で答えを出すには

「少々変わった質問をしますよ」。電話の声が言った。声の主はオリヴァーといい、シラキュース大学で広告学を学ぶアリソン・ションテルがアシスタント・プロダクトマネージャーに適任かどうかを判断するために聞きとり調査をしていた。「分析的に考えられるかどうかをテストする問題です。グーグルはGメールの広告効果で一日にいくらの収入を得ているかを見積もってください」

「ええと、具体的な数字ですか」とアリソンはたずねた。「たぶん……七万ドルくらいでしょうか」

オリヴァーは大笑いした。具体的な数字を聞いているに決まっているし、それが七万ドルのわけはなかった。

「待ってください。いまのはなかったことにしていただけますか」とアリソンは頼んだ。「メモしたのでしたら消してもらって、なかったことに……」

「正確でなくていいんですよ。どうやって算出したかを説明してくれればいいんです」

「わかりました」。アリソンは先を続けることにした。「グーグルはGメール一通に四つの広告を出しています……たとえばユーザーが一日に七通のメールを開くとします。目にする広告は二八。四つのうち一つをクリックするとしたら、全部で七つになります。広告主が一クリックにつき五セント払うとして、広告七つ掛ける五セントですから、収入はGメールのユーザー数を……この考え方でいいでしょうか」

「まあ」とオリヴァーは断定を避けた。「広告の四分の一しかクリックしない、というところがわからないかな」。そして言った。「続けて」

アリソンの二度目の聞きとり調査も電話によるもので、今度の相手はアナだった。質問は「最近記事で読んだテクノロジーを挙げてください」からはじまった。

それなら簡単だ！「今日はナイキとアップルが共同で新しいランニングシューズを開発したという記事を読みました。シューズにチップが入っていて、音楽を聴きながらトレーニングできて、それをサポートしてくれます」

「では、創造力を発揮してその製品の広告を考えてください」

アリソンは広告のすばらしいイメージを言葉で説明した。ランナー、アイポッド、劇的なゴールイン。アナがクスリと笑ったようだった。アイデアがクズだから？　それともすばらしいから？

「今度は数学の問題です。広告がクリックされるごとに広告主に一〇セントの収入があるとします。サイト訪問者のうち、広告をクリックするのは二〇パーセントです。広告主が二〇ドル稼ぐにはサイト訪問者が何人必要でしょうか」

「ええ？……ああ、わかりました。一〇〇人中二〇人が広告をクリックするのですね。クリック一〇で一ドルだから……二〇人です」。これはまずかった。アリソンはあてずっぽうで答え、下手な鉄砲を撃ちまくった。

とうとうアナが正解を言い、解説した。一クリックで一〇セント稼ぐにはサイト訪問者が五人必要です。二〇ドルはその二〇〇倍ですから、五掛ける二〇〇で一〇〇〇人の訪問者ということになりますね。

アリソンは自分が救いようのないバカに思えた。アナはもう一問の数学の問題に移ろうとしていた。

「アメリカには、四年制大学の四年生で就職が決まって卒業する人が毎年何人くらいいるか答えなさい」。命令口調だった。

「アメリカの人口は約三億人です」とアリソンは答えた。「四年制大学の学生を一〇〇〇万人とします。一〇〇〇万人のうち四年生は四分の一、つまりだいたい二〇〇万から三〇〇万人です。その半数が就職を決めて卒業するとすれば、一五〇万人くらいですね。これは多いでしょうか、少ないでしょうか。それともちょうどくらいですか」

「少ないように思いますが、それは私が職探しのお相手をしているのと、もっと多いといいと思っているからでしょう」

もう笑いもしなかった。

「これで終わりです」とアナは言った。「就職活動がうまくいきますように[1]」

ロスアラモスでランチ

こんな面接のやり方は地球外生物のせいにしよう。一九五〇年代のある日のこと、ロスアラモスの昼食時に空飛ぶ円盤の話題が出た。「エドワード、きみはどう思うかね」。物理学者のエンリコ・フェルミは一緒に昼食のテーブルについていたエドワード・テラーにたずねた。地球外生命体が宇宙船に乗って地球を訪れることはありうるだろうか。テラーは、可能性は低いと答えた。フェルミは可能性をすてなかった。そして昼食のあいだ中、宇宙には地球外生命体の文明がいくつ存在するか、そのなかで最も近いものは地球からどれくらいのところにあるかをずっと計算していた。

これが「フェルミ問題」の原型である。フェルミはシカゴ大学でも、これよりいくらかやさしい問題を出して学生を苦しませた。有名なのが「シカゴにピアノ調律師は何人いるか」というパズルだ。物理学の博士号をもつ者ならどんな量も推算できなくてはいけないとフェルミは考えていた。この「物理学の博士号をもつ者」という部分が、どこかで抜け落ちてしまったのだ。

今日の雇用者は、人文科学を専攻する者も含めて誰でも採用面接で突飛なものの量を概算できなくてはいけないと思っている（採用後はへんてこな量を算出させられることはない）。現代版のスフィンクスの謎である。電話調査に合格して、企業での面接に進めるかどうかがこれで決定されるのだ。その企業の事業に関連する問題もある。

アメリカにはガソリンスタンドが何軒ありますか。（ゼネラル・モーターズ）

だが、さっぱり関係なさそうなもののほうが多い。

カリフォルニア州にはゴミ収集人が何人いますか。(アップル)

ニューヨーク市のタクシーの台数を概算してください。(KPMG)

野球場にゴルフボールはいくつ入りますか。(JPモルガン・チェース)

ゲータレードの生産コストを算出しなさい。(ジョンソン・エンド・ジョンソン)

掃除機の年間生産台数は?(グーグル)

フェルミ問題のよいところは——雇用者から見た場合だが——いくらでも新しい問題をつくれることである。したがって応募者は、本にもネットにもない初耳の問題を出されるかもしれない。インテルはそこのところがとくに巧妙で、エンジニアに彼らがこれまでにC言語かC++で書いたプログラムの行数を概算させる。これには少なくとも三つの目論見がある。一つは、フェルミ問題であること、二つ目は応募者にプログラミングの経験がどれだけあるかを問うこと、そして三つ目は、答えから働いた時間数もわかるので、残業も休日出勤も厭わないかどうかをこっそり確めることだ。

業務とは無関係なこの方法の欠点は、面接官も新しくこしらえられたフェルミ問題の難易度がわからず、まして正解など見当もつかないことだろう。アリソン・ションテルは電話での聞きとり調査のあと、ある会議でたまたまオリヴァーに遭った。グーグルが広告でいくら稼いでいるかは、じつは自分も知らないのだとオリヴァーは教えてくれた。[2]

「それまでとんとん拍子に進んでいた面接がそうでなくなったのは、軍隊嫌いらしい面接官に会ったときでした」と不採用になったある応募者は話す。その人は軍の諜報部に六年間勤務した経験があった。「グーグルが『悪をなさず』をモットーにしているのをいいことに、軍隊時代に人を何人殺したかと聞くのです。〔諜報部勤務だったことを〕説明すると、では何人が殺されたか、情報を入手しているのだからわかるだろうと聞いてきました。まるで私が悪をなしたか、腕利きの殺し屋か、無能かのどれかだと言わんばかりでした」[3]

ロスアラモスでマンハッタン計画に携わった科学者も、同じように悪人呼ばわりされて苦しんだかもしれない。それはともかく、知識は相互につながっているべきだとフェルミは考えていた。臨界量のことを詳しく知る者は、地球に最も近い異星人文明まで何光年かといったとらえがたい事象もその知識を使って計算できるというのである。したがってフェルミ問題は、自分の知っている事実から、問われている奇妙な数までを論理的に直線で結んでいくものだと言える。ということは、結びつけるべきなんらかの情報もしくは知識をもっていなくてはならない。概算でかまわないとはいっても、まったく根拠のない数字を出してもしかたがない。

そこがGメール問題に答えようとしたアリソンのまずいところだった。知っていることをもとに発展させていくのではなく、あてずっぽうで勝手に計算しただけだった（グーグルは製品の財務状況をさらけ出しはしない）。もっとうまく答えるには、貸借対照表の二つの基本事項からはじめればよかったのである。（a）グーグルのおもな収入は広告料であること、（b）年間収入は二五〇億ドルであることだ。

「グーグルの収入なんて知っているわけないじゃないか」と思うだろうか。もしそう言うなら、面接の前に調べておくことだ、と答えよう。仮にも大企業の面接を受けようとするなら、それくらいは知っておくのが当然だ。

二五〇億ドルのうち、Gメールでの広告収入はいくらだろうか。ここはしくじっても責められない。これは金融専門紙が推算することだ。だが理想を言えば、グーグルの事業についていろいろな記事を読み、Gメール広告料が全体に占める割合は微々たるものだと知っておくとよいだろう。二〇〇四年にグーグルがGメールのサービスを開始したとき、広告料は検索エンジンの広告料と肩を並べるくらいになるだろうと期待された。取らぬ狸の皮算用だったが。

だから「Gメールの広告料を全収入の一パーセントとします。多少違っても、誤差のうちにできるでしょう」と答えたとしても、面接官は咎めはしないだろう。[4] それにこれなら計算も簡単だ。Gメールの年間収入は二億五〇〇〇万ドルになる。三六五日で割れば、一日一〇〇万ドルに満たない。ここがフェルミ問題の大原則である。理詰めではなく、数をまるめて考えていくのだ。

大学生の問題は、すべり出しはよかった。アリソンはアメリカの人口が約三億人であることを知っていた。それが狂いだしたのは「四年制大学の学生を一〇〇〇万人とします」と言ったところからだった。正しい数字を出しておいて、ありもしない数字をでっち上げてしまった。

もっとよい答え方はこうだ。アメリカの人口は約三億人で、平均寿命は七十歳。この二つの数字から、3億／70前後の数の国民が毎年一定の基準の年齢、たとえば二十一歳の誕生日を越すことがわかる。

この割り算をする前に少し調整しよう。七十歳になる人よりも二十一歳になる人のほうが多いから、二十一歳になるアメリカ人の数は実際にはもっと大きいだろう。どれくらい大きいだろうか。そこは面接官もあなたも知らないにちがいない。そこでここが計算を簡単にする口実になる。このような答えの出し方は、基本的な運動能力を磨いていって頑健な肉体をつくるパルクールのようだ。扱いやすいようにまるめた数からすらすらとつまずくことなく先を続けたい。3億／70ではなく、3億／50にしよう。これで二十一歳になるアメリカ人は毎年六〇〇万人ということになる。

その全部が大学生ではない。大学に進学しない人は多いし、二年制大学の学生もいれば四年生になる前に退学する人もいる。この分を埋めるのが通常の入学年齢よりも上の年齢で入学を許可されて四年生になった人である。こうして六〇〇万人は三〇〇万人の大学四年生に刈り込まれる。

問題の次の部分は「四年制大学の四年生は何人か」である。頭をはっきりさせよう。グラント将軍の墓には誰が埋められている？　グラント将軍に決まっているではないか。大学四年生はみな四年制大学の学生ではないか。

アナが出した問題の最後の部分は「就職が決まって卒業する大学四年生は何人か」だ。卒業前にフルタイムの就職先が決まっているということだろう。もっと大きく解釈すれば、卒業後ある程度の時期までに働きだす人も含めるのかもしれない（それが今日の雇用市場でどんな意味であろうと）。ここはアナに確認したほうがよい。
模範解答は次のようになる。

卒業と同時に就職▼　大学四年生の二五パーセント、七五万人。

卒業後ある程度の時期までに仕事に就く▼　大学四年生の五〇パーセント、一五〇万人。

一五〇万人がアリソンの答えとまさに同じであることに気づいたのではないだろうか。「正確でなくてもかまわない」をひっくり返せばそういうことになるのだ。つまり「正解」しても落とされることがある。目的地よりもそこまでの旅がおもしろいのである。

面接虎の巻

いいかげんな数字を口先だけでずらずら並べても、面接官には通じない。知らないと恥ずかしいのは、自分の得意分野の重要な数字、基本的な人口統計、そして入社を志望する企業に関する数字だけだ。以下は心得ておくべき概数である。

世界の人口▼　七〇億人

世界総生産▼　六〇兆ドル

アメリカの人口▼　三億人
アメリカの国内総生産▼　一四兆ドル
連邦最低賃金▼　七ドル（実質七・二五ドル）
シリコンバレーを含むサンフランシスコ都心部の人口▼　八〇〇万人
グーグルの市場価値▼　一〇〇〇億ドル
グーグルの年間収入▼　二五〇億ドル
グーグルの年間利益▼　一〇〇億ドル
グーグルの株価▼　六〇〇ドル
大容積にランダム充填できる球の数▼　立方格子として、あなたが計算した数の一・二倍（三一〇ページ参照）

問題
その場で概算する

次のフェルミ問題で練習しよう。（解答は三〇七ページから）

? 二五セント銀貨のふちにギザギザは何本あるでしょうか。

? 世界中で一年間に生産されるシャンプーは何本でしょうか。

?アメリカの一つの州をトイレットペーパーで覆うには何ロール必要でしょうか。

?2^{64}は？

?スクールバスにゴルフボールは何個詰められますか。

9

割れない卵

「どのようにして」を問う問題

一九七〇年、イギリスのランカシャーにあるカーミル小学校のダグラス・アップルトン校長は、全英のメディアを大いににぎわせた。[1] 校長はただある実験をして、単純だが意外な事実を実証してみせただけだった。草の上に落とした生卵はたいてい割れないのだ——どんなに高いところから落としても。アップルトン校長の生徒たちは校舎の三階の窓から卵を投げた。草の上に落ちた卵は割れなかった。次に消防士が協力して、二〇メートルの梯子の上から一〇個の卵を草の上に落とした。一〇個のうち七個が無事だった。さらにイギリス空軍の軍人が上空約四五メートルの高さを飛ぶヘリコプターから一八個の卵を落としてみた。一五個（八三パーセント）が割れずに残った。デイリー・エクスプレス紙は小型飛行機を借り、時速二四〇キロメートルで飛行しながら六〇個の卵を芝の上に投下した。およそ六〇パーセントの卵が無傷だった。

この話を紹介するのは、グーグルで出されるある面接問題が荒唐無稽とも言い切れないことを裏づけるためだ。

あなたは一〇〇階建てのビルで働いています。まったく同じ性質の二個の卵をわたされ、卵を落としても割れない一番高い階を調べます。卵は二個とも割ってしまってもかまいません。卵を何回落とせばよいでしょうか。

誤解のないよう言っておくと、ビルと卵は完全に架空の話である。これはアルゴリズム問題だ。あなたに実際的でさえた方法を考え出す能力があるかどうかを見ようというわけである。エンジニアリングだろうとマネジメントだろうと、どんな仕事においても重要な能力だ。

料理人は調理台からタイルの床に落ちた卵がもうおしまいなのを知っている。ところが、もし問題中の一〇〇階建てビルの周囲がコンクリートよりもやわらかく、芝よりも硬かったら、おしまいだとは言い切れない。問題のねらいに沿って答えるには、卵が割れない最高の階は一階から一〇〇階のどの階の可能性もあると仮定しなければならない。そう言うなら、逆にどの階でも（料理人の意見を裏づけて）卵は無事でない可能性もある。

卵投げ（これはイギリスの子供たちが実際にやった）では、確率の要素は無視してよい。同じ階から落とした卵はかならず同じ結果になる。割れるか割れないかのどちらかだ。

面接官はあなたに卵の割れない階をあててほしいのではない。卵はなく、一〇〇階建てビルもない。もしそうだったら、という話なのだ。意味がおわかりだろうか。卵の割れない階を見つける方法を考え、どのようにしてその答えを導いたかを説明することを求められているのである。具体的な数字で答えなくてはいけないのは、卵を落とす回数だけだ。その数はゴルフのスコアと同じで、少なければ少ないほどよい。

卵一個の情報

卵落としはごく簡単な実験で、そこから一片の情報が引き出せる。その一片から最大限の情報を得るには、ビルの真ん中の階からはじめればよいだろう。偶数階建てのビルの場合はちょうど真ん中にあたる階がないので、五〇階か五一階のどちらかにする。ためしに五〇階から卵を落としてみる。卵は割れたとしよう。これで卵が割れない階は五〇階よりも下だとわかる。ここでまた半分にして、二五階からもう一個の卵を落とす。おっと！　また割れてしまった。もう卵は残っていない。落とした卵が割れない最高の階は二五階よりも下だというところまでわかったが、どの階かが特定できていないので、この方法は失敗だ。

卵は割れないかぎり何度でも使える。一階から一個目の卵を落としてみよう。卵が割れなかったら二階に上がって同じことをする。さらに三階、四階、五階と、卵が割れるまで続ける。これで卵を落としても割れない最高の階がわかるだろう。しかも卵一個ですむ。

この方法を「のんびりアルゴリズム」と呼ぶことにしよう。卵を節約しつつ落とす作業を何度も繰り返す。一階ずついちいち確認しなくてはならないが、それでも目的は果たせる。

ここで考えるべきなのは、二個の卵をうまく使うことだ。卵落とし実験のグーグル式最適アルゴリズムがどこかの本に書いてあるとしよう。いや、あるとしなくていい。本当にあるのだから。つまりこの本だ。では一七〇ページを開いて（ああ、もう開いていたか）、そのアルゴリズムを少し見てみよう。こんなふうに書かれている。

1．N階に行き、一個目の卵を落とす。

アルゴリズムの出だしはこうだと、なぜ私にわかるのだろうか。うそでもでたらめでもない。アルゴリズムとは誰にでもわかる一連の指示で、指示1からはじまる。そしてここでは卵を落とす操作をするのだから、指示1にそう書いてあるのはあたりまえだ。卵を落とす以外、することはない。肝心な部分（N階）は、目下のところ代数のカーテンで隠されている。本物のアルゴリズムは、Nのところに43などの特定の数が入る。

先へ進もう。指示1は二とおりの結果があるので、両方の結果に対して次の指示があたえられる。2a（1で卵が割れた場合）と2b（1で卵が割れなかった場合）としよう。

一個目の卵が割れてしまったら、二個目の卵には安全策をとらなければならない。階を飛ばして実験する危険はもう冒せない。二個目の卵も割ってしまい、正しい階を突き止められなくなったら大変だ。

グーグル式アルゴリズムの指示2aは、長々と次のように書かれているはずだ。

2a．（1で卵が割れた場合）一階に下りる。残った卵で「のんびりアルゴリズム」を実行する。各階で実験し、卵が割れるまで一階ずつ上がっていく。卵が割れない一番高い階は、卵が割れた階の一つ下の階である。

たとえば最初の階を五〇階とし、卵が割れたとしよう。また割れるといけないので、二個目の卵を二五階から落とす危険は冒せない。一階から二階、三階……と順に試していかなくてはならず、四九階まで到達する可能性もある。その場合、最初に五〇階から実験をはじめたので、全部で五〇回卵を落とすことになる。

一〇〇のなかから一つを見つけるのに五〇回のテストが必要な方法が最適でないのは、プログラマーの勘がなくてもわかる。このやり方はお粗末だ。

最初に卵を落とす階をもっと下の階にしたらどうだろうか。まず一〇階から落として卵が割れたら、全部で一〇回落とす必要があるかもしれない。ここでやっと「わかった!」と叫ぶ瞬間が訪れる。最初にN階から卵を落として割れたら、卵が割れない階を突き止めるのに全部でN回かかる可能性があるのだ。

そうしてみると、最初に卵を落とす階は五〇階よりずっと下がよいに決まっている。$N=10$としてみよう。10を選択すれば、卵が割れない階の十の位を調べるのに一個目の卵を、一の位を決めるのに二個目の卵を使えるという都合のよさがある。たとえば一〇階、二〇階、三〇階、四〇階、五〇階と試してみる。そして六〇階から落したときに割れたとしよう。卵の割れない最も高い階は五〇階台のどこかだとわかる。そこで五一階まで下り、もう一個の卵を使って一階ずつ上がりながら試そう。もし二個目の卵が五八階で割れたら、卵が割れない最も高い階は五七階になる。

この手順はどれくらい効率的だろうか。一番手間がかかるのは、一〇階、二〇階、三〇階と試していって、一〇〇階まで行ったところで卵が割れた場合だ。そのときは九一階まで下りて、一階ずつまた上がっていく。九九階が正解だとわかるまでに一九回卵を落とさなくてはならないかもしれない。これも悪くはない。だが、ベストではない。

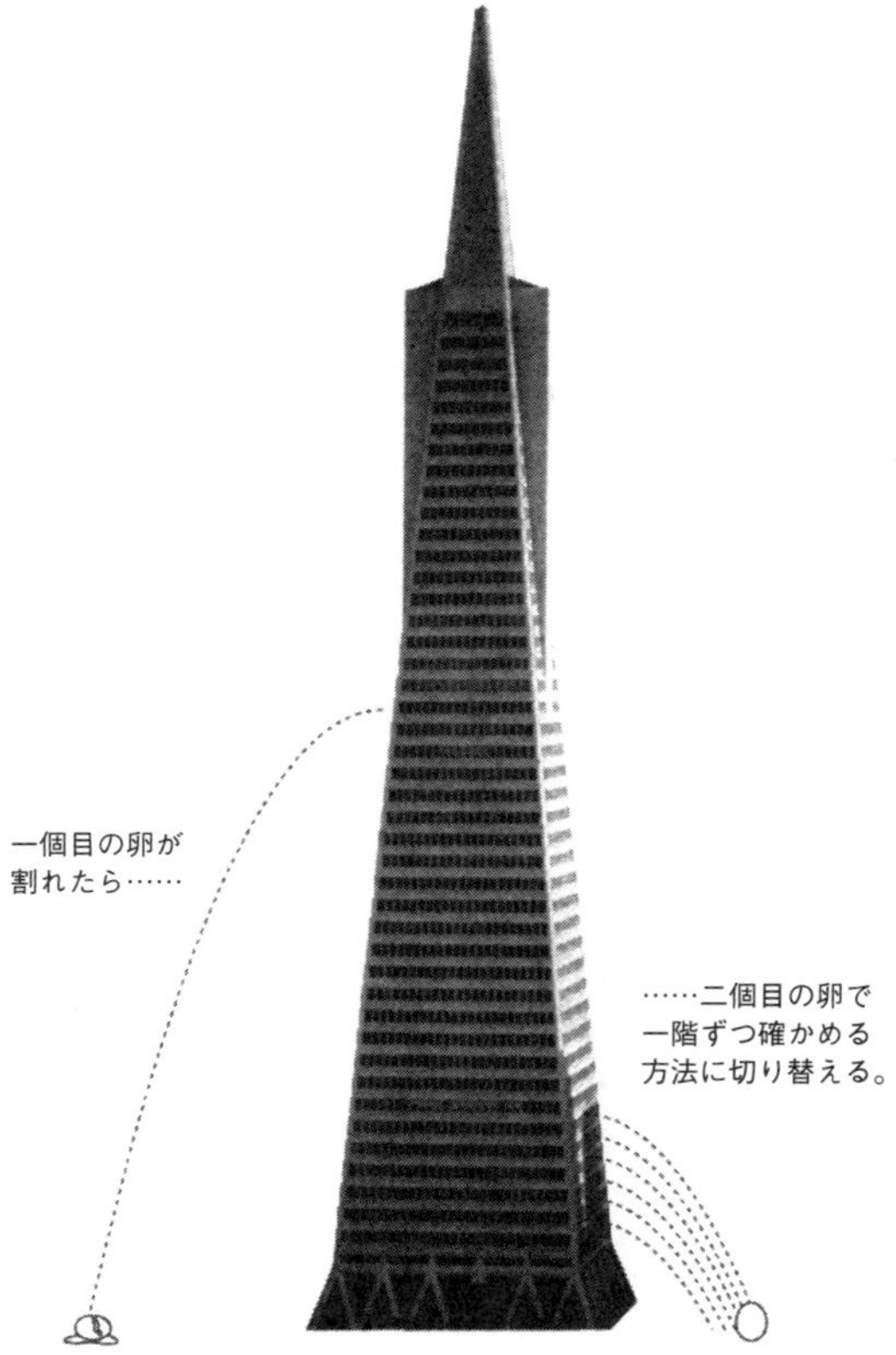
一個目の卵が
割れたら……
……二個目の卵で
一階ずつ確かめる
方法に切り替える。

ダミー卵

ここで思い出そう。問題は「卵を何回落とせばよいでしょうか」と聞いている。どう考えても、落とす回数が少ないほうが高い点をもらえそうだ（もっと正確に言えば、一番手間どった場合の回数を最小にする。運がよければほんの数回で答えにたどり着く）。

一個目の卵の役割は衝突実験のダミー人形のようなもので、危険度の高い状況で使いたい。それができるだけ早く、できるだけ多くの情報を得る方法である。二つ目の卵は予備だ。残りはそれしかないとなったときは、安全第一で使わなければならない。

よい解答を導き出す鍵になるのは、ダミー卵である。一個目を一回落とすだけで、たくさんの階を候補から除外できる。では、どれだけたくさん除外できるだろう？　その答えを出すにはちょっとした頭の体操が必要になる。頭の切れる人にとっても朝飯前とはいかない。まず、たとえ話をしよう。あなたはプロゴルファーで、莫大な賞金の獲得を目ざして一八番ホールに向かおうとしている。優勝するにはこのホールを三打で上がらなければならない。その条件によって、どのクラブを使うか、手堅くいくよりも思い切ってバンカー越えをねらうか、おのずと作戦が決まる。あなたは第三打で（グリーンに載せて満足するのではなく）カップインを目ざさなければならない。この三打でという制約が絶えず作戦につきまとう。

グーグルの完璧なアルゴリズムにも制約がある。正しい階を突き止めるのに要する卵落としの最大回数だ。その数をDとしよう。あなたの作戦はD回という数に制約される。

具体的に考えるために、卵を落とす回数は一〇回までとしよう。このとき一個目の卵は一〇階から落とすのがよい。理由はおわかりだろうか。できるだけ多くの階を候補から除外するにはできるだけ高い階を選びたいわけだが、一〇階は選べる最高の高さなのである。一個目の卵が割れてしまったら、正解がわかるまでに一〇回の制限回数をすべて使い切ってしまうかもしれないからだ。

（いまの段落が一番ややこしいが、このあとはもっとわかりやすくなる。約束しよう。）

あとはこの考え方に沿って進んでいく。卵を一回落としたあと、残りは九回分ある。一回目に卵が割れなければ、二回目はできるだけ上の階から落としたいと思うだろう。さらに一〇階上がって、次は二〇階から実験しようか。いや、そうはいかない。残りは九回分しかないのだから、九階上に上がるのが精いっぱいだ。今度割れたら、そのあとは一階ずつ調べていくしかなくなる。一〇階と試してみたばかりの一九階のあいだを一階ずつ実験し、制限回数を使い切ってしまう場合もあるから、もし一階でも余計に上がったら、卵を落とせる回数が足りなくなって正解にたどり着けないかもしれない。

二回目も卵は割れなかったとしよう。残りは八回。そこから八階上がって卵を落とす。卵がずっと割れなかったとして、実験できる階の数は単純な級数になる。

10

10 + 9 = 19

10 + 9 + 8 = 27

10 + 9 + 8 + 7 = 34

以下同様。

ちょっと待った！　これでは到達できる最高階は、$10+9+8+7+6+5+4+3+2+1$で、五五階ではないか。五五階建てのビルならこの方法でなんの問題もないだろう。だが、問われているのは一〇〇階建てのビルなのである。

修正は簡単にできる。10というのが適当に決めた数だったのを思い出してほしい。10をDに置き換える。完璧なアルゴリズムで卵を落とす回数である。最適な方法でたどり着ける最高の階は、次のように表わせる。

$$D+(D-1)+(D-2)+(D-3)+\cdots+3+2+1$$

これが100に等しいか、100よりも大きくなければならない。

ここから先は簡単な代数だ。前記の式の合計は、DにDよりも小さいすべての整数を足したものになる。これは「三角数」である。三角形に並べられたビリヤードの球を思い浮かべてもらいたい。そこには$5+4+3+2+1$個の球がある。高校で習った数学を思い出せば、合計が5に$5+1$を掛けて2で割った数になるとわかるだろう。答えは$5\times6\div2=15$。これが三角形に並んだビリヤード球の個数である。

前記の式の場合、DとDよりも小さいすべての整数の和は、Dに$D+1$を掛けて2で割った数に等しい。したがって、

$$D \times (D+1) \div 2 \geqq 100$$

両辺に2を掛けて、

$$D^2 + D \geqq 200$$

D^2に注目し、ずっと小さいDは無視しよう。この不等式はD^2が少なくとも200くらいの大きさになることを表わしている。200の平方根は14より少し大きい。Dに14を代入しよう。

$$14^2 + 14 = 196 + 14 = 210 \geqq 200$$

ビンゴ！　ぴったりだ。念のために13で試してみよう。

$$13^2 + 13 = 169 + 13 = 182$$

13では200に等しくも、200より大きくもならない。14なのだ。一個目の卵を一四階から落とせば、かならず一四回かそれより少ない回数で答えが出る。

さて、まとめよう。最初に卵を一四階から落とす。卵が割れたら一階まで下り、一階ずつ上がって実験する。これで最大でも一四回卵を落とせば答えが出る。

一回目に卵が割れなかったら、二七階（一四階から14－1階上の階）に行き、また卵を落とす。そこで卵が割れたら、一五階に下りて一階ずつ上がりながら実験する。今度もまた、一四回かそれ以下で答えが出せるだろう。

ずっと卵が割れずにいれば、三九階、五〇階、六〇階、六九階、七七階、八四階、九〇階、九五階、九九階、そして最後に一〇〇階で実験することになる（ビルがもっと高ければ、九九階の次は一〇二階）。一つも割らずに卵を一二回落とし、ビルのどの階から落としても卵は割れないという答えが出る。もし途中のどこかで卵が割れたら、のんびりアルゴリズムに切り替える。許された一四回をすべて使う必要があるかもしれない。

アルゴリズム問題の見分け方

アルゴリズム問題は、ハイテク企業が技術系応募者の知識の応用力をテストするために出題しはじめた。プログラミングの課題はもう出されず、程度はさまざまながらおもしろい文章問題がつくられた。以来、非技術系職種の面接にもこのタイプの問題が広がっている。秘書やマネージャーも、時間と費用と労力を最小限に抑えて業務を遂行するよりよい方法をつねに考えるものだ。
出された問題がアルゴリズム問題かどうかは、次のような特徴で見分けられる。

・応募した職種に普通はなんの関係もないバカバカしい作業（この場合は卵落とし）。
・おかしな制約がある（卵が二個しか使えない）。
・明確かそうでないかは別にして、何かを効率化するのを目的とする（卵を落とす回数を最少にする）。
・代数N、一〇〇とか一兆のような大きい概数、無限の量（規模を大きくしても適用できる解答が求められていることを示す）。

猫も杓子も効率効率と言うが、何を効率化したいかはそれぞれに違う。どんな制約があるかが問題中で明らかでないときは、面接官にたずねよう。そしてアルゴリズム問題を解くときに役立つアドバイスをもう一つ。初めは単純に、だ。問題に大きい数が出てきたら（一〇〇階建てなど）、最も単純なケース（一階建て、二階建てなど）に置き換えて考えよう。たいてい答えはすぐに出る。そうしたら値を大きくしていく。値を変えても適用できるパターンが見えてくるだろう。

アルゴリズム問題は、アプローチのしかたが一つということは普通ない。最初に思いついたアイデアがよさそうでも、ベストではないかもしれないので、いつでも別のアプローチに切り替えるつもりでいることだ（面接官が最初のアイデアに満足し、次の問題に進んだ場合はそのかぎりではない）。

別のアプローチで思い出したが、「クラシックパズルズ」というブログに読者が卵落としパズルの解答を投稿していたので紹介しておこう。

1. 二階から卵を落とす。卵が割れるのを見る。小声でちぇっと言う。
2. 一階に下りて二個目の卵を落とす。忌々しい卵は一階から落としただけでも耐えられないのだとたちどころにわかる。
3. 面接官をなじり、そのろくでもないビルの、どのクソったれな窓から落としても一回で割れてしまわない卵をよこせと要求する。
4. 昇進する。[2]

問題

「どのようにして」を問うパズル

アルゴリズム問題を集めてみた。ほとんどの問題は特別な知識を必要としない。最後の二つ――「A地点からB地点まで」「最も近い二つの星」――は、グーグルがソフトウェアエンジニアに出題した問題で、本書の問題のなかでも技術的な要素が最も強い。この二つを加えたのは、禅の公案に似ているのと、想定された解答よりもさえた答えが飛び出してくることがあるからだ。（解答は三一二ページから）

?雨が降るなかを、駐車場の一番遠いはしに停めた車まで行かなければなりません。できるだけ濡れないようにするには、走るのと走らないのとではどちらがよいでしょうか。傘をもっていたらどうでしょうか。

?ビー玉の入ったガラス瓶があり、なかのビー玉の数はいつでも数えることができます。あなたと友人はゲームをすることにしました。ガラス瓶から交互に一個または二個のビー玉を取り出します。最後のビー玉を取ったほうが勝ちです。どんな作戦でいくのがよいでしょうか。どちらが勝つか前もってわかりますか。

?五〇台のトラックがあります。どれもガソリンが満タンで、一〇〇マイル走行できます。どれくらい遠くまで荷物を輸送できるでしょうか。トラックがN台ならどうでしょうか。

?七面のサイコロを五面のサイコロで代用します。五面のサイコロをどのように使えば、1から7までの数を無作為に出せますか。

?誰もいない部屋があり、その外で何人かの人が待っています。一人を部屋のなかに入れるか、部屋から外に出すのを「一手」とします。すべての組み合わせが一度だけ部屋のなかにいるように人を動かすとしたら、どのように動かしますか。

?煉瓦がいくらでも手に入ります。煉瓦の上に次の煉瓦を張り出すように重ねて積みます。最大でどれくらい張り出せるでしょうか。

?あなたはA地点からB地点に行かなくてはなりませんが、たどり着けるかどうかわかりません。どうしますか。

?星のなかで最も距離の近い二つを見つけるにはどうすればよいでしょうか。

10

自分の頭の重さを測る

絶体絶命のときはどうするか

二〇〇六年、ラスベガスのプラザホテルとカジノを会場にビッグダディ・バーガー早食い競争が開催され、出場者はハッセルホフの頭よりも大きいという触れ込みのハンバーガーに競ってかぶりついた。俳優のデヴィッド・ハッセルホフはどこか剽軽《ひょうきん》な感じがすると思った広報担当者が、その謳い文句を考えついたのだ。問題は誰もハッセルホフの頭の重さを知らないことだった。本人だって知らないだろう。「重さがわからないのに、ハッセルホフ氏の頭をこのハンバーガーの重さの目安にしては無責任というものです」。国際早食い競争連盟会長のリチャード・シーは報道発表でそう述べて笑いを誘った。[1]

国際早食い競争連盟は、ハッセルホフを招いて手術なしで頭を計量しようとした。だが、この申し入れはハッセルホフの家族に断わられてしまった。そこで連盟は、独断でハンバーガーの重さを四キログラムとした。優勝したのは「ザ・ブラック・ウィドウ」の異名をとるソーニャ・トマス。トマスはこのハンバーガーを二七分で完食した。[2]

今日の最もクセものの面接問題はこの珍ニュースから生まれたのかもしれない——まさに「どうやって自分の頭の重さを測りますか」と問うものだ。この問題は古くからオックスフォード大学とケンブリッジ大学の口頭試問で出されているが、アメリカの技術系企業の採用面接で出題されるようになったのはここ数年のことのようだ。本書がここまでに取り上げた問題と違って、途轍もなく難しく、完全に満足のいく答えがない。無理難題を吹っかけられて崖っぷちに立たされた応募者が望みのない状況にどう立ち向かうかを見るのが、このパズルのおもな目的なのである。

マイクロソフト時代のジョエル・スポルスキは、早くも一九九〇年に「M&M'sチョコレートはどうやってつくられているか」という面接問題を出している。[3] スポルスキ本人さえ答えを知らなかった。アマゾンもこれと同様の趣旨で「ハードルをますます高くする」面接問題を出題するので有名だ。鬼刑事のような面接官が、専門外の分野からすこぶるつきの難問を出して応募者を追い詰める。アマゾンはオールラウンドな人材を高く評価するが、この世に万能の天才などいない。応募者は到底答えられそうにない超難問にいかに果敢に取り組むかを評価されるのである。

求職者にとって目の前が暗くなるようなこの時代、それが標準的な手法になろうとしている。解答不能な問題から有名な例をもう一つ紹介しよう。

? 水のなかとシロップのなかでは、どちらが速く泳げますか。

かのアイザック・ニュートンも三〇〇年以上前にこの問題を考えていたという。ニュートンの出した答えはまちがっていた。彼がシリコンバレーで職探しをせずにすんだのはさいわいだ。

窮地からの脱出

私は本書で一筋縄ではいかない面接問題の答え方について数多くの例を紹介してきた。遅かれ早かれ、あなたは答えられない問題に出くわすだろう。先述の二つほどには難しくないかもしれない。それでも答えに詰まれば途方に暮れてしまい、同じ問題をやさしいと思う人もいるのだと思ってもなんの慰めにもならない。だが、起死回生の策はある。

この種の難問を切り抜けられるふりができるというのではない。面接官が話を打ち切るまでは問題に答えようとしつづけるのが、面接の作法にかなうと言いたいのだ。革新的なアイデアを出すには粘り強さと直感と運が必要なのを、面接官は心得ている。その面接官にせめて粘り強さだけはアピールできる。

黙り込んではいけない。沈黙はその場の空気を重苦しくし、何も思いつきませんと言ってピンチに幕を下ろしたくなる。それではあきらめの早い人間だと思われてしまうだろう。それに、頭が口に追いつくこともある。とにかく話しつづけるうちに、それまで思いつきもしなかったアプローチがひらめかないともかぎらない。

そうは言っても、手がかりさえないときにいったい何を話せばよいのか。そこがつらいところだ。では、いくつかヒントをお教えしよう。

問題を言い換える。 自分の言葉で問題を言い換えてみよう。自分がしっかり理解しているかどうかが確認できる。言いまわしで目をくらませるひっかけ問題を見破れることもある。

不明確な点を解消する。どんな問題も、説明を求めたり細かい点をたずねたりすることはできる(「『シロップ』のなかで泳ぐとのことですが、それはメープルシロップのような特定のシロップでしょうか。それとも水より粘度の高い液体ならなんでもかまわないのでしょうか」)。どんな答えが求められているのか、手がかりが得られるだろう。面接官とのやりとりは問題について詳しく聞き出すチャンスだから、情報を求めてかならず質問しよう。

あたりまえの答えがなぜまちがいなのかを説明する。出される問題は難問なのだ。「難」とつくからには、すぐに思いつくような答えが正しいわけはない。あたりまえの答えやアプローチでは納得できないという口ぶりで、それがまちがっていることを筋道立てて説明しよう(「シロップのなかで泳ぐほうが遅いはずだと一瞬思いました。ですが、密度が大きければ抵抗も大きくなり……」)。

類推する。類推――頭のなかであるものを別のものに対応づけする《マッピング》――は、どんな分野の創造的思考にも重要である。問題をわかりやすいものに、あるいは意外なものになぞらえて説明してみよう(「シロップのなかで泳ぐのと水のなかで泳ぐのとの違いは、模型飛行機を地球で飛ばすのと月で飛ばすのとの違いに似ています。大気のない月で模型飛行機を飛ばしたらどうなるでしょう?」)。似ていても完全に同じということはありえないので、たとえたものとの違いについても説明するとよい。

アイデアをできるだけたくさん出す。運がよければ、似ているものを探すうちにあまりあたりまえでないアプローチが見つかるだろう。できるだけ多くのアプローチを考えてほしい。全部が全部「よい」答えのはずはないが、それでかまわない。一つも考えつかないよりも、不完全でもたくさんのアイデアを思いつくほうがよい。しかも、アイデアを出すうちに思いがけずヒントをもらえることがある。ポーカーフェイスの面接官も応募者が知恵を絞っているのを見れば、何かしらの助言をくれるだろう。

難点を分析する。アイデアを出したら、その問題点を分析しよう。行き詰ったときも、そこから話すべきことがたくさん出てくるものだし、さらにヒントをもらえるかもしれない。最後にどのアプローチが最も有望に思えるか、結論が出せればなおけっこうだ。

シーソー、ボディスキャン、瓜二つの死体

では「頭の重さ」パズルについて、どんな答えが考えられるかを探っていこう。この問題を言い換えると次のようになるだろう。「何か秤のようなものを使って、体から切り離さずに自分の頭の重さを測れということですね?」。そのとおりだ。

面接官に質問して解消すべき不明確な点がいくつかある。一つはこうだ。「『頭』というのは正確にはどこまでのことですか。首も含むのか、首の半分くらいまでか、それともあごのすぐ下までですか」

もう一つは、計算したり見積もったりするのでよいかという点である。「秤を使って実際に正確な重さを測定するのでしょうか。それとも測定値を組み合わせて計算で求めてもよいのでしょうか」

最初の質問は面接官によって答えが違うかもしれない。要するに、理想的な解答がわかれば「頭」と「体」のあいだのどこに線を引くかはおのずと決まる。二つ目の質問に関して言えば、これはフェルミ問題ではない。誰かの頭の重さを見積もるのではなく、自分の頭の重さを測るのである。計算はかまわないが、推量はいけない。

あたりまえな答えは、①床に横になって頭を体重計にのせるというものだ。あるいは寝椅子にあおむけになって背もたれよりも上に頭を出し、ちょうどよい高さに置いた台秤に頭をあずける。首からすっかり力を抜くか体を支えてもらうかすれば、頭だけの重さが秤に表示される。

そう簡単にはいかないだろうとあなたは思ったにちがいない(国際早食い競争連盟は似たようなことをハッセルホフに提案したが)。そこで次はこの答えの難点を分析する。体と頭を結ぶ首が糸のようにだらんとなり、重さも無視できる程度だったら、この方法でもうまくいくかもしれない。だが、現実には首は重いし、完全にだらんとなりもしない(首の内部には頸椎がある)。姿勢や首に入る力で秤の表示が変わるかもしれないし、変わらないかもしれない。かもしれないだらけだ。

私はためしに実験してみた。カーペットの床に横になり、計量面の高さが約二・五センチのデジタル体重計の上に頭をのせた。体重計の表示は姿勢によって大きく変わった。横向きに寝ると平均で約四キログラム、あおむけでは（最も快適な姿勢）平均約五キログラム、うつぶせの状態では（頭は横向きにした）約七・七キログラムだった。うつぶせのときは顔が秤に押しつけられて苦しく、頭の重さが肩にかかっているのが感じられた。

およそ五キロと考えるのが妥当だと私は思う。また、自分でこの方法を試したことのある面接官にあなたが出会うことはないとも思う。この方法はやめよう。面接官は納得してくれない。

さて続いては、ほかに考えつく方法をどんどん出していこう。以下はよくあるアイデアだ。

②シーソー。シーソーの上に横になり、首を支点の真上に置いて頭と体がシーソーの左右にくるようにする。当然、体側のほうが重いのでそちらが地面につく。頭側と釣り合うまで重りをのせる。そこから頭の重さを算出する。

③ラウンダバウト。ラウンダバウトは大きい円板を回転させて遊ぶ公園の遊具である。それに乗って、首を円板の中央にのせる。友人にラウンダバウトをまわしてもらい、それに要する力を正確に測定してもらう。角運動量から頭の重さを求める。

④ボディスキャン。物質密度を測定できるＭＲＩで自分の体をスキャンする。もしくは、弱いＸ線を照射する空港スキャナーでもよい。その結果から、体重に対する頭の重さの割合を算出して答えを求める。

⑤瓜二つの死体。医学校へ行き、身長、体重、体形ができるだけ近い、自分にそっくりの死体を探す。学校の許可を得て死体の重さを測り、さらに頭部を切り離してその重さも測らせてもらう。これ

で全身の重さに対する頭部の重さの割合が求められる。その値に服を脱いだときの自分の体重を掛ける（死体も服を着ていなければ）。この方法が気味悪すぎて検討すらできないと思うなら、さっさと先を読もう。

以上の四つの解答も難がある。何しろどれ一つとして実際的とは思えない。シーソーとラウンダバウトは、支点から重さがかかっている部分までの距離が重さそのものと同じくらい重要である。太った子と痩せた子がシーソーで楽しく遊べるのはそのためだ。太った子が支点の近くにすわればバランスが取れる。あなたの頭の重さを計算するには、頭からつま先までの重さの配分が正確にわからなくてはならないが、まさにそれこそが知ろうとしていることではないか。

ＭＲＩと空港スキャナーは体の透視画像が得られ、衣服の下の状態を見て、肉よりも密度の高いものを発見できる。ＭＲＩのスキャンはプロトン密度を測定する。プロトンとはおもに水を構成する水素原子で、人間の体はほぼ水でできている。タンパク質と脂肪にも水素原子はある。だが残念ながら、水素原子は体重の代わりにはならない。骨と歯にも微量の水素が含まれていて、歯と骨は体のなかで最も密度が高い部分なのである。

ボディスキャンのアプローチは、実際以上によさそうに思えるだろう。だがＮＡＳＡのような予算もないのに、どうやってデータを手に入れて重さを計算できるだろう？　そこまで手間と費用をかけても、もっと手っとり早くてコストの安い方法よりもどれだけ正確だろう？

うまくいかないアイデアも、じっくり考えてみれば何かがわかってくることがある。どのアプローチでもかならずぶちあたる壁は、体重に対する比率として頭の重さがわかっていないことだ。そして

「わかった！」とひらめく瞬間がこないかぎり、あなたにわかるのはそこまでだろう。

わかったぞ！（もしくは、わからないぞ！）

エウレカとは、まさにそういう意味である。教養ある人はその語源にまつわる物語を思い出すだろう。シラクサの王ヒエロン二世は、神殿に奉納するために金冠を注文した。王は預けた金に金細工職人が銀を混ぜてごまかしたのではないかと疑い、宮廷の顧問を務めていたアルキメデスに安い金属が使われていないかどうかを確かめてほしいと依頼した。化学が誕生する前の話だが、金は銀よりも密度が大きいことは周知の事実だった。

冠は複雑な形をしていた。そのため体積がわからないので、体積の等しい金と一緒に天秤にかけて重さをくらべることはできない。途方に暮れたアルキメデスは公衆浴場へ出かけた。浴槽に入ると水位が上昇するのに気づいた。これでピンときた。アルキメデスは浴槽から飛び出し、「わかったぞ！《エウレカ》」と叫びながら裸で通りを駆けていった。そして、水のなかに冠を沈めてその体積を測った。冠の体積と重さがわかれば密度が計算できる。こうしてアルキメデスは冠の密度が純金の密度よりも低いことを明らかにし、金細工職人がいんちきして銀を混ぜていたことを証明した。

よくできた古い逸話に多いが、これもつくり話だろう。この話を伝えたのは、二〇〇年後にローマで活躍した建築家のウィトルウィウスである。アルキメデス自身が書き残した「浮体について」やそのほか現存する著作には、この一件に関する記述はない。真偽はともかく、この逸話は西洋文化において、とんでもなく複雑なこの世の中もときには線形思考でうまくわたっていけることを示す例とされている。

アルキメデスの攻略法と目下取り組み中の「頭の重さ」パズルには、共通点が見出せるだろう。秤、そして複雑な形状をしたものの測定である。では、こう考えてみるのはどうか。⑥ふちまで水を入れたバケツをトレーのなかに置く。体をかがめてバケツに頭を突っ込む。頭と体の境界線とあなたが考えるところまで首を水中に沈める。トレーのなかに水があふれるだろう。そうしたら頭を水から出し、トレーにこぼれた水を測る。頭の体積と等しいはずだ。

同じ要領で、もっと大きい容器を使って全身の体積を測る。次に体重計で体重を測ろう。体重を体積で割れば体の密度が求められる。その値に頭の体積を掛けたものが頭の重さということになる。

この計算は頭の密度が体の密度と等しいことを前提にしている。ふうむ……それでかまわないだろうか。あなたは面接官に質問するかもしれない。だが、そこでだめと言われても驚いてはいけない。頭の密度は体の密度と同じではないのである。

ここはいかにもひっかかりやすい場所だ。頭を水に突っ込めば頭の体積が測定できる。密度を知る方法もあるにちがいない。そう考えた気の毒な応募者はホワイトボードいっぱいに数式と図を書きなぐり、責め苦さながらの奇っ怪な実験方法をひねり出す。ここでありがちなのは、逆さ吊りで頭を水に沈めて測るという方法だ。

なにもそんなに苦しい思いをすることはない。土台、無理なのだ。水に沈めた物体が受ける浮力は、その物体が押しのけた水の重さに等しい（これが「浮体について」で述べられているアルキメデスの原理である)。そして押しのけられた水の重さは、水を押しのけたもの（つまりあなたの頭）の体積に水の密度をかけたものに等しい。これで求められるのはあなたの頭の密度ではなく、水の密度なのだ。それはあなたの頭が空気でいっぱいだろうと、もっと中身がつまっていようと、まったく変わらない。

典型的な難問と違って、この問題には万事がうまくおさまる魔法の答えがない。答えるには、もっと現実的に考えるべきだろう。頭を使って妥協点を考え、用の足りる答えを引き出さなくてはならない。

頭の密度をもっと正確に見積る方法はある。体はさまざまな物質でできていて、それぞれの密度がわかっている。水中体重測定法はそれをもとにしたもので、筋肉と脂肪の比率を測定するのに用いられている（これも結局はアルキメデスの原理の応用だ）。バネ秤に取りつけられた椅子に腰かけ、そのまま水に沈めて水中で体重がどれくらい軽くなったかを測定する。基準式から筋肉と脂肪の比率が求められる。

この水中体重測定法で悪さをしかねないのが空気だ。肺と消化管には空気がたくさん入っている。そのほとんどが首より下にある。この方法で体重を測るときには水中に潜る前に空気をしっかり吐き出すように指示される。だが、肺のなかの空気を完全に吐き出すことはできないし、胃や腸にも空気がたまっている。この量はおおよその値が決まっているので、基準式を用いて差し引かれる。[4]

基準式を用いることで空気の影響を取り除いた体の密度を計算できる。それはたんに全身を水に沈めたときもより大きく、頭の密度により近い値になるのだ。

実際には、筋肉と脂肪の比率も計算して、答えをもっと正確なものにしたほうがよい。普通と違う体形、たとえばボディビルダーや拒食症患者、肥満した人などの体形は、体の密度には影響しても、頭の密度にはそれほど影響しないだろう（重量挙げ選手が頭にもりもり筋肉をつけているわけではない）。このような場合は、密度を平均値に近づけ、それを頭の密度として用いればよい。

どんなときも答えをまとめる努力をしよう。そのためには自分で出したアイデアのうち、どれがより正確な方法かを考えることだ。もし私が紹介した方法をあなたもみな思いついたなら、有望な方法としてアルキメデスの原理と瓜二つの死体の長所をくらべるだろう。どちらの場合もまず体重計で体重を測り（簡単で正確）、奇妙奇天烈な測り方で得られた二つの値の比率をそこに掛ける。アルキメデスの原理では、頭と体を水に沈めて得られた体の体積と頭の体積の比、瓜二つの死体では、体と体から切り離した頭の重さを測って得た体の重さと頭の重さの比である。さらに言えば、それぞれ空気と体形（アルキメデスの方法）、死後に生じる体重分布の変化と防腐処理の影響（瓜二つの死体）を考慮して調整するとなおよいだろう。いずれの場合も、調整するには推量も必要になる。直感は瓜二つの死体のほうが合理的で正確だと教えてくれる。動かない死体の重さを測るのは、生身の人間での水中実験よりも正確だろう。生きている人間はどうしても動いたり、息継ぎで水面を波立たせたりせずにはすまないからだ。

一九九六年の映画『ザ・エージェント』で、レイがジェリーに「人間の頭は三・五キロだって知ってる？」と言ったのを思い出す人もいるかもしれない。[5] ここからわかるとおり、映画で知ったことを鵜呑みにしてはいけない。標準的な体形のアメリカ人の成人の場合、三・五キロは軽すぎるだろう。

シドニー大学の解剖組織学科に勤務するダニー・イーは、解剖学の職員にたずねて答えを教えてもらった。「第三頸椎で切断された成人の死体の頭部は、髪がない状態で重さ四・五から五キロ程度、体重のおよそ八パーセントである」[6]。面接問題は頭の重さが体の重さに占める割合を問うものではないが、面接官にこの比率は医療科学では常識で、ググってみれば見つかると言ってみてもいい——実際に見つけられる。もしあなたの体重が七〇キロなら、頭の重さはその約八パーセント、およそ五・六キロだ。

ルールなんかくそくらえ

「頭の重さ」パズルは、かぎりなく自己パロディに近い。あなたの頭の中身を測ることが、今日の没入体感型の採用面接の目的なのだから。それは面接官と応募者がともに無力感を味わうゲームであり、評価と売り込みの境はあってないがごとしだ。

本書の終わりに、最も重要なアドバイスをしたい。面接の難問に答えるときは、試行錯誤することで評価が上がるのである。

ほとんどの人はそれをしない。本書で取り上げた類の問題は、論理的な思考力で推論して解くものだと思っている。あるいは、普通の人は知らないような難しいことを知っていて、たまたまその知識が使えるか、「創造力」と呼ばれる稀有な能力をもっていなければ解けないのだと思い込んでいる。そして多かれ少なかれ、問題から解答へ最短距離で到達しようとする。そうできずに理詰めで考えて袋小路にはまると、しくじったと思ってしまう。早く答えに到達しようとするせいで、ゴルフコースにつくられた始末の悪いハザードのように、袋小路がいっそう心理を圧迫する。応募者はすくんでしまったまま、落ち着きを取り戻すことができない。

近年、創造力は試行錯誤から生まれることを示す有力な証拠が見つかっている。頭の重量測定の究極のかたち、すなわち脳のMRIスキャンが今日の創造力研究の新しい流れになっているが、これによって知能と創造力の違いが決定づけられるようだ。創造力の心理テストで高得点をマークした人の脳は、彼らより創造力に劣る人の脳よりも、ある状況においてゆっくり活動する。アルバカーキにあるマインド・リサーチ・ネットワークのレックス・ユングはこう説明する。「脳はA地点からB地点へあっという間に連れていってくれる高速道路のように思える。ところが創造力に関係する脳の領野では、おもしろい迂回路のある脇道や曲がりくねった細い裏道がたくさんあるらしいのだ」[7]。脳のゆっくりとした活動によって「まったく異質のアイデアや斬新なもの、独創的なものがどんどん結びつけられるのではないか」とユングは考えている[8]。

問題を解こうとするとき、私たちの心はあたりまえの答えを見つけるように最適化されている。あたりまえの答えは総じて正しい——そうでない場合を除いては。その、そうでない場合に、問題は「難しい」と言われるのである。本書で取り上げた問題は、どれも私たちの合理的な直感を裏切るようにできているために難しい。答えるには、ありきたりではなさそうなアプローチをどんどん考え出し、どれが最もうまくいくかをチェックする。創造力とは、長くつらい骨折り仕事なのかもしれない。それをつまらないと思う人もいるだろう。いわゆる創造的な人はつまらないと思わない人、あるいは少なくともコツコツやり続けることに意欲的な人のことだ。突飛な問題を解決する魔法のアルゴリズムなどない。エジソンが言ったとおり、「何か新しいことをするときには、ルールなんかくそくらえだ」[9]

今日流行の面接スタイルにも、それと同じ、現状を打破しようとする精神が底流にある。決まりきった職務内容、組織構成、産業分野、さらには人間関係までもを新しい目で見直そうとする姿勢だ。成長しつづける現代の通信ネットワークは創造的破壊を促す原動力として、ビジネスプランを創造しては破壊するパワーがある。あらゆるものが五年以内にすっかり変わるのは自明の理なのだ。そのときには、新しいルール、新しい金儲けの方法、新しいライフスタイルができているだろう。この目まぐるしい時代に、雇用者は頭のやわらかさという心そそられる概念に軍配を上げ、でき上がってしまった技術や能力を退ける。ときどきふり返って疑問に思わなくてはいけない。なんのための頭のやわらかさなのか。五年で世の中がどれほど変わるのか。

それは私たちの誰もが答えを探し続けているパズルだ。一方、今日の面接の心理戦に勝利した人々は失敗しても少しも動じず、どうすれば肩の力を抜いて新しいアイデア探しを楽しめるかを知っている。成功は頭のよさではない。どこか足りないところがあるくらいのほうがいいのだろう。そして、創造力の大部分は粘り強さだ。それが難問を課して試す今日の面接の語られざるテーマなのである。グーグルの元面接官が言っている。「面接の目的は、どこでアイデアがつきるかを見ることなのだ」[10]

解答編

普通の論理パズルには正解が一つあるが、最近の面接で出題される凝った問題はそうとは決まっていない。ここでは模範的な解答といま一つの答えがある場合には両方を紹介し、どこが違うかを説明しよう。それ以外にもよい答えのあるものもある。あなたがもっとすばらしい解答を思いついたなら、大変けっこうだ。ぜひがんばっていただきたい。

第1章

? あなたの体が五セント玉くらいの大きさに縮んで、ミキサーのなかに投げ込まれたとします。体は縮みましたが、密度は通常と変わりません。六〇秒後にミキサーの刃が動きはじめます。あなたはどうしますか。

ロケット科学に関心のある人は、発射体のエネルギーの公式、$E=mgh$を思い出すだろう。Eは（たとえば打ち上げ花火の）エネルギー、mは質量、gは重力加速度、hは打ち上げ花火のある高さを表わす。高さはエネルギーに正比例する（質量が同じなら）。

二個の打ち上げ花火をテープでしばって固定し、同時に点火するとしよう。ダブルロケットは一個の場合よりも高く打ち上がるだろうか。答えはノーだ。燃料のエネルギーは二倍あるが、重力を振り切って上昇すべき質量も二倍ある。したがって、高さhは変わらない。縮んだ人間のジャンプ力にもこの原理があてはまる。筋肉のエネルギーと質量が体に比例して小さくなるなら、ジャンプできる高さは変わらない。


? 風があるとき、飛行機での周遊旅行は通常よりも時間がかかる、かからない、変わらないのどれでしょうか。


直感的には、風の影響は相殺されるように思える。行きの向かい風は飛行機を減速させるが、帰りはそれが追い風になって加速させる。ここまでは正しい。問題は、周遊旅行にかかる時間が風のないときとぴったり同じかどうかだ。

サンフランシスコ発ワシントン行きの飛行機に乗り、時速六〇〇マイルで往復したとしよう。地球温暖化による異常気象のせいで、サンフランシスコからワシントンまで偶然にも時速六〇〇マイルのジェット気流が吹いている。東へ向かう飛行機にはとてもありがたい。超大型台風並みの追い風が飛行機の対地速度を二倍にし、通常の半分の時間でワシントンに到着できる。

ひどいのは帰りだ。飛行機には時速六〇〇マイルの向かい風が吹きつける。パイロットがどんなにエンジンの出力を上げようと、暴風に打ち勝つことはできない。飛行機が空中にあっても、対地速度はゼロだ（「ここではね、同じ場所にとどまるには、思いっきり走らなくてはならないのよ」と『鏡の国のアリス』で赤の女王がアリスに言う）。飛行機はサンフランシスコに戻れない。「復路」は無限に続き、周遊旅行も終わらない。

　このような極端なケースで考えるとわかりやすい。五時間のフライトなら、追い風で（最大）五時間が節約できる。向かい風は永遠というコストがかかる。風速がこれより大きかろうと小さかろうと、この基本原理は変わらない。風速三〇〇マイルの風なら、五時間のフライトは片道一・三七時間短縮されるが、もう片道は五時間余計にかかる。一定の速度の風は周遊旅行の時間をかならず増加させるのである。

　答えを完璧にするなら、横風のことも説明するとよいだろう。たとえば北から風が吹いているとしよう。サンフランシスコからワシントンへの経路には九〇度で風が吹きつけることになる。風を無視して通常どおりの経路を航行すれば、機体は風で南へ押されるだろう。到着するのはワシントンよりも南のどこかになる。これを補正するにはワシントンよりも少し北を目ざし、風に向かわなくてはならない。飛行機は風に逆らい、やや減速するということだ。東への航行は少し余分に時間がかかる。復路も同じ横風を受けて同じように航路を修正しなくてはならない。行きも帰りも時間がかかる。

　普通は進行方向かその真反対に風が吹くことはないし、ぴったり九〇度の風もないだろう。風向きはそのあいだのどこかだ。風速は向かい風 - 追い風成分と横風成分に分けられる。重要なのは、どちらの成分も航行時間を長くすることだ。飛行機での往復旅行では、まったく風がないのがベストなのである。

?次のアルファベットの並びの続きはなんでしょうか。

SSS, SCC, C, SC

これはアルファベットをばかばかしいほど単純なルールで符号化して並べたものだ。大文字のAは三本の直線からなる。それをSSSと表わすとしよう。大文字のBは直線一本と曲線二本で、SCCとする。Cは曲線一本のみなので、符号は偶然にもCになる。Dは直線一本と曲線一本だ。ここまでくればもうわかるだろう。次はEだから直線四本、すなわちSSSSになる。

この問題はアマゾンでよく使われるが、これもひらめきしだいなのでよいテストとは言えない。頭のよい人は二進数だとかローマ数字だとかを考えて行き詰ってしまう。

?あなたと隣人が同じ日に不用品セールをします。二人ともまったく同じ品物を売ろうとしています。あなたはその商品に一〇〇ドルの値段をつけるつもりですが、隣人に聞くと四〇ドルで売るつもりだということでした。商品の諸条件は同一とします。この隣人ととくに親しくするつもりがないとして、あなたはどうするのがよいでしょうか。

とくに親しくするつもりはないというひと言が作戦のヒントになる。また、この問題がウォールストリートでもとくに鼻息の荒い企業でよく出されることも、やはりヒントになる。

あなたが費やす時間をお金に直すといくらになるかを考えよう。週末にだらだらと不用品セールなどをしているよりも、あなたにはほかにもっとやりたいことがある。だからさっさと売れる値段をつけたい。その日のうちにあらかた片づけてしまいたい。

隣人も同じことを考えているとして、商品にいくらの価値があるかは人によって考えが違うにちがいない。四〇ドル払ってもよいと思う人が少なくとも一人いれば、隣人は商品が売れるとあて込むことができ、あなたの商品は売れる確率が低くなる。あなたにしてみれば、一〇〇ドル出そうとする「気前のよい人」が一人いたとしても、その人があなたでなく隣人から四〇ドルで買ってしまわないかが心配だ。

親切なやり方をするなら、隣人を呼び出して「おい、箱入りで新品同然のウーキーは一〇〇ドルするんだ。イーベイで確認してみるといい。それを四〇ドルで売ろうなんて、もったいないよ」と忠告してあげる。これを聞いて隣人は値段を上げることにし、あなたの教えた一〇〇ドルにするかもしれない。だが、これはよい解答とはみなされない。同じ商品が同じ値段で二つ売りに出されているのを気前のよい客が見たらどうだろう？　その客に買ってもらえる確率はまったく同じになり、どちらかが売れ残ってしまう。

おかしな話だが、隣人に値段を下げさせるのが一案だろう。隣人の商品が先に売れてしまえば、もうあなたにはなんの憂いもない。どうにかして隣人の商品を市場からなくしてしまえばよいのだ。

それならいっそ隣人にお金をわたして市場に出させないという手も考えられる。ただし相手が納得するかどうかはわからない。頭にきてべらぼうに安い値段をつけようとするかもしれない。もっとよい手はもっと簡単だ。隣人の商品を買いとってしまえばよいのである。

なぜか。まず、隣人は商品がすぐに売れてよろこぶだろう。機嫌を損ねもせず、商品の値段を上げもしない。買いとるときには値段の交渉ができるかもしれず、ひょっとすると四〇ドルよりも安く買えるかもしれない。

なぜ隣人の品物を買いとるのがよいのだろうか。一〇〇ドルで何かを売りに出そうとするときは、売るためにかけた時間と売れなかった場合のことを考えて、その分を差し引いてもそれなりに儲かるようにしたい。売れる確率を低くするものは、一〇〇ドルの何分の一かに相当するコストだ。このパズルの数値は、隣人のせいであなたが被る経済的損失と隣人の商品の値段が釣り合うように選ばれている。隣人から商品を買いとってしまえば、あなたはそれを市場に出さない権利が得られ、なおかつ妥当な値段でそれを売る権利も得られる。二つ目の商品を売って手にするものは、濡れ手で粟の儲けだ。

最も賢いやり方は、一個目の商品が売れてから二個目を売りに出すことだ。そのときにはセール終了までの残り時間によって値段を下げればよい。

? レコードプレーヤーのターンテーブルに水の入ったコップを置き、ゆっくりと回転速度を上げていきます。まずどんなことが起こるでしょうか。コップの位置がずれる、コップが倒れる、水がはねてこぼれるのうちのどれでしょう?

この問題はアップルで出題される。遠心力が関係することはほとんどの人がわかる。同じく重要なのが摩擦力である。コップの底とそれをまわすターンテーブルとのあいだの摩擦だ。

はっきりさせるために、摩擦のない世界を想像してほしい。何もかもがテフロンよりもつるつる、かぎりなくつるつるだ。ターンテーブルとコップの実験をしても、コップには何も起こらない。ターンテーブルはコップの下でむなしくまわり、コップはまったく動かない。ニュートンの運動の第一法則「静止している物体は外力が加わらなければその状態を維持する」にしたがっている。摩擦がなければ、コップはまわらないのだ。

では、瞬間接着剤でコップをターンテーブルに固定したとしよう。二つの表面のあいだに無限の摩擦が生まれる。コップとターンテーブルは一つになって回転するはずだ。回転速度を上げると、コップはさらに高速で回転する。これで遠心力が生じる。この力に対して自由に反応できるのは水だけである。水は接着剤で固定されていない。コップの回転が充分に速くなったとき、水は回転の中心から外へ向かって飛び散る。

問題はこの両極端の中間のことをたずねている。まず、摩擦はコップをその場所に保持するだけの力がある。コップはターンテーブルと一緒にまわり、少し遠心力が生じる。ターンテーブルの回転が速くなるにつれて、遠心力が大きくなっていく。コップをその場所にとどめていた摩擦はおおよそ変化がない。したがって、遠心力が摩擦力を上まわるときがくる。

物理を勉強したか、すべり台でたっぷり遊んだことのある人は、すべりはじめた物体に働く摩擦力は静止していたときよりも小さいことを思い出すだろう。すべり台のてっぺんにいるあなたはすべり台にやや「くっついて」いて、それから突然自由になってすべりだす。同じことがターンテーブルにも言える。コップはしだいに加速するのではなく、ターンテーブルにくっついていて、そのときがくると一気にすべるのだ。

そしてどうなるのか。答えはコップの形とそこに水がどれだけ入っているかによる。問題からうまく逃げようというのではない。次に挙げる結果はみな現実に起こりうることだ。

1. コップのふちまで水を入れる。わずかな遠心力で周縁の水位が上がり、水がいくらかこぼれる。これはコップがターンテーブルに「くっついている」あいだ、つまりコップがすべりだす前だ。
2. 背の低い「コップ」を使うことにして、ペトリ皿に水を一滴入れよう。このペトリコップは倒れようがないし、一滴の水がふちから転がり出るほど速く動くこともない。そのかわり回転が充分に速くなったときに、コップはターンテーブルからすっ飛ばされる。
3. 試験管のようにひょろ長いコップを使う。遠心力は重心に働く。試験管コップは重心が非常に高く、摩擦力はコップの底で働くので、コップはすべらずに倒れる。

ターンテーブルの表面の状態でも結果が違ってくる。ゴムのターンテーブルは摩擦が大きく、ほかの条件が同じなら水がこぼれるかコップが倒れる。つるつるした硬いプラスチックのターンテーブルならコップはすべってすっ飛んでいくだろう。

第2章

?読んだことはなかなか覚えていられないもので、ことに何年も経つとすっかり忘れてしまいます。覚えているにはどうしたらよいでしょうか。

あと何年かすれば、どんなものもデジタル画面で読むようになるだろう。リーディングエージェント(仮想代理人ソフト)が、eメールからツイッター、電子書籍、雑誌まで、どんなデバイスで読んだものも記録してくれるようになるかもしれない。エージェントもデータもデバイスから別のデバイスに移すことができるので、生涯を通じてあなたが読んだものを管理してくれるだろう。

・エージェントはすべてのテキストにインデックスをつけ、キーワード検索ができるようにしてくれる。
・どこで読んだものにも(電子書籍リーダーならどこでも読める)メモが書き込める。最も簡単なのはハイライト機能で、「あとで思い出したくなるかもしれない!」と思う語句をハイライトしておく。ハイライトした語句は検索できる。書き込んだメモも検索できる。

・エージェントはグーグルや将来の検索エンジンの標準機能になる。グーグルはあなたが去年の十月に読んだ新聞記事や多数の本の中身を（グーグルブックスを通じて）「覚えて」いてくれるが、検索したときのヒット数が多くなりすぎてしまうかもしれない。グーグルが（このエージェントを通じて）どんなデバイスで読んだものも記録してくれれば、「自分が読んだもの」というフィルターで検索が簡単になる。

・忘れたということを覚えているものは検索できるが、忘れたことさえ覚えていないものは検索のしようがない。あなたは大学時代にニコライ・ゴーゴリの短編全集を読んで気に入っていたのに、いまでは登場人物もあらすじも文章の一片も思い出せないとしよう。そんなときのために、エージェントはあなたがいつか役に立つと思ってハイライトしておいたものを定期的に思い出させてくれる。覚えておきたいが読み直す暇のない作品の一部をエージェントが無作為に選び、ツイッターでつぶやくということも考えられる。

・ポッドキャスト、映画、テレビ番組も、文字テキストがあれば、もしくは作成すれば「覚えて」おける。

？川岸に人間が三人とライオンが三頭います。全部を向こう岸に渡さなくてはなりませんが、ボートは一隻しかなく、一度に運べるのは二人（頭）だけです（人間一人とライオン一頭も可）。岸にいるライオンの数が人間の数を上まわると、人間が喰われてしまいます。どうやって渡せばよいでしょうか。

最初の川渡りでボートに乗せられる組み合わせは五とおり考えられる。「人間一人」「ライオン一頭」「人間一人とライオン一頭」「人間二人」「ライオン二頭」だ。

ライオンはボートを漕げないし、帆も操れないから（ここに気づく人の少なさにはびっくりさせられる）、人間が乗っていないボートは動かない。そこで「ライオン一頭」と「ライオン二頭」が除外される。

「人間一人」と「人間二人」も除外される。こちら岸で人間よりもライオンのほうが多くなってしまう。

そうすると一回目に渡せる組み合わせは「人間一人とライオン一頭」しかない。一人と一頭が向こう岸に渡る。

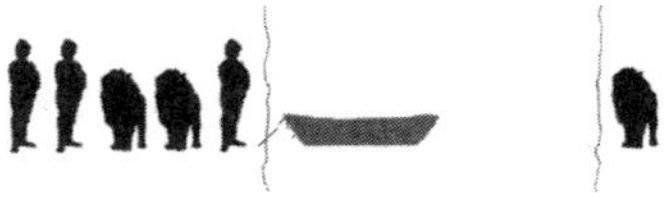

さて、それで？　ボートがこちらの岸に戻ってこなくてははじまらない。ボートはひとりでに動いてくれないし、ライオンはボートを漕げない。そこで人間が一人で戻らなくてはならない。すると上図のようになる。

では次の川渡しの組み合わせを考えよう。人間二人を渡すことはできない。残った一人よりもライオンの数のほうが多くなるからだ。安全な方法は「人間一人とライオン一頭」か「人間一人」しかない。しかし人間一人が向こう岸に渡っても、ボートを返すのに戻ってこなくてはいけないから意味がない。そこで「人間一人とライオン一頭」を向こう岸に渡す。人間はライオンをボートから降ろしたらすぐに引き返さなくてはいけない。そうでないと二頭のライオンと同じ岸にいることになってしまう。

これで向こう岸に二頭のライオンが渡った。人間が戻ってくれば、こちら岸には三人全員が一頭のライオンと一緒にいることになる。

ここまでは毎回そうせざるをえない組み合わせだった。次からは選ぶ余地が生まれる。「人間二人」と「人間一人とライオン一頭」が渡せる。

後者の場合は、また人間がライオンを下ろしてすぐに戻らなくてはいけない。でないとライオンが多数になって危険すぎる。向こう岸でライオンが三頭になれば、一人であろうと二人であろうと、人間は絶対に上陸できない。だから「人間一人とライオン一頭」は除外する。

人間二人を渡そう。向こう岸はライオン二頭で人間の数を上まわらないから、二人はボートを下りて脚を伸ばせる。

戻るのは「人間二人」（これでは渡った意味がなくなる）か「人間一人とライオン一頭」でなければいけない。人間が一人だけで戻るのは、残された一人がライオンの数より少なくなるからだめだ。そこで一人と一頭がこちらの岸に戻ってくる。

次にその一人と一頭をそのまま引き返させる愚は犯したくない。唯一の安全な選択肢は、人間二人を渡すことだ。

人間一人がこちらの岸に戻り、ライオン一頭を乗せる。このときボートから降りてはいけない。二頭対一人になってしまう。ライオンを引っ張り上げるか、むこうから飛び乗らせなくてはいけない。厚切り肉が役に立つだろう。

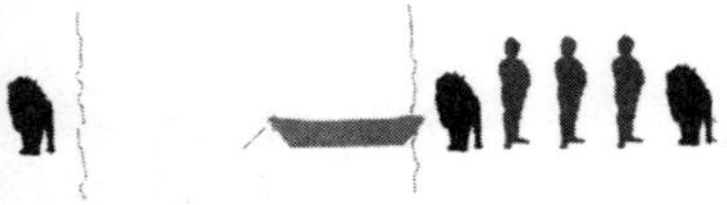

ライオンを乗せたら向こう岸へ渡る。

それから残った一頭のライオンを迎えに行く。今度はボートを降りて陸に上がってもよい。

最後に一人と一頭が向こう岸に戻る。しめて五往復半で、すべての哺乳類が川を渡り終えた。

このパズルは、初期の人工知能研究で使われていた問題を政治的に正しく修正したものだ。一九五七年にランド研究所のアレン・ニューウェルとJ・クリフォード・ショウ、カーネギー工科大学のハーバート・サイモンが、人工知能プログラムのさきがけである一般問題解決システムを発表した[1]。彼らは協力者に依頼して、論理パズルを論証の過程を説明しながら解いてもらった。そしてその解法をステップにまとめ、プログラムを作成して一般問題解決システムに組み込んだ。そのときの論理パズルの一つが、三人の人食い人種と三人の宣教師が川を渡る問題だった。登場人物以外はこの面接問題とまったく同じだ。

条件を広げれば、このパズルにはもっと古いものもある。八世紀にカール大帝の顧問を務めたヨークのアルクインが、有名なパズル集『青年の頭脳を鍛える問題集』を著している。そのなかに、男がオオカミとヤギを連れ、キャベツの籠をもって川を渡ろうとする問題があった。当時、すでに古い問題だったらしい。

? 四分の砂時計と七分の砂時計を一個ずつ使って正確に九分を計ってください。

四分の砂時計で、四分、八分、一二分と計っていくのはたやすい。七分の砂時計なら、当然七の倍数が計れる。二つの砂時計を「足し算」すれば——片方が終わった瞬間にもう片方を作動させる——計れる分数は広がる。四分の砂時計の砂が全部落ちたところで、七分の砂時計をスタートさせよう。合わせて一一分が計れる。同様のやり方で一五分（四＋四＋七）、一八分（四＋七＋七）などが計れ

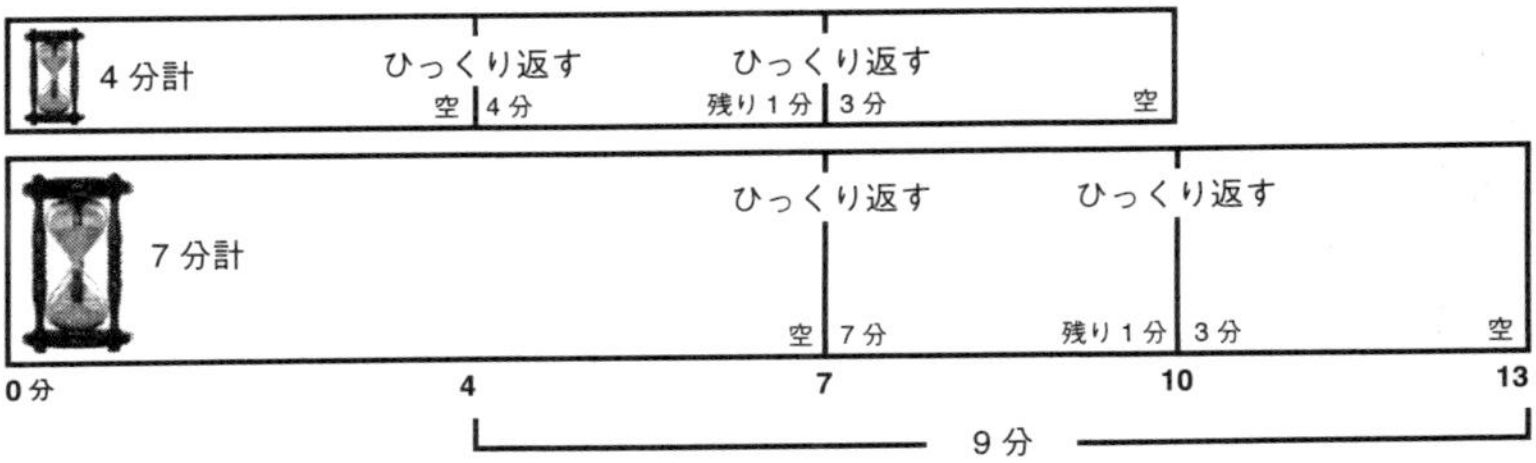

る。

この方法では、九分は計れない。だがもう一つ、「引き算」という手がある。二つの砂時計を同時に作動させる。四分計が終わった瞬間に七分計を横に倒し、砂が落ちるのを止める。くびれたガラス球の片側に三分相当の砂が残る。見込みがありそうだ。九は三×三だ。だが、三分相当の砂は一度「使って」しまえば、もうないことに注意しよう。七分相当の砂が全部ガラス球の片側にたまっておしまいだ。同じことをあと二回繰り返してもいいが、それでは連続して九分は計れない。

解決策は「複製」とでも名づけられそうな第三の仕掛けである。二つの砂時計を同時にスタートさせる。四分計が終わったらひっくり返す。七分計が終わったら、両方をひっくり返す。このとき四分計には一分相当の砂が残っているから、ひっくり返せば三分が計れる。三分経ったところで、七分計をまたひっくり返す。すると、三分ぶんの砂が上に残る（四分計の三分を「複製」したわけだ）。こうすれば、連続して九分が計れる。

以上は、正解ではあるがベストの解ではない。最初に四分間の準

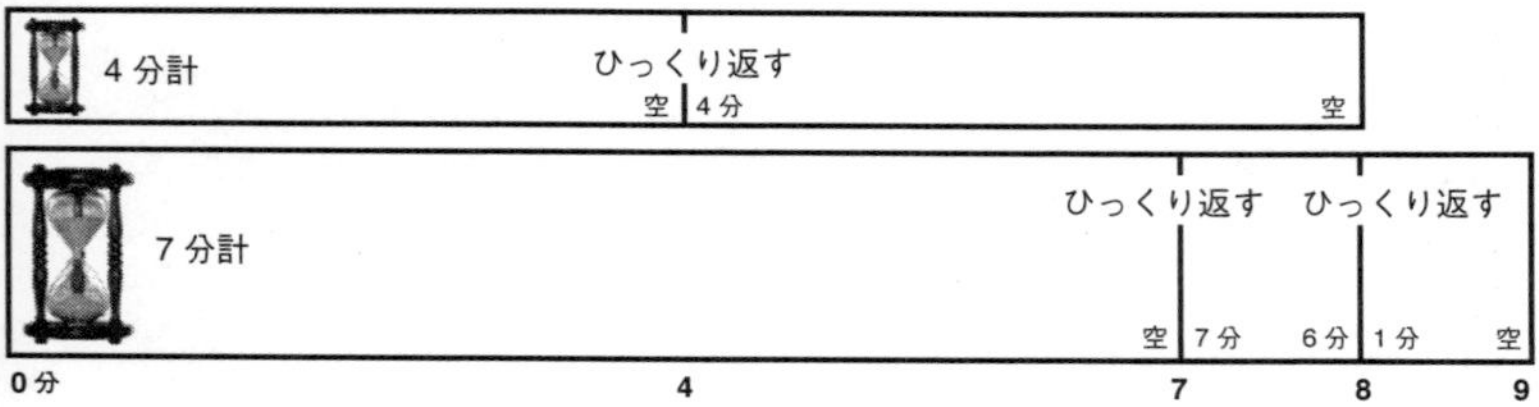

備時間が（七分計の片側に三分相当の砂を残すために）必要な点が玉に瑕だ。九分を計るのに一三分かかってしまう。四分間のウォーミングアップが必要なゆで卵用タイマーを買いたいと思うだろうか。

すぐに計りはじめられる方法がある。とりあえず、二つの砂時計を〇分から同時にスタートさせよう。七分後まで早送りする。七分計はちょうど砂が落ち切ったところだ。四分計はすでに一度砂が落ち、ひっくり返されている（はず）。ガラス球の上側にちょうど一分相当の砂が残っていなくてはいけない。

あとはその一分を複製すればよい。七分の時点で、砂の落ち切った七分計をひっくり返す。四分計に残っている砂で一分を計る。これで八分。七分計は一分ぶんの砂が下に落ちている。ここでそれをもう一度ひっくり返す。最後の一粒が落ちたときが九分である。

? 一ドル以下の釣り銭を出すときの硬貨の組み合わせの最少個数は？

この問題は二とおりに解釈できる。それによって解答が違うので、どちらの意味か面接官にたずねよう（そして、どちらでも答えられるようにもしよう）。一つは、一セントから九九セントまでのどんな額でもぴったりの釣り銭が出せる、最少の硬貨の組み合わせを見つけるというものだ。これを万能釣り銭セットと呼ぼう。このセットは何枚の硬貨からなるだろうか。

あなたが几帳面な商店主だとしよう。一日のはじまりに、その日最初に何がいくらで売れても釣り銭が出せるように小銭をレジに用意しておきたい。必要にして充分な最少の硬貨のセットはどんな構成だろう?

答えは簡単だ。アメリカの硬貨の額面は釣り銭が出しやすいように選ばれている。額面はどれもすぐ下の額面の少なくとも二倍になっている。このアルゴリズムを使ってXセントの釣り銭をつくれる。

もし必要な額Xが五〇セント以上なら、五〇セント硬貨を一枚出し、Xから五〇を引く。

Xがまだ二五セント以上なら、二五セント硬貨を一枚出し、Xから二五を引く。

Xを一〇で割り、商の整数部分を出す。同じ数の一〇セント硬貨を出し、その分を引く。

残額が五セント以上なら、五セント硬貨を一枚出し、その分を引く。

残額を一セントで割り、商と同じ数の一セント硬貨を出す。

このルールを使えば、釣り銭がただ出せるだけでなく、最も少ない数の硬貨で出せる。たとえばルールの一行目を無視して、五〇セント硬貨一枚ではなく二五セント硬貨を二枚出すこともできるが、使う硬貨は一枚多くなる。

一ドル未満の任意の額の釣り銭を最少枚数の硬貨で出したいとき、必要なのは、五〇セント硬貨一枚、二五セント硬貨一枚、五セント硬貨一枚で、いずれも二枚以上はいらない。一〇セント硬貨は二枚（二〇セントを出すために）いる場合があり、一セント硬貨は最大で四枚（四セント出すために）必要になる。ということは、万能釣り銭セットは全部で九枚、合計額一・〇四ドルの硬貨で構成される。あたりまえだが、一ドルに対して釣り銭を出すのに、九枚全部を使うことはない。

この問題のもう一つの解釈は、「釣り銭として出すときに最低限必要な硬貨の枚数Xはいくつか」というものである。この場合、実際には最も多くの硬貨が必要な釣り銭の額を考えるよう求めている。九九セントではないかと思うかもしれないが、それで正しい。釣り銭九九セントには八枚の硬貨が必要で、内訳は五〇セント硬貨一枚、二五セント硬貨一枚、一〇セント硬貨二枚、一セント硬貨四枚である。九四セントの釣り銭を出すのにも八枚の硬貨が必要だ（一〇セント硬貨一枚の代わりに五セント硬貨を入れる）。

この問題はなかなか厄介だと考えられているため、創造力を試す心理テストに使われる。

? 真っ暗な部屋で一組のトランプをわたされます。そのうちN枚が表を上に向け、残りは下に向けています。カードを見ることはできません。カードを二つの山に分け、どちらの山にも表が上を向いたカードが同じ数だけあるようにするにはどうすればよいでしょうか。

この頭脳パズルはＪＰモルガン・チェースがよく出題する。昨今では、携帯電話を取り出して画面を懐中電灯代わりに使うと答えたくなるだろう。だが、このパズルは携帯電話以前からあるし、カードを見なくても解ける。あなたはまずこう考えるだろう。

・あてずっぽうにカードを二等分しても（よほど運がよくないかぎり）うまくいくはずがない。上向きのカードが全部、一つの山に入ってしまうこともありうる。
・問題はカードの二つの山が同じ枚数でなければいけないとは言っていない。上向きのカードが同じ枚数入っていればよいだけだ。
・カードをひっくり返すことはできる。ひっくり返すカードが上を向いているか下を向いているかを知る方法は、もちろんないが。

期待されている答えは、カードを上からN枚とり、ひっくり返すというものである。それが一つの山になる。残ったカードがもう一つの山だ。

なぜそれでうまくいくのか説明しよう。数えてとったN枚に含まれる上向きのカードの枚数は、ゼロ枚からN枚全部までのどの数もありうる。（ひっくり返す前に）上向きカードがf枚あったとしよう。ひっくり返せば上向きのカードは下向きに、下向きのカードは上向きになる。したがってこの山に含まれる上向きのカードはf枚ではなく、$N-f$枚になる。

もう一つの山、すなわち残ったカードの山には、Nからあなたがとった上向きカードの枚数fを引いた数の上向きカードが含まれる。それはひっくり返したほうの山にある上向きカードと同じ枚数だ。

? 立方体のチーズが一個とナイフが一本あります。チーズをまっすぐに切って二七個の小さい立方体に分けるには、何度切ればよいでしょうか。

二七個の小さい立方体をつくるには、もとの立方体を三方向から三枚ずつに切り分けなくてはならない。三枚に切り分けるには、二回切る必要がある。すぐに思いつく答えは、三軸それぞれに対して平行に二回ずつ、計六回切るというものだ。

この種の問題では、最初に思いついた答えはたいていベストではない。もっとよい方法はないだろうか。切るたびにチーズの向きを変える（料理人が玉ネギを角切りするときにやるように）のは許されている。これで可能性が大きく広がる。あなたは自分の空間の把握力が未熟な気がするだろう。

ところが、この問題の場合は六回よりも少ない回数で切り分ける方法はない。できればそれを面接官に証明してみせたい。こうしよう。立方体を三×三×三の二七個に切ったあとの中心にある立方体の絵を描く。この小さい立方体は外に出ている面がない。六面ともナイフで新しくできた面だ。最低でも真っ直ぐに六回切らなければ、六面はできないのである。これは裏返しの引っかけ問題だ。あたりまえの答えが正解なのだが、多くの人がもっと工夫しようとして失敗する。

マーティン・ガードナーは、このパズルの作者がフランク・ホーソーンであるとしている。[2] ホーソーンはニューヨーク州教育省の役人で、一九五〇年にこの問題を発表した。切片の置き方を変えれば切る回数を減らせるという考え方は、見当違いではない。立方体を四×四×四個の小さい立方体に切り分けるには、たった六回切ればすむのだ（ただ薄切りにしてから角切りにするだけでは、九回切らなくてはいけない）。

一九五八年に、ユージーン・プッツァーとR・W・ローエンが立方体をN×N×N個の小さい立方体に切り分ける最適解を発表した。二人は「チーズ業界と棒砂糖業界は画期的な切り分け方として歓迎するにちがいない」と述べて、実用志向の読者を安心させた。[3]

この問題からなんとなく思い出すのが、金融会社の面接で使われたこんな問題だ。「ルービックキューブの中心には立方体がいくつありますか」。普通のルービックキューブは三×三×三なので、答えは「一個」と思うところだが、これまたひっかけだ。ルービックキューブを分解したことのある人なら、本当の答えが「ゼロ」なのを知っている。真ん中にあるのは球形のジョイントであって、小さい立方体ではないのだ。

? 箱が三個あり、そのうち一個に高価な賞品が入っています。ほかの二個はからです。あなたは好きな箱を一個選べます。それに賞品が入っているかどうかは教えてもらえませんが、あとの二個のうち一個が開けられて、からであることを見せてもらえます。最初に選んだ箱を取るか、もう一個の開けられていない箱と交換するか、どちらかを選べます。交換しますか、それともそのまま最初の箱にしますか。

この面接問題は一九七五年に生物統計学者のスティーヴ・セルヴィンが考案した「モンティ・ホールのジレンマ」の変形問題である。モンティ・ホールはテレビのゲーム番組『レッツ・メイク・ア・ディール（取り引きしよう）』の初代司会者だった。番組の最終ラウンドで、出場者はドアの向こうの賞品を選ぶ。セルヴィンのパズルは、その状況をもとにしている。セルヴィンが統計学の専門誌アメリカン・スタティスティシャン誌への投書で箱は交換すべきだと論じると、[4] 反対意見が続出し、彼は次の投書で持論を擁護しなくてはならなかった。[5] モンティ・ホール本人はセルヴィンの推論に賛成すると書いてきた。

以来、このジレンマはいつ果てるとも知れない論争のテーマになっている。広く一般に知られるようになったのは、一九九〇年にパレード誌のコラムニスト、マリリン・ヴォス・サヴァントにこの問題を問う投稿が寄せられてからだ。翌年、ニューヨーク・タイムズ紙のジョン・ティアニーは、このパズルが「CIAの廊下でも、ペルシア湾の戦闘機パイロットの兵舎でも議論されている。マサチューセッツ工科大学の数学者とロスアラモス国立研究所のコンピュータープログラマーも分析している……」と報じた。[6] また、ナショナル・パブリック・ラジオの『カー・トーク』で取り上げられ、テレビドラマ『NUMBERS　天才数学者の事件ファイル』にも登場した。バンク・オブ・アメリカをはじめとする金融会社も面接で使っている。皮肉屋は金融機関のリスク管理に共通点を見出すかもしれない。知らないところで率が変えられ、外野はからっぽの箱とともに取り残されるというわけだ。

セルヴィンのパズルがここまで話題になったのは、とにかく難しいからだ。ある調査によると、正しく答えられた人はわずか一二パーセントだった。[7] まったく手がかりなしにあてずっぽうで答えても五割の確率で正解できることを考えると、なんという低さだろう！　これは直感に惑わされてまちがってしまうケースだ。

最初に選んだ箱を交換しようとしまいと、あたる確率は変わらないとするのが大多数の人の意見である。交換すれば確率が上がると思う人はスロットマシンで負けが込んだ人がそろそろ大あたりして「いいころだ」と思いたがるのと同じだと、わけ知り顔で言う人もいるだろう。

どんな確率問題も、どの部分が偶然で、どの部分が意図されたものかを知るのが重要である。たとえば友人がコインを一〇回投げ、毎回表が上だったとする。次に投げたときにも表が出る確率はどれくらいだろう？　表が続いたのはつねならぬめぐり合わせなのか、それともコインに細工がしてあるせいなのかがわからなければ、なんとも言えない。

セルヴィンがこのパズルを出題したとき、アメリカではまだ『レッツ・メイク・ア・ディール』が放映中で、大衆文化にすっかり根を下ろしていた。この番組を見ていた私の祖母は、モンティ・ホールを体のいい詐欺師だと思っていた。祖母に言わせれば――本当に大声でテレビに向かって言っていたが――「モンティがあのドアを選ばせたがるのは、最初に選んだのより安い品物だって知っているからに決まってるよ」

祖母の言うことはあながち的はずれではなかった。モンティ・ホールはインタビューで、参加者が一番豪華な賞品を選んだときは、現金で釣って交換するよう仕向けたと語ったことがある。人のいい参加者が豪華な賞品を手放してがらくたをつかまされるほうが、番組はおもしろくなる。

三つの箱を「選ばれた箱」「開けられた箱」「誘惑の箱」と呼ぶことにしよう。最初に選んだ箱に賞品が入っている確率は三つに一つである。

さて、残った二個のうちの一個が開けられ、からだとわかった。それが確率にどう影響するかを判断するには、この二個目の箱を誰がなんのために開けたかを知る必要がある。つぎの二つの場合が考えられる。

1.「開けられた箱」は最初に選ばれなかった二個の箱から無作為に——コイン投げなどで——選ばれる。つまり「開けられた箱」には賞品が入っていた可能性もあるが、たまたまそうではなかった。

2.「開けられた箱」を選ぶ人は箱の中身を知っていて、からの箱を開けるつもりでそれを選ぶ。その人はかならずそうすることができる。

セルヴィンのパズルでは、2が前提であることが明示される（「モンティ・ホールは確かにどの箱があたりかを知っていて、車のキーが入っている箱は決して開けない」[8]）。

ここをはっきりさせることが非常に重要なのだが、このパズルが出題されるときは抜け落ちてしまうことが多い。本書で引用したとおり、面接で出題されるときもそこが曖昧だ。司会者が一枚噛んでいることも、開けられた箱がどのように選ばれるかも、触れられていない。だから面接官に細かいところをたずね、二個目の箱がどう選ばれるかで答えが違うことを指摘しよう。

　1の場合、「開けられた箱」を開けてみてわかることがある。その箱に賞品が入っていた可能性はあったとしても、現実には入っていないことがわかるのだ。これで「選ばれた箱」に賞品が入っている確率は1／3から1／2になる。「誘惑の箱」も同じだ。どちらの箱も賞品が入っている確率はいまや五分五分だから、交換する意味はない。

　2の場合、箱を一個開けても意味のあることは何もわからない。モンティ（でも誰でも）は箱の中身を知っていて、いつでもからの箱を開けてみせることができる。からとわかっている箱を手はずどおりに開けても、出場者が選んだ最初の箱のあたりの確率は変わらない。初め1／3、いまも1／3だ。

「開けられた箱」を開けることで、あとの二個の箱のうち一個に賞品が入っている確率2／3も変わることはない。だが、二個のうち一個はすでにからだとわかったいま、2／3の確率は「誘惑の箱」だけのものになる。交換すれば、賞品をもらえる可能性が二倍になるのだ。

　セルヴィンの解答が正しい理由がまだわからなければ、箱が一〇〇個あると想像してほしい。あなたは初めに七九番の箱を選ぶ。モンティは残りの九九個の箱のうち九八個を開ける。どれもからだ。あなたの箱のほかに残っている箱を、仮に一八番だとしよう。モンティはあなたに七九番の箱を一八番と替えたいかとたずねる。

　あなたの箱に車のキーが入っている確率は、初めは1／100だった。モンティの行動は演技にすぎない。彼の意図はからの箱を見せることだけにあり、彼にはそうすることができる。賞品があなたの箱に入っている確率は1／100のままだが、一八番の箱に入っている確率は上がって、99／100になる。箱が一〇〇個の場合、交換することで確率は九九倍になるのだ。

心理学者のドナルド・グランバーグとサッド・A・ブラウンがこのジレンマについて聞きとり調査をしたところ、こんな言い分ばかりを聞かされた。

「もう一つのドアを選ぶなんて考えられません。だって、はずれだったら二番目のドアのままにしてはずれたときよりも頭にきますからね」

「直感で選んだのだから、はずれてもしかたないわ。でも、もし交換してはずれたら、もっとがっかりするでしょう」

「もしも交換してはずれたらすごく悔しいでしょう。最初の選択を守るに越したことはありません」[9]

このような感じ方は、同額なら利益よりも損失のほうを重く受け止める「損失回避性」の表われである。成功する可能性が高いのに失敗をおそれる気持ちのほうが強いのは、人間の性なのだ。「後悔先に立たず」というやつである。新しい製品をつくろうとする人は、このことを覚えておくとよい。消費者はまったく筋の通らない理由で箱やブランドを替えようとしない場合もあるのだ。

数学の天才も普通の人と同じように損失を避けようとする。著名な数学者のポール・エルデシュも、このパズルを初めて聞いたときには答えをまちがえたという。心理学者のマッシモ・ピアテッリ゠パルマリーニはこう述べている。「ノーベル賞を受賞した物理学者さえ申し合わせたように答えをまちがう。……そして考えを変えようとせず、正しい答えを主張する人を文書で非難したりするのだ」[10]

? あなたは自動車に乗っていて、床にヘリウム風船がひもで結びつけてあります。窓は閉まっています。アクセルを踏むと風船はどうなりますか。前に傾くか、うしろに傾くか、それとも真っ直ぐのままでしょうか。

アクセルを踏めば風船はうしろになびくと直感的に思う人がほとんどだ。その直感は正しくない。そこであなたは風船がどう動くかを推論し、面接官にそれを説明しなくてはならない。

よい答え方の一つは、アルコール水準器を例にとることである。大工仕事が得意でない人のために説明しておくと、アルコール水準器とは面が水平であることを確めるために大工が使う小さい道具で、色のついた液体と気泡が一つ封入された細いガラス管でできている。水準器を置いた面が完全に水平なら、気泡がガラス管の中央に浮かぶ。面が水平でなければ、気泡はガラス管の高いほうのはしに移動する。ここで重要なのは、気泡は液体のなかのたんなる「空洞」だということだ。面が水平でなければ、重力が液体をガラス管の低いはしのほうへ引っ張る。これによって気泡は液体のないところ、つまり反対のはしに押されていく。

ヘリウム風船に結んだ糸をほどき、風船が自動車の透明ルーフに触れるままにする。水準器のできあがりだ。風船は密度の高い空気のなかに浮かんだ密度の低いヘリウムの「気泡」で、これらがみな容器（自動車）のなかに密閉されている。重力が重い空気を下に引っ張り、軽い風船をルーフに押しつける。

自動車が加速するとき、乗っている人の体がそうなるように、空気はうしろに押される。それによって、空気よりも軽い風船は前へ押される。自動車が急ブレーキをかければ、空気はフロントガラスの前にたまり、風船はうしろに押される。方向転換すれば、空気は遠心力で回転の中心から遠ざかり、風船は中心に向かう。もちろんこれは、風船が何かに結びつけられていても同じで、動きの自由が少し少なくなるだけだ。この問題の短い答えは、風船は加速する方向へなびく、となる。

信じられないって？　それならすぐにこの本を閉じよう。車でスーパーへ行き、ヘリウム風船を買って変速レバーかサイドブレーキに糸を結びつける。そして家まで帰ってこよう（車を飛ばす必要はない）。あら不思議、風船はあなたが思うのとまったく逆のことをする。アクセルを踏めば、次の信号まで競争だと言わんばかりに前方に倒れる。急ブレーキを踏んで子供のおもちゃが後部座席から転がり落ちても、風船はうしろに引っ張られる。スピードを出したまま方向転換すれば、あなたの体は外側に傾くが、いかれた風船は内側に向きを変える。あまりに気味が悪いので、この様子を撮影した動画がユーチューブに投稿されている。

私たちの直感は、なぜ水準器では正しく、ヘリウム風船ではまちがうのだろうか。アルコール水準器は、重い液体にスポーツドリンクのような蛍光色がつけられているが、気泡は透けた空洞だ。私たちは色のついたものに密度を、透明なものに無を感じる。その連想は風船に関しては完全にまちがっている。空気は目に見えないので、私たちはまずもって気にしない。それに対して、風船はきれいな色やポリフィルムをまとい、「私を見て！」と主張する。質量からすれば風船が空気のなかの部分的な真空に等しいことを私たちは忘れている。質量のごく小さいヘリウム風船は質量とは反対のことをする。実質的な質量、すなわち空気は目に見えない。

この問題を出す面接官は、あなたが物理に明るいことを期待してはいない。だが、相対性理論を利用した別の答え方があるのだ。真面目な話。

アルベルト・アインシュタインのエレベーターに関する有名な思考実験の話をしよう。あなたはいま、税理士事務所へ行くためにエレベーターに乗っているとしよう。いたずらなエイリアンが、あなたとエレベーターを銀河間空間にテレポートしたらおもしろいだろうと思いつく。エレベーターは密閉されているので、エイリアンの暇つぶしの相手をさせられるあいだくらいはあなたが生きていられるだけの空気がある。窓がないので外は見えず、あなたは自分がどこにいるかのわからない。エイリアンはエレベーターをトラクタービームでとらえ、地球の重力とちょうど釣り合う一定の加速度で引き上げる。あなたが体に感じるのが本当の地球の重力なのか、加速度がまねている「偽の」重力なのかを密閉されたエレベーターのなかで判断することはできるだろうか。

アインシュタインはできないと言った。ポケットから鍵を出して落とせば、地球にいるのとまったく同じようにエレベーターの床に向かって加速する。ヘリウム風船の糸をほどけば、地球にいるのとまったく同じように浮き上がる。すべてがまったく正常に見える。

アインシュタインの等価原理にもとづくと、重力と加速度を区別できる（簡単な）物理的実験はない。[11] 一般相対性理論として知られるアインシュタインの重力論はこの仮定が基盤になっている。物理学者らはすでに一世紀近くにわたって等価原理を論破しようとしてきた。だが、まだできていない。少なくとも自動車のなかで二ドルの風船でできる実験に関しては、アインシュタインの仮定は正しいと考えてさしつかえない。

それでは物理学の実験をしてみよう。下げ振り（大工が垂直方向を知るために使うおもり）の糸を右手の人差し指に結びつける。ヘリウム風船を同じ指に結びつける。二本の糸の角度に注意しよう。エレベーター内でも、駐車した自動車のなかでも、飛行中のジェット機の機内でも、結果は同じだ。下げ振りは真っ直ぐ下を向く。風船は真っ直ぐ上を向く。指に結びつけられた二本の糸は直線をなす。重力の支配下にあれば、つねにそういう結果になる。

さて、自動車を発進させたときに何が起こるかを想像してみよう。車が加速すると、体はシートに押しつけられる。早とちりな直感にしたがえば、下げ振りも風船も少しうしろに傾きそうだ。加速しているあいだは、（直感が正しければ）二本の糸で角ができる。これで重力と加速度を区別できる。自動車が重力だけにしたがうなら、二本の糸は直線になるが、遠心力かなんらかのかたちの加速度にしたがうなら、二本の糸は指を交点として角をつくる。そうなりさえすれば、一般相対性理論は誤りだと証明できる。もうグーグルへの就職など、目じゃない——ノーベル賞クラスの発見だ。

ところが、等価原理は厳密な実験を経て真理であることが証明されているため、そんなことは起こらず、あなたはこの原理をもとにして問題に答えられる。加速している自動車のなかでも、物理的性質は重力のみにしたがう自動車のなかと同じはずだ。どちらの場合も、風船と指と下げ振りは直線をなす。したがってこの問題に対しては、ヘリウム風船は質量のある物体について予想されるのと逆の振る舞いをするというのが答えになる。うしろではなく前へ……右ではなく左へ……そしてもちろん、下ではなく上へ。

第3章

?ある調査によると、国民の七〇パーセントはコーヒーが好きで、八〇パーセントは紅茶が好きだといいます。コーヒーと紅茶の両方が好きな人の割合の上限と下限は何パーセントでしょうか。

紅茶の好きな人がみなコーヒー好きとはかぎらない。猫好きの人がそろって犬も好きとはかぎらない。メッツファンが全員ヤンキーズのファンとはかぎらない。ホワイトボードか頭のなかにベン図を描いてみよう。まず、調査回答者全体を表わす長方形を描く。長方形の大部分でコーヒー好きの七〇パーセントを表わし、小さい円を描いてコーヒー嫌いがはっきりしている三〇パーセントを表わす（足して一〇〇パーセントにならなく

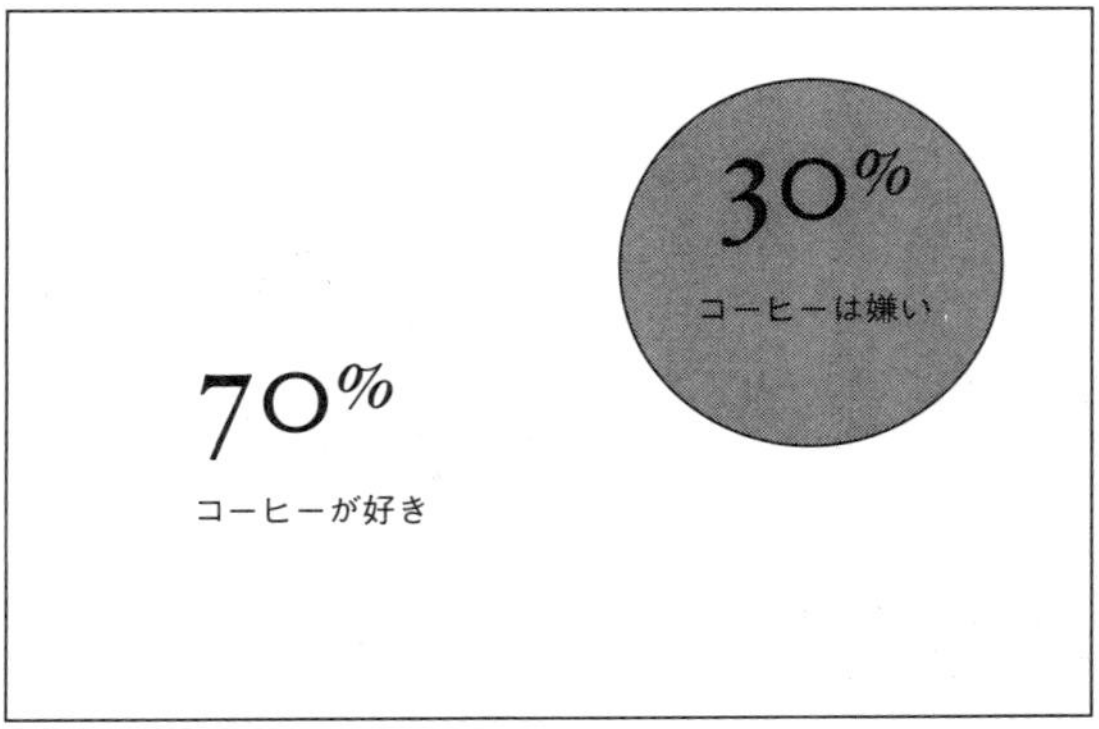

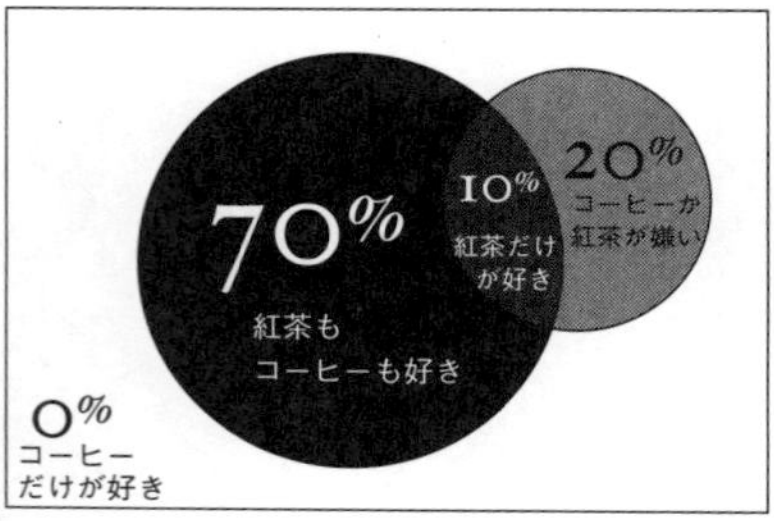

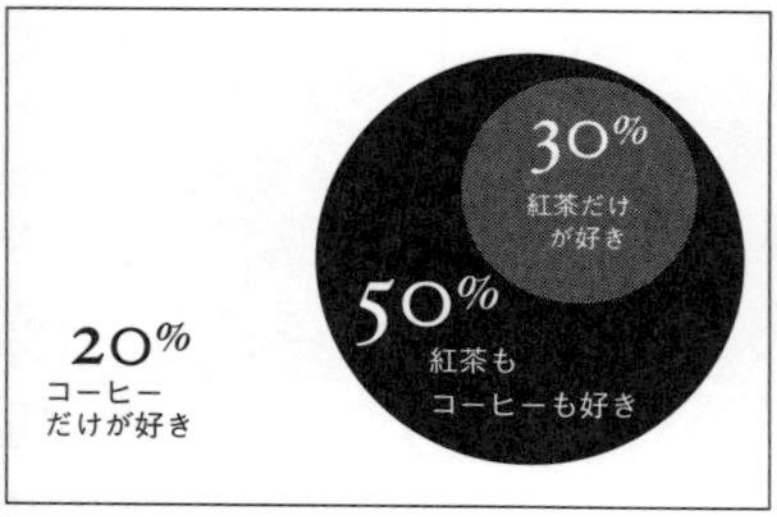

てはいけないが、面積は比率どおりでなくてよい）。

国民の八〇パーセントは紅茶が好きだ。このパーセンテージを円で表わすと、コーヒー好きとコーヒー嫌いの両方の領域と重ならざるをえない（紅茶好きの割合の全部を占めるだけコーヒー好きはいない）。コーヒーと紅茶の両方が好きな人の割合の上限を決めるために、コーヒー好きが全員紅茶を好きだと仮定しよう。したがって、八〇パーセントの紅茶好きを表わす円は、両方好きな人（七〇パーセント）と紅茶だけを好きな人（一〇パーセント）とに分割される。この七〇パーセントが上限だ。

下限を知るには、紅茶好きの円をずらしてコーヒー嫌いの円をすっかりおおう。こうすると、コーヒー嫌いの全員（三〇パーセント）が紅茶好きになる。その結果、80 − 30 = 50で、五〇パーセントが紅茶もコーヒーも好きな人になる。これが下限である。

? 三時一五分のとき、アナログ時計の分針と時針の角度は何度でしょうか。

答えは〇度ではない。三時一五分には、分針は真東の数字の3を指している。時針はすでに3から4へ向かって四分の一進んでいるはずだ。3から4までは、一回転三六〇度の一二分の一、つまり三〇度ある。これを四で割れば、七・五度という答えが得られる。

?1から1000までの整数に「3」を含む数はいくつありますか。

「3」を二つ以上含む数（333など）があるが、これらを二個（または三個）として数えてはいけない。問題は「3」を少なくとも一個含む数がいくつあるかをたずねている。

300から399までの数はすべて、3を少なくとも一個含む。これが一〇〇個ある。

十の位に3を含む数も一〇〇個ある。30～39、130～139……ときて930～939までだ。そのうち一〇分の一、すなわち330～339はもう数えたので合計から一〇個引く。これでいままでのところ、100＋90＝190で、一九〇個になる。

最後に、3で終わる数が3から993まで一〇〇個ある。ここから3ではじまる一〇個（303、312、323、……393）を引いて九〇個。九〇個の一〇分の一は、十の位に3があるから（33、133、233、……933）、この九個を引いて残りは八一個。

合計して、100＋90＋81＝271、答えは二七一個である。

? 総ページ数がNの本があり、通常のやり方で1からNまでページ番号がふられています。ページ番号の数字の個数を合計すると一〇九五個になります。この本は何ページあるでしょう?

各ページ番号は一の位に数字がある。Nページの本なので、一の位の数字の個数はN個になる。九ページまでを除くすべてのページのページ番号は十の位に数字があるので、$N-9$個をプラスする。

九九ページまでを除くすべてのページのページ番号は百の位に数字がある(したがって$N-99$個をプラスする)。

この調子でずっと続けられるが、九九九ページを超える本は多くない。いずれにしても、ページ番号の数字の個数の合計が一〇九五個の本が九九九ページを超えることはないだろう。

ということは、一〇九五と次の式が等しくならなくてはいけない。

$$N+(N-9)+(N-99)$$

これは次のように整理できる。

$$1{,}095=3N-108$$

したがって、3N = 1,203、すなわち、N = 401。答えは四〇一ページである。

? 一〇〇の階乗の末尾にはゼロがいくつありますか。

一〇〇の階乗とは一〇〇に一〇〇未満の自然数すべてを掛けたもので、「100!」と表わす。つまりこういうことだ。

100 × 99 × 98 × 97 ×……× 4 × 3 × 2 × 1

この問題は、あなたに100!の掛け算をさせようとするものではない。積ではなく、積の末尾の0の数を求めなくてはならない。

そのためには、いくつか法則を見つける必要がある。一つはすでにわかっている。次の等式を見てほしい。

387,000 × 12,900 = 5,027,131,727

何かおかしくないだろうか。末尾が0の二つの数を掛けたとき、積の末尾が端数になることはない。

この式は末尾ゼロ保存の法則に反している（私がいまつくった法則だが、確かな事実だ）。積はつねにその因数の末尾の0を受け継ぐ。正しい式で例を挙げよう。

10 × 10 = 100
7 × 20 = 140
30 × 400 = 12,000

100!の因数のうち、一〇個は末尾が0だ。10、20、30、40、50、60、70、80、90、100（末尾の0が二個）。つまり因数には末尾の0が一一個あるので、100!は必然的にそれを受け継ぐ。

ここで注意が必要だ。不運にもこのまま一一個と答えてしまう応募者がいるが、それはまちがいである。0のない二つの数を掛けて、積に0がつく場合もあるからだ。たとえば、

2 × 5 = 10
5 × 8 = 40
6 × 15 = 90
8 × 125 = 1,000

最後の一つを除いて、あとはみな100!の一〇〇個の因数の組み合わせだ。さらにまだすることがある。

ここでフランクフルトソーセージとロールパンの法則を思い出そう。バーベキューパーティでは、フランクフルトソーセージ（一パック一〇本入り）をもってくる人、ロールパン（一パック八個入り）をもってくる人、両方をもってくる人がいる。ホットドッグがいくつできるかを計算する方法は一つしかない。ソーセージの数を数え、ロールパンの数を数えよう。少ないほうの数が答えだ。

問題の答えもこの法則から得られる。「ソーセージ」と「ロールパン」を「因数2」と「因数5」に置き換えよう。

先ほどの等式は、どれも2で割り切れる数と5で割り切れる数の掛け算になっている。因数2と因数5が「一緒になって」10ができ、積に0が一個加わる。最後の等式を見てほしい。どこからともなく0が三個、姿を現わしている。

$$8 \times 125 = (2 \times 2 \times 2) \times (5 \times 5 \times 5)$$
$$= (2 \times 5) \times (2 \times 5) \times (2 \times 5)$$
$$= 10 \times 10 \times 10$$
$$= 1{,}000$$

要は、2と5のペアをつくればよいということなのだ。たとえば、692,978,456,718,000,000だったらどうか。末尾に0が六個ある。したがって次のように書き換えられる。

$$692,978,456,718 \times 10 \times 10 \times 10 \times 10 \times 10 \times 10$$

さらに次のようになる。

$$692,978,456,718 \times (2 \times 5) \times (2 \times 5) \times (2 \times 5) \times (2 \times 5) \times (2 \times 5) \times (2 \times 5)$$

初項の692,978,456,718は、10で割り切れない。割り切れるなら末尾が0になり、因数10をもう一個取り出せたはずだ。ここでは因数10（2×5）は六個で、692,978,456,718,000,000の末尾の六個の0に一致する。なるほど当然だろう。

これで、どんなに大きい数でも末尾の0の数を特定する絶対確実な方法が手に入る。まず、数を因数2と5で因数分解する。その2と5を、(2×5)×(2×5)×(2×5)×……のように組み合わせていく。2と5のペアの数が末尾の0の数に等しい。余ったものは無視しよう。

通常は2か5がいくつか余るはずで、2の場合が多い。事実、階乗を扱うときに余るのはつねに2だ（階乗は5で割り切れる因数よりも偶数の因数を多く含む）。よって、ペアの数は5の数で決まる。つまりこの問題は、100!は5で何回割り切れるかと言い換えられる。

これを暗算するのは簡単だ。一から一〇〇までに5で割り切れる数は、5、10、15、……、95、100で、二〇個ある。ここで、25は因数5を二つ掛けた積（25 = 5×5）であることに気づく。25の三つの倍数、50と75と100も同様だ。こうして5が四個増え、合計で二四になる。二四個の因数5が同数の

2とペアになり、因数10が二四個できる（2はたくさん余る）。したがって、100の末尾の0は二四個になる。

興味のある人のために、100!の正確な値をお知らせしておこう。

93,326,215,443,944,152,681,699,238,856,266,700,490,715,968,264,381,621,468,592,963,895,217,599,993,229,915,608,941,463,976,156,518,286,253,697,920,827,223,758,251,185,210,916,864,000,000,000,000,000,000,000,000

第4章

? 「死んだ牛（dead beef）」の意味を説明してください。

「dead beef」は「hexspeak」という表記法による数値である。プログラムのデバッグ中は、メモリの内容をモニターに（昔なら紙に）表示しなくてはならない。0と1で表わされるが、大量の0と1がずらずら並んで読みにくいことこのうえない。切手サイズで例示しても、次のようになる。

00000001
10000101

10010101
00100010

だが、これよりも十六進法で表わすのが一般的だ。十六進法は一六を底とし、アラビア数字の0から9とアルファベットのAからF（普通の人間が10、11、12、13、14、15と呼ぶ数のこと）を使用する。より簡潔に表わせるが、これでもまだ読みにくい。

B290023F
72C70014
993DE110
8A01D329

プログラマは一つね日ごろ、悩ましい英数字の泥沼のなかで認識しやすい目印をなんとかしてつくろうとしている。彼らは十六進数で表わした数のなかに、英単語に見えるためによく目立つものがあることに気づいた。アルファベットの最初の六文字を使って単語や熟語を「綴る」ことができる（O《オー》の代わりに数字の0を、I《アイ》とl《エル》の代わりに数字の1を使うこともある）。たとえば、FEEDFACE、ABADBABE、DEADBABE、そしてもうおわかりのようにDEADBEEFなどだ。

0993FF10
7229B236
22C74290
DEADBEEF

ＩＢＭやＭａｃのシステムは、周期的にDEADBEEFをメモリに書き込んだ。これによって、バグでメモリが破損したかどうかを知るのが容易になった。DEADBEEFの値が予期したものでなければ、何か重大な問題があるとわかった。

DEADBEEFは誰もが使うコードではなく、ほかにも多くのhexspeakが同じ目的やほかの目的で使用されている。要するにこの問題は、応募者がDEADBEEFという言葉を耳にしたことがあるほどコンピューター文化に親しんでいるかどうかをテストするものなのだ。

? 南アフリカにはレイテンシー問題があります。原因を突き止めてください。

「南アフリカのレイテンシー問題」とは、グーグルの社内ジョークである。そのものずばりの言葉に代わる符丁で、ＳＦにも同様のものが出てくる（「反物質燃料のポテンシーが下がっている！」）。それでも、応募者はこれがいったい何を意味するのかを想像して、気の利いたことが言えなくてはならない［二〇〇九年に南アフリカで、大手通信会社のインターネットの通信速度があまりに遅いことに腹を立てたある企業が、ためしに伝書鳩にデータカードを送らせてみたところ、圧倒的に速く届いたという出来事があった。グーグルの社内ジョークはそこから生まれたと思われる」。

「レイテンシー」は待ち時間のことである。これは結婚許可証の取得から公共交通機関の利用まで、どんなことにもつきものだが、グーグルの面接官ならインターネットのことを言っていると考えるのが妥当だ。面接官は次のどちらかの意味のつもりだろう。

・南アフリカではインターネットの動作が遅い。
・グーグル検索（だけ）が遅い。

インターネットの待ち時間は、「ピング」で測定できる。ダミーのメッセージをA点からB点へ送信し、応答速度を見るのだ。その時間差がデータの転送速度の目安になる。南アフリカの多数のコンピューターや端末からピングを打つことで、インターネットの通信速度が遅いかどうかを診断できる。遅くなければ、グーグルに問題があるのかもしれない。南アフリカのデータ通信量に対してサーバーは充分だろうか。南アフリカ国内の多くの地点で検索語を入れて試し、国内のどこでも動作が遅いのか、それとも一部の地域だけなのかを調べてみる。これで（仮想の）トラブルの原因が突き止められ、面接官を満足させられるだろう。

? サンフランシスコの避難計画を立案してください。

米国道路利用者連盟による二〇〇六年の「緊急避難計画評価報告書」は、カンザスシティに評価Aをあたえた。ハリケーン・カトリーナの後遺症が残るニューオーリンズは評価Dだった。サンフランシスコは？　Fだ。ニューヨーク、シカゴ、ロサンゼルスも落第点だった。[1]

落第点がつけられたのは、これらの都市の規模や、海や湖にかこまれた地形、公共交通機関への依存が原因である。グーグルのように環境保護を重視する企業では、応募者は面接時に知らず知らず公共交通網を高く評価してしまうが、そのほとんどは市街を走っている（バート〔通勤用高速鉄道〕でオークランドへは行けるが、たかだか一五キロくらいしか離れていない場所で充分なのだろうか。そこからまた避難することになるのではないか）。全米を結ぶアムトラックはサンフランシスコそのものには停まりもしない。ここしばらくは、環境を損なわない避難方法など望めない。一刻も速く都市から脱出するには、内燃機関で一般道路を走るしかない。

計画に盛り込むべき点を箇条書きにしよう。

・誰もができるだけ速く街から出ようとすることを利用する。それには既存の移動手段を自由に使えるようにすることだ。カトリーナ襲来時の避難における最大の障害は、ニューオーリンズ市当局が道路情報をタイミングよく発表できなかったことだった。どの道路が渋滞しているかをまるで把握していなかったのだ。カトリーナの襲来はツイッターのサービスがはじまる前年、スマートフォンが普及する二年前だった。今回作成する計画では、ツイッターやメールで道路状況を伝え合うことを勧め（ただし運転中を除く！）、その情報をソーシャルネットワークやマッピングアプリケーション、放送メディアなどへ迅速に組み込む方法を考案するとよい。

・スクールバスを活用する。アメリカのスクールバスは、大人用の「大量輸送」の方法を全部まとめてもかなわないほどの輸送力がある。[2] 車をもたない市民のために、スクールバスでの無料シャトルサービスを実施する。

・地域内の他用途のガソリンをガソリンスタンドにまわす。カトリーナのときの避難時には燃料不足に陥った。

・緊急時にたやすく避難できる人は少ないが、逃げ遅れをとくに心配しなくてはならない人々がいる。避難を拒否する人、自力で避難できない人（障害者や入院患者）、避難情報網から漏れた人（多くはホームレスか高齢者）だ。残留を選んだ住民には法的にも実際問題としてもできることはあまりない。避難を希望していてたすけを求めている人を探すのに力をそそいだほうがよい。現在稼動中の介護移送サービスのバンや救急車を転用する。これらの車両は高齢者や障害者のための特別な設備を備えている。

・バスと鉄道の一部でペットとスーツケースの持ち込みを許可する。避難しようとしない人の理由の一つに、ペットや貴重品への心配がある。

・幹線道路の全車線を市外への一方通行とする。それによって二倍の車が走れるようになるうえ、状況を理解していない人が市内に入るのを防げる。ベイエリアの通勤者にはおなじみだろう。一九六三年以降、ゴールデンゲート・ブリッジはリバーシブルレーンになっている。朝は六車線のうち四車線がサンフランシスコ市内行きになり、それ以外の時間は上下三車線ずつになる。[3]

? ある国の親は全員が男の子を授かりたいと思っています。どの家庭も男の子が生まれるまでは子供が増えつづけ、男の子が生まれると子づくりをやめます。その国の男の子と女の子の比率を答えてください。

多子出産、不妊、親の死亡はないものとする。まず気づくのは、どの家庭も子づくりを終えた時点で男の子の数は一人だということだ。なぜか。子供をつくるのは男児が生まれるまでで、生まれたらそこでストップするからである。多子出産がないとすれば、「男の子」と言えば一人に決まっている。男の子の数は子供を産み終えた家庭の数に等しい。

女の子はどんな数もありうる。そこでどうするかというと、想像の人口調査をし、女の子の出生状況を調べるのだ。国中の母親に大きい部屋に集まってもらい、マイクとスピーカーを使ってこうたずねよう。「一人目が女の子だった人は手を挙げてください」

当然、半数の母親が手を挙げるだろう。母親の総数をNとすると、N／2人が挙手する。一番上の子は女の子ということだ。想像上の電光表示板に「N／2」と記録する。

次はこうたずねる。「二人目が女の子だった人は手を挙げていただけますか。つまり手を下ろさないください」

半分が手を下ろし、新しく挙げる人はいない（初めに手を挙げなかった母親は一人目が男の子だったからで、したがって二人目の子はいない）。こうして、手を挙げたままの人はN／4人になり、次女がN／4人いることになる。表示板にその数を記録する。「三人目が女の子だった人は手を挙げて、いや下げないでください」。もうおわかりだろう。挙がっている手がなくなるまでこれを続ける。挙がっている手の数は、挙手してくれと言うたびに半減する。こうしていくと、ご存じの級数ができる。

$$(1/2 + 1/4 + 1/8 + 1/16 + 1/32 + \cdots\cdots) \times N$$

この無限級数は1（×N）で表わせる。女の子の数は家庭の数（N）であり、男の子の数（あるいはその近似値）でもある。したがって、求めるべき比率は男の子と女の子で一対一。結局は半々なのだ。

? 僻地の幹線道路で三〇分間に車を見かける確率は九五パーセントだとします。一〇分間では何パーセントでしょうか。

この質問が難しいのは、あたえられた情報がほしい情報ではないからにすぎない。現実とはそういうものだ。

三〇分間の確率から一〇分間の確率を導き出すわけだが、九五パーセントを三で割ってすむ話ではない（本当にそうした人もいる）。三〇分間に車の通る確率がわかっても、いろいろなケースがあるからあまり役に立たない。最初の一〇分間に通る場合もあれば、次の一〇分間、あるいは最後の一〇分間の場合もある。台数も二台だったかもしれないし、五台だったかもしれないし、一〇〇〇台だったかもしれない。それでも「車」が通ったことになる。

本当に知りたいのは、三〇分間に車が一台も通らない確率だ。それは簡単にわかる。三〇分間に車が少なくとも一台通る確率は九五パーセントなので、同じ時間内に一台も通らない確率は五パーセントである。

車が一台も通らないまま三〇分が過ぎるには、三つのことが起こらなくてはならない（というよりも、起こってはならない）。まず、一〇分間車が通らない。それから次の一〇分間もまだ車が通らない。最後に、三番目の一〇分間も車は通らない。問題は一〇分間に車が通る確率をたずねている。その確率をXとしよう。一〇分間に車が通らない確率は、$1-X$だ。それを三乗したものが、五パーセントにならなければいけない。

$$(1-X)^3 = 0.05$$

両辺の立方根をとる。

$$1-X = \sqrt[3]{0.005}$$

Xを求める。

$$X = 1 - \sqrt[3]{0.005}$$

暗算で立方根を計算する必要はない。答えは約六三パーセントだとノートパソコンが教えてくれる。これは納得がいく。一〇分間に車の通る確率は、三〇分間に車の通る確率九五パーセントよりも低くて当然だ。

? あなたは二つの賭けのどちらかを選べます。一つは、バスケットボールのボールをわたされ、一回でシュートを決めれば一〇〇〇ドルもらえます。もう一つは、三回シュートして二回決めれば、同じく一〇〇〇ドルが手に入ります。どちらを選びますか。

シュートが決まる確率をpとする。第一の賭けでは、一〇〇〇ドルもらえる確率はpで、失敗すれば何も手に入らない。平均で$\$1,000 \times p$を手に入れられる。

第二の賭けでは、三回シュートして二回決めなければ賞金は手に入らない。どの回もシュートが決まる確率はやはりpだ。したがって、回ごとの失敗率は$1 - p$になる。

第二の賭けは、2^3、つまり八とおりのシナリオがある。表にしてみよう（面接のときはホワイトボ

第1投	第2投	第3投	確率	$1000 ゲット?
			$(1-p)^3$	No
		√	$p(1-p)^2$	No
	√		$p(1-p)^2$	No
	√	√	$p^2(1-p)$	Yes
√			$p(1-p)^2$	No
√		√	$p^2(1-p)$	Yes
√	√		$p^2(1-p)$	Yes
√	√	√	p^3	Yes

ードに書いてもよい)。チェックマークはシュートが決まったという意味で、空欄はシュートをはずしたときである。

最初のシナリオは絶不調な場合で、三回ともシュートをはずす。確率は、$1-p$を三回掛けた値だ。一〇〇〇ドルは手に入らない。

八とおりのシナリオのうち四とおりは賞金が手に入る。そのうち三とおりはシュートを一回失敗する。このときの確率は、$p^2(1-p)$。三回とも成功する確率はp^3。以上四とおりの確率を全部足す。$p^2(1-p)$の三倍は、$3p^2-3p^3$。それにp^3を加算すると、$3p^2-2p^3$で、期待値は$\$1,000\times(3p^2-2p^3)$となる。

では、どちらの賭けが有利だろうか。

第一の賭けの期待値は、$\$1,000\times p$

第二の賭けの期待値は、$\$1,000\times(3p^2-2p^3)$

あなたはシュートがからきし下手かもしれないし

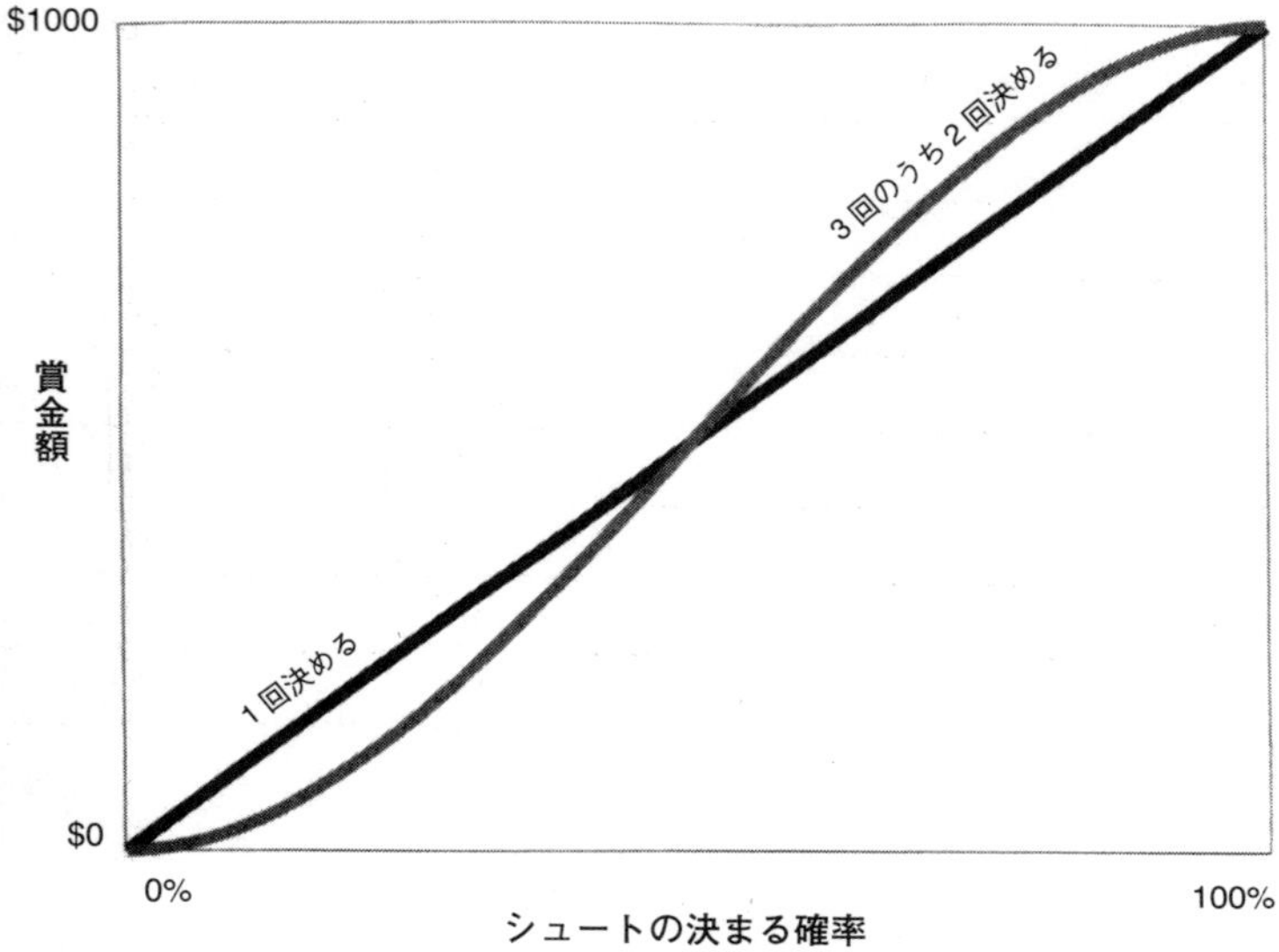

（pは0に近い）、プロ並みの腕があるかもしれない（pは1に近い）。ここで参考のために、面接のときにはできないことをやってみた。表計算ソフトに式を入れてグラフを作成したのだ。pの値によって賞金をもらえる確率がどのように変化するかを示している。

斜めの直線は第一の賭け、S字のような曲線は第二の賭けを表わしている。シュートの決まる確率が五〇パーセント未満の場合は、第一の賭けが有利だ。そうでなければ第二の賭けを選ぶほうがよい。

なるほどそうだろう。シュートの苦手な人はどちらの賭けでも勝てそうにない。万に一つのまぐれに望みを託すしかないが、そんなまぐれは一度はあっても、二度はないだろう（「雷は一つ所に二度は落ちない」）。シュートが下手なら第一の賭けがよい。

シュートがうまい人はどちらの賭けでも勝っ

て当然だが、ここぞというときにしくじる可能性もなくはない。能力からすれば、三回のうち二回決めるほうがまちがいはないし、そちらを望むにちがいない。それは法律に関するあの言い習わしに似ている——罪を犯した人間は陪審裁判を望み（何が起こるかわからないから）、無実の人間は判事による審理を望む。

＊　＊　＊

あなたがここまでたどり着いたとして、面接官の次の質問は「pの値がいくつのときに選ぶ賭けを変えますか」である。答えを出すために、二つの賭けに勝つ確率を等しく設定しよう。どちらを選んでも勝つ見込みは五分五分の腕前だとしてみる。

$$p = 3p^2 - 2p^3$$

両辺をpで割る。

$$1 = 3p - 2p^2$$

移項して

$$2p^2 - 3p + 1 = 0$$

ここからは二次方程式の解の公式が使えるので、高校で代数を教えてくれた先生にもほっとしてもらえるだろう。だが、学んだ知識もさることながら、面接官はあなたに剛胆さも期待しているだろう。確率 p が0から1までのあいだなのはわかりきっている。いちかばちかもっともと思われる値を言ってみるほうが好ましい。「そうですね。答えは0から1までのあいだですから、0・5でどうでしょう」。これが見事に大あたりなのだ。

? プログラミング言語を用いて「鶏」を記述してください。

いたずら好きなフランスの作家ノエル・アルノーは一九六八年に、プログラミング言語のALGOL（アルゴル／現在はほとんど使われないが、C言語の先駆）で書いた薄い詩集を出版した。ALGOLのディクショナリーからあらかじめ決めたわずか二四のコードだけを使って詩を書いたのだ。その詩はプログラムとしては有効ではなかった。ALGOLやC++で「鶏」を記述するのは、アルノーと同じ、ドン・キホーテ的精神の実践と言えるだろう。

面接官の意図するところは、鶏仲間と区別できる個としての鶏を記述することだ。鶏がソーシャル・ネットワーク・サイトに登録しようとしているというつもりで考えよう。「名前はブリンキー。

雌鶏。親しみやすい。物故」。面接官は、こうした内容が正規のコードか擬似コードで書かれたものを求めている。

ほとんどの面接官を満足させられそうな一例を挙げよう。

```
class Chicken
{
public:
bool isfemale［雌鶏］, isfriendly［親しみやすい］, isfryer［フライ用若鶏肉］, isconceptualart［コンセプチュアルアート］, isdead［物故］;
};
int main()
{
Chicken Blinky;
Blinky.isfemale=true;
Blinky.isfriendly=true;
Blinky.isfryer=true;
Blinky.isconceptualart=true;
Blinky.isdead=true;
```

——4

？階段があり、一段ずつか一段飛ばしで昇るとします。N番目の段まで昇る方法は何とおりありますか。

初めは単純に。あなたは踊り場に立っていて、一段目（段1）に行きたいとする。方法は一つしかない。一段上がるのだ。

今度は$N = 2$としよう。二段目に到達する方法は二つある。一段を続けて二回か、一段飛ばしを一回である。

これだけで問題は解けたも同然だ。その理由は目標地点を段3にすればすぐにわかる。段3へはひとっ跳びでは到達できない。段数の組み合わせを考えなくてはならない。といっても、段3まで上がる方法は二つしかない——一段上がる（段2から）か、一段飛ばし（段1から）だ。踊り場から段1へ到達する方法が一つしかないのはもうわかっている。踊り場から段2へは二つの方法しかないのもわかっている。これらを加算すると（$1 + 2 = 3$）、段3に到達する方法の数が得られる。

何段になっても同じ論理が通用する。段4に到達する方法は、段2からか段3からかの二とおりだ。段2に到達する方法の数（2）と段3に到達する方法の数（3）を加算すると五になり、これが段4に到達する方法の数である。

こうして続けていくのは簡単だ。階段を上る方法の数は、次のように雪だるま式に増えていく。

階段：*1　2　3　4　5　6　7*
方法：*1　2　3　5　8　13　21*

数学に詳しい人は、左側の数の並びに見覚えがあるだろう。これはフィボナッチ数列である（詳しくはすぐあとに）。面接官は*N*段の答えを求めている。答えは簡単で、*N*番目のフィボナッチ数だ。レオナルド・フィボナッチことレオナルド・ピサーノは、大きな功績を残した中世後期のイタリアの数学者である。インド・アラビア数字体系がその位取り記数法のゆえに、中世ヨーロッパでまだ使われていたローマ数字よりもはるかにすぐれていることに気づいたのがフィボナッチだった。インド・アラビア数字体系のおかげで、掛け算や割り算が十進法《アルゴリズム》でできるようになった（「アルゴリズム」という言葉もアラビア語に由来する）。ローマ数字でこれらの演算をするのはとんでもなく大変で、およそ実用的ではなかった。商人たちは高額な報酬を払うのを覚悟で、算盤計算の専門家を探さなくてはならなかった。フィボナッチは一二〇二年に、算術の手引書である『算術の書』を著わし、懐疑的だったにちがいない読者に「アラビア」数字なるものを宣伝した。その本には、今日フィボナッチ数列と呼ばれている数列のことも記されている。フィボナッチ数列はフィボナッチが考えたものではなく、六世紀のインドの学者にはすでに知られていた。

まず初めに1を書き、次に1をもう一つ書く。その二つを足して和（2）を求め、その和を数列の続きに書く。

1 1 2

数列の各項を新しく生成するには、最後の二項を加算すればよい。数列は次のようになる。

1 1 2 3 5 8 13 21 34 55 89 144……

フィボナッチ数列が思いもよらないところであちこちに顔を出すのに気づいて、これは裏に何かあるのではないかと疑う人もいるだろう。マイルとキロメートルを換算したい？ それなら隣り合うフィボナッチ数を使えばよい（時速五五マイル＝時速八九キロメートル）[5]。今度暇をもてあましたときは、パイナップルの実の子房を数えてみよう。小さい房が逆まわりの二重螺旋状に並んでいるのがわかる。一方の向きに八列、逆向きに一三列。どちらもフィボナッチ数だ。同様の配列は、松かさや向日葵やアーティチョークにも見られる。偶然の一致だろうか。そうではなさそうだし、フィボナッチ数列が『ダ・ヴィンチ・コード』に（貸金庫の口座番号として）登場するのも偶然とは思えない。そして、世界制覇を目ざすＩＴ企業の面接問題に出てくるのも。

? あなたは会社を*N*社所有していますが、合併して一つの会社にしようと考えています。何とおりの方法がありますか。

「合併」とは、正確には二つの会社が主体性を放棄し、合体してまったく新しい法人になることである。大手製薬会社のグラクソ・ウエルカムとスミスクライン・ビーチャムは二〇〇〇年に合併し、巨大製薬企業グラクソ・スミスクラインになった（お察しのとおり、もとの二社そのものが合併によって生まれた会社だ）。

CEOの面目というものもあって、本当の意味の合併はめったにない。合併は二社の交渉力がほぼ完全に等しくなければならない。一般的なのは、一方の会社の経営陣が交渉で優位に立つケースで、劣勢な会社の経営陣は相手の優位を忘れさせてはもらえない。これは実際には買収と言ってよく、会社Aが会社Bを完全に取り込み、独立した会社としてのBは消滅する（商標として生き残る場合は多いが）。グーグルによる二〇〇六年のユーチューブ買収はその一例である。

合併は対称的なものだ。二社が対等の立場で合併する方法は一つしかない。買収のほうは非対称だ。二社それぞれに買収する側とされる側になる二とおりがある——グーグルのユーチューブ買収とユーチューブのグーグル買収は同じではない。

投資銀行は別にして、ほとんどの人は合併と買収の別を気にしない。一社にまとまるのはどれもひっくるめて「合併」と呼ばれる。まずは、面接官に「合併」とはどういう合併を指すのかを質問しなくてはいけない。面接官がどう答えても、さいわい理論の大部分はあてはめられる。

買収のほうが一般的なので（いくらか扱いやすくもあり）、買収の場合からはじめよう。会社をチエッカーの駒、買収を指し手だと考える。N個の駒ではじめよう。駒を動かすときは一つの駒を別の駒の上に乗せ、上の駒が下の駒を「買収する」ことを表わすものとする。買収後は、糊づけしたように一つの駒として扱う（通常のチェッカーでいう「キング」と同じ）。一手ごとに、駒（あるいは重ねた駒）の数が一つずつ減る。やがて重ねた駒同士を重ねてさらに高い駒ができる。ちょうど$N-1$手でゲームの目標が達成され、N個の駒すべてが一つに重なって一個の高い駒ができ上がる。この結果にいたるシナリオは何とおりあるだろうか。

最も単純なのは、二社のケースである。会社Aが会社Bを取り込む場合と、BがAを取り込む場合がある。つまり二とおりのシナリオが考えられる。

三社のケースでは、最初にどの会社がどの会社を買収するかを決めなくてはならない。最初の買収には六とおりあるが、これは三つのものから順序の別も数に入れてペアをつくると六とおりできるためだ（AB、AC、BA、BC、CA、CB）。最初の買収後は二社が残り、前段落とまったく同じ状況になる。したがって、三社の場合に考えうる買収シナリオの数は、$6\times2=12$で、一二とおりである。

四社になると、最初の買収には一二とおりの可能性がある。AB、AC、AD、BA、BC、BD、CA、CB、CD、DA、DB、DCだ。これが決まれば三社が残り、すでに述べたように一二とおりのシナリオがある。四社の場合の買収シナリオは$12\times6\times2$で一四四となる。

公式化してみよう。会社がN社ある場合、最初の買収のシナリオ数は、

$$N(N-1)$$

となる。

この式からわかるように、最初の買収者はN社のうちのどれでもよく、最初の被買収者は残りの$N-1$社のどれでもよい。最初の買収後は$N-1$社が残り、二度目の買収シナリオは$(N-1)(N-2)$とおり考えられる。その後は$(N-2)$社が残り、$(N-2)(N-3)$とおりの買収シナリオがある。こうして最後の買収シナリオの2×1とおりまで、そのつど減ってゆく買収シナリオ数を掛けていくことになる。もうおわかりと思うが、階乗記号を用いると積は$N!\times(N-1)!$となり、これが買収シナリオ数である。

買収ではなく本当の合併の場合はどうだろうか。右記の分析のままでは、シナリオ数が二倍になっている――$N-1$回の合併ごとに。つまり、厳密な合併の場合のシナリオ数は、$N!\times(N-1)!$を2^{N-1}で割った数だ。

最後に、質問の「合併」が合併または買収を意味する場合は、二つの答えを合算すればよい。

? いままでに見た最も美しい方程式はどんなものですか。その理由も説明してください。

これはエンジニアに出題される面接問題である。こうたずねられたら、あなたは何をもって方程式を「美しい」と言うかを考え、それにあてはまる例を挙げるだろう。美に関して一つ確かなのは、主観的なものだということだ。確かにそうだが、美しい方程式とは簡潔で普遍的な重要性をもつものだとするのに異論のある人はいないだろう。ただし、ここでは美しい方程式について考えるだけはですまないことに気づこう。面接では独創性を印象づけなくてはならない。そのためには、面接官が日ごろ耳にしない方程式を挙げるのがよい。

次の答えではつまらないと思わない人は少ないだろう。

$$E = mc^2$$

政治家が好きな映画を聞かれて『タイタニック』と答えるようなものだ。

アインシュタインが好みなら、このほうがよい。

$$G = 8\pi T$$

この式は五文字のなかに一般相対性理論が詰まっている。Gはアインシュタインテンソルで、時空の曲率を表わす。Tはエネルギー・運動量テンソルで、質量密度とエネルギーを表わす。質量エネルギーは時空を曲げることをこの方程式は示している（私たちはこの時空の曲がりを重力として体感する）。

もう一つの五文字は、量子物理学について多くを語る。

$$\hat{H}\Psi = E\Psi$$

これはシュレーディンガー方程式である。「この波動方程式におけるハミルトニアンは系のエネルギーに等しい」ことを著わしている。

グーグルが考える模範的な解答は、オイラーの等式である。数学の五つの重要な数をつなぐものだ。ネイピア数 e、円周率 π、虚数単位 i。そして、もちろん1と0。1と0はIT産業界では非常に重要だ。

$$e^{\pi i} + 1 = 0$$

オイラーの等式は「最も美しい方程式」やそれに類するものにかならず選ばれる。二〇〇四年にフィジックス・ワールド誌が実施した「史上最も偉大な方程式」の読者投票では、オイラーの等式も一位に名を連ねた(四つのマクスウェルの方程式すべてとともに!)。読者の一人はこう述べている。「実数と作用しあってゼロを生む虚数ほど神秘的なものがあるだろうか」[6]

「愛の真髄を見事に表現するシェイクスピアのソネットのごとく、あるいは人間の姿形の奥深くに宿る美を描き出す絵画のごとく、オイラーの等式はまさに存在の深みに迫る」と記したのはスタンフォード大学の数学者キース・デブリンである。[7] 最も有名な見解は、おそらくカール・フリードリヒ・ガウスのものだろう。この公式を見てすぐに理解できない学生は決して一流の数学者にはならないだろうとガウスは言った。

とはいえ、面接でオイラーの等式と答えても、少しも独創性を認めてはもらえないだろう。好きな映画は『市民ケーン』だと言うようなものだ。

ガウス積分にも神秘的な魅力があり、こちらは e と π、そして無限大を結びつけている。ガウス積分を挙げるのが有利な理由が一つある。ガウス自身がこの積分に自信がなかったことだ。

$$\int_{-\infty}^{\infty} e^{-x^2} dx = \sqrt{\pi}$$

また、ガウス積分にはオイラーの等式にないものがある。私たちの暮らしに関連があることだ。e^{-x^2} はガウス関数で、これをグラフで表わすと正規確率分布を示すおなじみのベル型曲線になる。学校成績の相対評価分布の「曲線」であり、また身長や知能指数、株価のランダムウォーク(この的中率はいま一つだが)もこの曲線を描くと言われている。画像処理ソフトのアドビフォトショップでは、ぼかし(ガウス)フィルタにこの関数が使われており、この機能で昔の恋人をぼかしてわからなくすることができる。

この方程式では、積分でベル型曲線の下の部分の面積が求められ、それが円周率の平方根、すなわち約1.77に等しいのがわかる。この式は世の中における偶然の役割を象徴していると見ることができる。私たちが称えるものの多く――美、才能、富――は、遺伝子からたんなる巡り合わせまで、偶然の積み重ねの結果だ。数量を決定する要因が真にランダムで加法性があるとき、その数量は正規分布にしたがう。大半の人は曲線の中央に入る。はずれにいる少数の人は、平均よりもずっと多いかずっと少ないかだ。一八八六年にイギリスの遺伝学者フランシス・ゴールトンはこの分布についてこう述べている。

「誤差法則」で表わされる宇宙の秩序のすばらしい形ほど想像力をかきたてるものはないだろう。もし未開人がこれを理解できたなら、神として崇拝するにちがいない……無秩序な要素を大量に抽出して大きさの順に整列させれば、どれほど不ぞろいに見えていても、規則性という思いもよらない美しい形が初めからそこにあったことがわかる。[8]

美しい方程式を信奉し、熱に浮かされたように礼賛したのは、なんといってもイギリスの物理学者ポール・A・M・ディラックだ。「方程式は実験結果と一致することよりも、美しくあることのほうが重要だ」と書いている。[9] ディラックは変人で知られ、人づきあいも下手だったが、自閉症の傾向があったことがその理由の一部だった。理論物理学者としては、世界は謎であり、美しい方程式こそがその謎を解く鍵だと考えていた。現代科学は（そして多くの面接官も）驚くほどにディラックの世界観を受け入れている。

これに対する愉快な反論は、『ファインマン物理学入門講義』の第二巻でリチャード・ファインマンの意見を読んでもらいたい〔邦訳『ファインマン物理学〈Ⅳ〉電磁波と物性』岩波書店〕。物理学はすべて

たった一つの方程式にまとめられるという驚くべき主張が説かれている。その方程式とは、

$U = 0$

である。

まさに！　これこそ全宇宙を表わすものだ！

ファインマンは、半分は本気だった。たとえば $E = mc^2$ を見てみよう。この方程式は深遠だと言われている。そのいわゆる美しさの所以は、紙にたった数個の記号を書いただけということにある。白地に数個の黒い点だけだ。この簡素さは、大変な努力の末に発見されたいくつもの複雑な概念がもとになっているのだとファインマンは主張する。エネルギーとは何か？　質量とは？　光の速さとは？

これらの概念のどれ一つとして、アル・フワリズミの時代にもレオナルド・ダ・ヴィンチの時代にもなかった。エネルギーと質量の概念がようやくかたちをなしてきたのは、ニュートンの時代だ。「光の速さ」という概念は、十九世紀までは科学の対象ですらなかった。ファインマンが言いたいのは、$E = mc^2$ が省略形だということである。大いに賛美しよう。だが、「簡潔さ」のみに酔ってはいけない。この方程式はそれほど単純ではないのだ。

アインシュタインの方程式が次のように変換できることに注目しよう。

$$E - mc^2 = 0$$

両辺から mc^2 を引いただけである。変換前の両辺は等しかったので、いまも等しい。ここで両辺を二乗する。結果は、

$$(E - mc^2)^2 = 0$$

となる。

この式に変形した目的はまもなく明らかになる。これは究極の美しい方程式をつくるファインマンの手順の一部なのである。もう二つ三つ、等式を混ぜよう。ためしにシュレーディンガーとオイラーの式を使ってみる。オイラーの式はそのまま、シュレーディンガーの式には少し手を加える。

$$e^{\pi i} + 1 = 0$$

$$\hat{H}\Psi - E\Psi = 0$$

次に各式の両辺を二乗し、調整済みのアインシュタインの式を加算する。

$$(E - mc^2)^2 + (\hat{H}\Psi - E\Psi)^2 + (e^{\pi i} + 1)^2 = 0$$

左辺の三項はみなゼロになる（アインシュタインもシュレーディンガーもオイラーもそう言っている）。この三つの構成要素が正しいなら、この方程式も正しい。さらにまた、これが正しい式として成り立つのは、すべての項が0の場合だけである（二乗する目的はそこにある。二乗すれば、どんな項も負にならない。負ではない三項を足して0になるには、全項が0である以外にない）。

ここでやめてはいけない。次々に加えてみようとファインマンは言う。偉大なものも平凡なものも、すべての方程式をこの形に変えられる。そしてこの大方程式の左辺に加えられる。ファインマンは左辺の各項の量をU_Nとした。Nは1からいくつまででもかまわない。それらを合計すると、「超俗量」を表わすUになる。これは物理学の理論大系の枠を超えたあらゆるものの量である。統合された方程式は、超俗量はゼロだと示している。この等式から、物理学のすべてを取り出すことができる。

$U=0$はどんな方程式よりも簡潔だ（「美しい」）。ほかの等式が示すすべてを示しながら、これ以上なく単純な形をしている。方程式というものは、等号があって、その右に何か一つ、左に何か一つある。三文字が必要最小限の文字数であり、$U=0$はその極限の美（でも、やせすぎか？）を放っている。

ファインマンの真意は、「$U=0$」が数式の馬鹿げた寄せ集めであって、宇宙のすべてを可能なかぎり簡潔に示す以外にはなんの意味もなさないということだった！　あなたが思う美しさは本当にこういうものなのか、とファインマンは問いかけたのだ。このことは一考に値する。面接では、ファインマンの$U=0$の話からはじめるのがよいかもしれない。そして、「美」とは何かという考えがまとまってきたところでそれを説明し、どの方程式がそれにあたると思うかを話すとよいだろう。

? あなたはボブがあなたの電話番号を知っているかどうかを確認したいと思っています。ボブに直接たずねることはできません。そこでカードにメッセージを書いて仲介役のイヴからボブにわたしてもらいます。イヴはボブから返事をもらってあなたにわたしてくれます。しかし、あなたはイヴに自分の電話番号を知られたくありません。ボブにどう指示しますか。

ごく簡潔な方法を答えても（一〇六ページ）、それはそれとして、RSA暗号法を用いた解答もたずねられるかもしれない。ボブがコンピューターをもっていて指示にしたがえるなら、それほどややこしくはない。ボブはどの程度の数学の知識とコンピューターのスキルがあるかを面接官に聞いてみてはどうだろう。

RSA暗号法では、各人が公開鍵と秘密鍵という二つの鍵を生成する。公開鍵はeメールアドレスのようなもので、それによって誰でもあなたにメッセージを送ることができる。秘密鍵はeメールのパスワードのようなものだ。eメールを受けとるのに必要で、秘密にしておかなくてはならない。でないと不特定多数の人にメールを読まれてしまう。

ボブは鍵を用意していないので、あなたは秘密のメッセージを送れない。教えてあげなければ、ボブはRSA暗号法がなんのことやらわからないだろう！　だが、あなたはボブに秘密のメッセージを送る必要はない。ボブからあなたにメッセージを、つまりあなたの電話番号を送らせればよいのだ。

要するに、鍵が必要なのはあなたであってボブではない。解答の概略は次のようになる。

やあ、ボブ！　僕たちはこれからRSA暗号法ってものを使うよ。きみは知らないかもしれないけれど、きみが何をしたらいいかはちゃんと説明する。僕の公開鍵は……だ。この番号と僕の電話番号で暗号化した数を生成してほしい。手順は……だ。その数をイヴを経由して僕に送ってくれ。

ここで重要なのは、どんな人でもできるように指示することだ。しかも簡潔に説明しなくてはならない。

現在と同じかたちのRSA暗号法が最初に考案されたのは一九七三年のことだった。発明者は、女王陛下の秘密諜報部に勤務するイギリスの数学者クリフォード・コックスである。コックスの理論は無謀とみなされた。よりにもよってコンピューターを必要としたのだ。スパイがカフスボタンにしのばせた隠しカメラで任務を遂行していた時代に、コンピューターを使わせようとは無理な話だった。コックスのアイデアは一九九七年まで公表されなかった。一方、一九七八年にマサチューセッツ工科大学の三人のコンピューター科学者が、それぞれ独自に同じアイデアを思いついた。そしてこの三人、ロナルド・リベスト、アディ・シャミア、レオナルド・エーデルマンの姓の頭文字を取って、RSA暗号法と名づけられた。

メッセージの受け取り手は、適当な二つの素数、pとqを選ぶ。この素数は大きくなくてはならず、少なくとも受けとる数もしくはメッセージと（桁数にして）同じくらいの大きさが必要だ。一〇桁の電話番号なら、pもqも一〇桁以上の数ということになる。

pとqの選び方としては、大きい素数を掲載したウェブサイトをグーグル検索で探す。テネシー大学マーティン校のクリス・コールドウェルが運営する素数のサイトが便利だ。[1] 一〇桁の素数を二つ、無作為に選んでみよう。

1,500,450,271　と　3,367,900,313

これをpおよびqと呼ぼう。あなたはこの二つの数を掛けて正確な積を求めなくてはならない。これは少々厄介だ。エクセルやグーグル電卓などの家庭向けソフトのほとんどは、有効桁数に限りがあるので利用できない。筆算するのも一つの手だが、もっと簡単な方法としては、ウルフラムアルファ（www.wolframalpha.com）を利用する。こう打ち込むだけでよい。

1500450271*3367900313

これで正確な答えを出してくれる。

5053366937341834823

この積をNと呼ぼう。これがあなたの公開鍵の要素の一つになる。もう一つの要素は、任意に選んだeという数だ。できれば長さがNと等しく、$(p-1)(q-1)$で割り切れない数が望ましい。そう言ってしまうと困惑するかもしれないが、心配はいらない。多くのアプリケーションで、プログラマーはeに3を選ぶ。ほとんどの目的にはこれで充分で、高速暗号化ができる。Nとeが決まれば準備完了だ。この二つの数をバカでもわかるRSA暗号法の手引きと一緒にボブに送るだけでよい。ボブは、次の式を計算しなくてはならない。

$$x^e \bmod N$$

xは電話番号を表わす代数である。eに3を選んだので、左部分はxの三乗ということだ。これは三〇桁の数になるだろう。「mod」はモジュロ除算のことで、xの三乗をNで割ったあまりだけを取るという意味である。このあまりは、0から$N-1$のあいだでなければいけない。したがって、二〇桁の数になるだろう。この二〇桁の数が、ボブからあなたに返ってくる暗号メッセージだ。となると、ボブは三乗の計算と大きい数の割り算ができなくてはならない。指示の重要な部分はこうなるだろう。

ボブ、次の指示に黙って注意深くしたがってほしい。僕の電話番号を普通の一〇桁の数だと思ってくれ。まず、その数を三乗する（その数に同じ数を掛けた積に、もう一度同じ数を掛ける）。正しい答え（三〇桁の数になる）を出さなくてはいけないよ。必要なら筆算すること、そして確め算をすること。次に生涯で最高に長い割り算をやってもらう。さっきの積を5,053,366,937,341,834,823で割るんだ。この計算もまちがえないようにやってほしい。そして商のあまりだけを僕に知らせてくれ。ここが大事だ。答え全部はいらない。あまりだけだよ。

ボブがインターネットにアクセスできるとすれば（まさかできないことはないだろう）、次のように指示してもよい。

ボブ、www.wolframalpha.comにアクセスしてほしい。オレンジ色の枠でかこんだ長細い四角がある。そこに僕の一〇桁の電話番号を打ち込んでくれ。ダッシュも点もカッコもつけず、数字だけだ。電話番号に続けて次のように打ち込む。

^3 mod 5053366937341834823

そして長四角の右にある小さいイコールをクリックする。「結果」という四角に、たぶん二〇桁の数で答えが表示される。その答えを僕に送ってほしい。答えだけでいいよ。

当然イヴはこの指示を読むし、ボブの返事も読むだろう。読んだからといって、どうすることもできない。イヴは二〇桁の数字を手に入れた。それが電話番号を三乗して5,053,366,937,341,834,823で割った商のあまりであることも知っている。この電話番号を復元する有効な方法を思いついた者はいまだ一人もいない。

どうしてイヴを出し抜くことができたのだろうか。それは、あなたが秘密の復号鍵をもっているからである。複合鍵、すなわちdは、$e \bmod (p-1)(q-1)$の逆関数である。それを求める有効なアルゴリズムはある。もちろん、Nを生成するのに用いた二つの素数pとqをあなたが知っていれば（そしてあなたは知っている。あなたがその数を選んだのだから。ね？）。

ボブが送り返してくる暗号化された数のメッセージをYとしよう。するとこうなる。

$$Y^d \bmod N$$

これを求めるには、ウルフラムアルファに打ち込めばよい（Y、d、Nを数に置き換えること）。イヴはNを知っている。あなたがボブにわたしてほしいと頼んだカードに書いてあったからだ。Yも知っている。それがボブからあなたへの返事だったからだ。だが、イヴはdを知らないし、知る手立てもない。イヴの前にアルゴリズムが立ちはだかる。二つの数を掛けるのはやさしい。ふふん、それくらい小学生だって教習っている。だが、大きい数を因数分解するのは難しい。

? 一セント銅貨がエンパイアステートビルと同じ高さに積まれています。これを一つの部屋に収めることはできるでしょうか。

あなたはまんまとひっかかって、この問題は天文学的な数を概算させるのがねらいなのだと思うだろう。しかし、ちょっと待った。問題は一セント銅貨が何枚かと聞いているのではない。一セント銅貨の山を一つの部屋に収めることはできるかと聞いているのだ。面接官はイエスかノーの答えを求めている（もちろん説明つきで）。

ここがヒントだろう。部屋の大きさのことを何も言っていないのもヒントにちがいない。ひと口に部屋といっても、大きさはさまざまだ。銅貨の山を電話ボックスに入れるのは無理でも、ベルサイユ宮殿の鏡の間なら簡単に収まりそうな気がする。

答えは、ざっと言って次のようになる。「エンパイアステートビルはおよそ一〇〇階建てです（正確には一〇二階）。内法《うちのり》で、普通の部屋の少なくとも一〇〇倍の高さがあります。まず、摩天楼の高さに積まれた一セント銅貨を、床から天井までの高さで分けて一〇〇本にします。そうするとこの問題は、床から天井までの高さの銅貨を一〇〇本部屋に収められるか、ということになります。簡単なことです！　縦横一〇列に並べただけのものですから。積み上げた一セント銅貨一〇〇本を並べられれば、その空間は部屋と呼べるでしょう。ニューヨークで一番小さいアパートメントでも、旧式の電話ボックスでも、それだけの空間はあります」

これしきの問題は朝飯前という態度が肝心だ。目ざすべきはただ正解することではなく、涼しい顔で正解するところにある。偉大なアスリートはそれを自然にやってのける。最近は、求職者にも同じことが求められているのだ。

? あなたはウェブサーバーソフトのアパッチをのせたサーバーを一万台もっていて、それを利用して一日で一〇〇万ドルを儲けるつもりです。どのようにしますか。

マイクロソフトの解答▼ この機会に、あなたが温めていて世の中にはまだないビジネスプランを披露して面接官をよろこばせよう。ただし、面接官が熱心に話に耳を傾けたあとでこうたずねてくるのを覚悟しておこう。「けっこうです。しかし、あなたは初日から一〇〇万ドル稼げる自信があるのですか」

注意▼ グーグルはサーバー集約型ビジネスで黒字に転じるまで約五年かかった。ユーチューブは、あなたがこれを読むころ初めて実質利益を上げているかもしれない。比較的確実なビジネスプランは高速の証券取引だろう。抜け目ないトレーダーは平均で数秒間しか保有しない証券の売買で、毎取引日に数百万ドルの利益を上げると言われている。彼らは通常、市場が終了する直前に保有する証券をすべて売却するので、日付が変わるまでに利益を手にする。このような手法に必要なのはソフトウェア（ほかの売買ロボットよりもうまくやって鞘取りできる）と高速ハードウェアだが、さすがに一万台ものサーバーは必要ないだろう。

グーグルの解答▼ サーバーを一台につき最低価格一〇〇ドルで売る。これで一〇〇万ドルは「儲かる」だろう。いや、一〇〇〇万ドルくらい稼げるかもしれない。あなたに大きいビジネスプランがあるなら、これを資金にすればよい。それだけあれば、投資家（すばらしいアイデアも初日から一〇〇万ドル稼げるわけではないのがわかるくらいの頭脳のもち主）に注目されるまでもちこたえられるだろう。

? ハヤアシとノロスケという二匹のウサギがいます。二匹が一〇〇メートル競走をした場合、ハヤアシがゴールするとき、ノロスケはまだ九〇メートル地点にいます（どちらも走る速度は一定）。次にハンデをつけて競争させます。ハヤアシはスタート地点の一〇メートル後方からスタートし（ゴールまで一一〇メートル走る）、ノロスケは最初と同じスタート地点からスタートして一〇〇メートル走ります。勝つのはどちらでしょう？

マイクロソフトのアプローチ▼　ハヤアシの足の速さを x、ノロスケを０・９xとして……。

グーグルのアプローチ▼　ハヤアシが一〇〇メートル走るあいだに、ノロスケは九〇メートル走る。ハンディをつけた競走では、ハヤアシは一〇メートル後方からスタートする。したがってハヤアシは一〇〇メートル走ったとき、九〇メートル地点にいることになる。一方、〇メートル地点からスタートしたノロスケは、その間に九〇メートル走るので、九〇メートル地点にいる。この瞬間に二匹は横一直線に並ぶ。九〇メートル地点で一〇〇メートル地点をゴールラインとする競走のスタートを切ったと考えれば、当然、足の速いウサギが勝利する。それはハヤアシだ。

? 秒針のついたアナログ時計があります。秒針と分針と時針が重なるのは一日に何回ありますか。

これは、時計の長針と短針は一日に何回重なるかというマイクロソフトの面接問題を修正したものだ。旧版があまりにも有名になったので、面接官はこの新版を用いるようになった。

マイクロソフトの解答▼ 最初に、長針と短針がいつ重なるかを考える。長針と短針は夜中の一二時、一時五分、二時一〇分、三時一五分……に重なると誰でも思う。一時間に一回重なるわけだが、ただし一一時から一二時は除く。速く動く分針は一一時に12の上に、遅く動く時針は11の上にあって、正午まで出合わない。だから一一時台には、長針と短針は重ならない。

したがって長針と短針は、一二時間に一一回重なる。針が重なる時間の間隔は等しい（どちらの針も一定の速さで動いているため）。つまり、時針と分針が重なる時間の間隔は、12／11時間、すなわち一時間五分二七と一一分の三秒。長針と短針は一二時間ごとに次の時刻に重なる。

12:00:00
1:05:27 3/11
2:10:54 6/11
3:16:21 9/11
4:21:49 1/11
5:27:14 4/11

6:32:43 7/11

7:38:10 10/11

8:43:38 2/11

9:49:05 5/11

10:54:32 8/11

このうち三つの針が重なる時間がいつかを特定するにはどうすればよいだろう？　問題はアナログ時計についてたずねているが、時間を時、分、秒で表示するデジタル時計を考えてみよう。

12:00:00

分の数字（この場合は00）と秒の数字（00）が等しい場合のみ、分針と秒針は重なる。12：00：00には三つの針がぴったり重なる。一般に、分針と秒針が重なるのは、何分の一秒かのことだろう。たとえば、

12:37:37

このとき、秒針は三七分を三七秒過ぎたところにあり、分針は一二時三七分と三八分のあいだにあ

るだろう。この何分の一秒後かにほんの一瞬秒針と分針が重なる。だが、時針はこれらの針と離れた場所にあるので三つの針は重ならない。
先に挙げた時針と分針が重なる時刻のうち、合格するのは12:00:00だけだ。つまり、三つの針がすべて重なるのは、一日二回、夜の一二時と昼の一二時だけということになる。

グーグルの解答▼ 秒針は短い時間間隔を計るためのもので、時刻を秒単位まで正確に教えるためにあるのではない。通常はあとの二つの針と同期しない。「同期する」とは、三つの針が夜中の一二時と正午きっかりに同時に一二を指すという意味である。ほとんどのアナログ時計は、腕時計、置き時計、掛け時計と種類を問わず、竜頭やつまみをまわして秒針を調節することができない（私は調節できる時計をこれまでに見たことがない）。わざと針をまわして電池切れにし（巻き時計なら巻かずにおき）、秒針が止まったところに分針と時針を合わせ、その時刻になるのを待って電池を交換するか、ねじを巻く。アナログ時計の熱狂的なマニアならそうするかもしれない。だがそうでもしないかぎり、秒針が「本当の」時刻を示すことはない。秒針は正確な時刻から最大六〇秒のランダムな間隔でずれる。ランダムにずれるなら、三つの針はぴったり重ならない確率が圧倒的に高い。

? あなたは無人島でサッカーをしています。コイントスで陣地を決めなくてはなりませんが、島にあるたった一枚のコインはあいにく曲がっていて、重さが偏っています。ゆがんだコインでどうやって公平に陣地決めができるでしょうか。

マイクロソフトの解答▼ コインを何度も何度も投げて表と裏の出る確率を調べる（ここで統計の重要性について述べよう）。表の出る確率が五四・七パーセント（誤差あり）だとわかったら、それをもとに、できるだけ公平になるように補いをつけたコイントスの方法を考える。たとえばこうだ。「一〇〇回コインを投げる。表が五五回以上出たらAチームが、五五回未満ならBチームが陣地を決める」

グーグルの解答▼ コインを二回投げた場合、表表、表裏、裏表、裏裏の四とおりの出方がある。このコインは表か裏のどちらかが出やすいので、表表が出る確率と裏裏が出る確率は同じではないだろう。だがどんな偏りがあろうと、表裏の出る確率と裏表の出る確率は等しい。そこで、表裏と出たときは一方のチームが、裏表のときはもう一方のチームが陣地を決めることにしてからコインを二回投げる。表表か裏裏が出たときは無効にし、最初から二回投げる。表裏か裏表が出るまで繰り返す。

この方法のほうが簡単であるばかりか、公平であるのも明白だ。マイクロソフトの方法では五分五分の確率に近いというだけにすぎない。

第6章

? シアトル中の窓を掃除するとしたら、料金をいくら請求しますか。（フェルミ問題）

まずシアトルの人口を推定する。最近の国勢調査によると、シアトルの人口は五九万四〇〇〇人

（市内）、もしくは三二六万人（シアトルを中心とした都市圏）を数えている。面接では、およそ一〇〇万人としてさしつかえないだろう。

シアトルの住民一人につき、窓は何枚あるだろうか。マンハッタンでは、若者なら一人に一枚窓があればラッキーなほうだろう。シアトルでは話が違う。集合住宅は一戸の面積が広く、多くの人が緑したたる森を見晴らす大きい窓のある家に住んでいる。一戸建て住宅やタウンハウスの多くは二階建てだ。都合よく切りのよい数字にして、住民一人あたり住宅の窓一〇枚と考えてもまちがいではないだろう。

また、オフィス、スターバックス、ノードストローム、空港、コンサートホールなどにも窓がある。こちらはたぶん、一人あたりの窓の総数を大きく増やしはしないだろう。オフィスの小部屋には普通は窓がない。デパートなどの大規模小売店は容積にくらべて表面積が（そして窓の数が）少ない。レストランや空港などの公共施設の窓は、無数の利用客が共有する。

自動車の窓も忘れてはいけない（ただしこれを数に入れるべきかどうか、面接官に聞くとよい）。自動車には少なくとも四つの窓があり、車によってはその二倍ある。もっとも大型SUVを運転するのは大家族だから、一人あたりの窓数はそれほど増えない。

住宅以外の窓として一人あたり一〇枚の追加と考えるのが妥当なところだろう。これでシアトルの住民一人につき二〇枚の窓がある計算になる。人口を一〇〇万人とすれば、約二〇〇〇万枚の窓をきれいにしなければならない。

一枚の窓を拭くのにいくら徴収すればよいだろうか。家の窓なら、窓拭き用洗剤を数滴とペーパータオル数枚を使ってパッパと拭ける。だが、シアトルにはスペースニードルというタワーがあって、そこの展望台レストランの窓は非常に大きく、しかも地上からはるか高いところにある。このような窓を拭くには特別な作業員、特殊な装備、高い賃金、そしてかなりの勇気がいる。

仕事のやり方を心得ている人なら、ごく普通の窓を片面一分くらいで拭けるだろう。「窓一枚」（両面）なら二分だ。一時間で三〇枚の窓が拭ける計算になる。

窓拭き職人は平均して一時間に一〇ドル稼ぐとしよう。そこに掃除用具や保険料として五ドル上乗せする。したがって一時間で三〇枚の窓を清掃して一五ドルを受けとる。窓拭き料は窓一枚あたり五〇セントだ。

五〇セント×窓二〇〇〇万枚で、請求額は一〇〇〇万ドルになる。

この問題はアマゾンとグーグルで出題されている。ジョークというほどのことでもないが、気づかない人のために言っておくと、ウインドウズはよその会社の登録商標だ。

? 男がホテルまで自動車を押して行き、破産しました。何があったのでしょうか。（水平思考パズル）

ボードゲームのモノポリーをしていた。

? スキー場でリフトに乗って山の頂上まで行きます。リフトの椅子の何割とすれ違うでしょうか。

（古典的論理パズル）

全部の椅子とすれ違う（もちろん、自分が乗っている椅子は除く）。リフトは輪になったひもを滑車にかけたような構造になっていて、輪全体に均等な間隔で椅子がぶら下がっている。輪の半分の椅子は下り方向に、もう半分は上り方向に動くから、あなたとすれ違う椅子は滑車の速度の二倍の相対速度で動いている。上りのリフトに乗ったとき、移動距離は輪全体の半分でしかない。だが、相対速度は滑車の速度の二倍なので、あなたは輪の一〇〇パーセントとすれ違い、結果的に自分の椅子を除くすべての椅子とすれ違う。

すぐ前の椅子とどうしてすれ違えるのかと不思議に思うかもしれない。山の頂上に到着する少し前に、目の前の椅子は輪の下山方向に移動する。そして下っていくわけだが、あなたがリフトから降りる直前に、上ってきたあなたの椅子とすれ違うのだ。

?データベースとは何かを八歳の甥に三つの文章で説明してください。（拡散的思考力テスト）

データベースは情報の検索を容易にするものだ（たんなる保存ではない。保存ならもっとやさしい）。ポイントは、八歳の子に通じる独創的なたとえを考えることである。あなたはまず、思いつくままに並べてみるだろう。「データベースとは、たとえば……回転式名詞ホルダー（いまどき五十歳以下で持っている人はいるのか?）……情報の魔法使い（子ども扱いしすぎ?）……アイポッド……

自動録画ビデオデッキ……」。最も適切なたとえを選んで、三つの文で解答をつくればよい。

データベースというのは、情報のためのアイポッドだよ。アイポッドは音楽を何千曲も保存できて、聴きたい曲がすぐ探せるだろ？　データベースも、コンピューターとかインターネット上に保存した情報に対して同じことをしてくれるんだよ。

? 次の数列を見てください。

1

11

21

1211

111221

次の行にはどんな数がきますか。（直感問題）

面接官はこの級数をホワイトボードに書く。数学オタクの血を騒がせるくらいのパターンしかない。

ヒント▼　声に出して読んでみよう。

これは「ルック・アンド・セイ級数」と呼ばれるもので、一九八六年に数学者のジョン・ホートン・コンウェイが名づけた。「見て言って」とはよく言ったもので、一行目を除いて各行が上の行を読み上げた数になっている。たとえば、三行目は「ツー・ワン（1が二個）」と読める。その上の行を見れば、確かに1が二個並んでいる。

あたえられた級数の最後の行は、三個の1、二個の2、そして一個の1だ。したがって次の行はこうなる。

312211

このパズルは、二〇〇四年秋に人材募集広告として大学生に配布された「グーグル研究所適性テスト」という模擬テストに載っていた。普通は人事部に直感問題は出さないようにと忠告されるものだが、それでも出題したがる面接官はいる。念のために言うと、ルック・アンド・セイ級数はおもしろがってその場で終わりのものではない。コンウェイはこの級数に固有の（そこそこ）まじめな性質があることを証明した。[1] エンジニアは画像データの圧縮に用いるランレングス符号化の一種とみなすだろう。『サウスパーク』の録画データを圧縮するとき、カイルの帽子のベタな緑色は一画素ずつ保存されるわけではない。代わりにランタイムの長さを符号化する。簡単に言うと、「このあとの四五二画素は同じ緑」という具合だ。

? 二五頭の馬がいます。足の速い馬を一番から三番まで選ぶには、何回レースをすればよいでしょうか。ストップウォッチはなく、一レースで五頭しか走らせられません。(アルゴリズム問題、もしくは論理パズルとも考えられる)

最初に、「一番速い」馬はどのレースでもかならず勝つと考えてよいかどうかを面接官に確かめよう。競馬場ではそうはいかないものだ。だが、あるレースでAがBに勝ったら、Aは客観的かつ確実にBよりも速いということにすれば、このパズルはぐっと単純になる。一番速い馬がかならずレースに勝つという前提は認められるだろう。

まず、少なくとも五レース必要だと考えるのが普通だろう。どの馬が三番までに入るかわからないのだから、全部の馬を競争させる必要がある。一回のレースで五頭ずつ走るから、二五頭なら五レースより少なくては間に合わない。

なるほど。だが、もう一度考えよう。五レースでも足りない。二五頭の馬を五グループに分けて競わせると、馬はそれぞれ一度だけほかの四頭と競争する。あるレースの結果が次のようだったとしよう。

1. シービスケット
2. ノーザンダンサー
3. ケルソー
4. ウォーアドミラル

5. ダンサーズイメージ

シービスケットが二五頭のなかで一番速いとは言えないし、上位三位にすら入るかどうかわからない。極端なことを言えば、ほかのレースで最下位だった四頭全部がシービスケットよりも速いこともありうるからだ（シービスケットは二五頭中二一位なのもしれない）。

このレースから何かわかるだろうか。もちろんだ。この五頭の順位がわかる。また、ウォーアドミラルとダンサーズイメージをはずせることもわかる。このレースで三位以内に入れなければ、全体で三位までに入れるはずがない。

ほかのレースの四位と五位の馬も同じことだ。五頭ずつのレース一回につき二頭が駿足三頭の候補からはずされる。最初の五レースで一〇頭が競争から脱落するが、上位三頭の候補はまだ一五頭残っている。

第六レースでは、五回の予選で好成績を収めた馬をテストする必要があるだろう。各レースでトップだった五頭の馬を競わせるのが合理的だ。やってみよう。先ほどのレースで勝ったシービスケットをほかのレースの勝者と競争させる。結果は次のようになるかもしれない。

1. イージーゴーアー
2. シービスケット
3. エクスターミネーター

4．レッドラム
5．ファーラップ
今度もレッドラムとファーラップの二頭を除外できる。この結果から見て、この二頭は二五頭中の三位までには入れない。また、イージーゴーアーはトップを集めたなかでトップだったのだから、全体の一位であることがわかる。たんに二五頭中最も速い馬を答えるなら、イージーゴーアーだ。

しかし、聞かれているのは上位三頭の足の速い馬である。レッドラムとファーラップをはずせるだけでなく、予選レースで二頭が負かしたすべての馬を除外できる。レッドラムとファーラップが三位までに食い込めないのはわかっているし、この二頭に負けた馬はもっと遅いからだ。

エクスターミネーターを見てみよう。今回のレースで三位だったのだから、この馬が予選で負かした馬も候補からはずしてよい。

次はシービスケットだ。最新のレース結果にもとづけば、この馬は全体のなかで最高でも二位である。だとすれば、予選レースでシービスケットに次いで二位だったノーザンダンサーが全体の三位である可能性が残されている（その場合、順位はイージーゴーアー、シービスケット、ノーザンダンサーの順になる）。シービスケットとの予選レースで三位だったケルソーは競争から脱落する。

イージーゴーアーとの予選レースで二位と三位だった馬もまだ候補に残っている。この二頭はシービスケットと競争していないので、シービスケットよりも速い可能性は消えていない。

要するに、いまの段階で六頭の馬が候補に残った。今回のレースで上位三頭に入った三頭、今回一位の馬との予選レースで二位と三位だった二頭、今回二位の馬との予選レースで二位につけた一頭だ。イージーゴーアーが全体のなかで一位なのは確定している。だからもう一度走らせる必要はない。これで残りはちょうど五頭になる。当然、この五頭を第七レースで競わせればよい。第七レースが最終レースとなり、ここで二位までに入った馬が全体の二位と三位になる。

復習しよう。まず五頭ずつで予選レースをし、二五頭の馬すべてを競争させる。次に、予選の勝者だけを集めた決勝戦をする。決勝戦の勝者が全体の一位になる。そして、論理的にまだ可能性のある残りの五頭で最終レースをする。このレースで一位と二位になった馬が全体の二位と三位の座に就く。

第7章

? CDのように回転するディスクを思い浮かべてください。白と黒の二種類のペンキがあたえられます。センサーがその下で回転するディスクのはしの色を検知して結果を表示します。センサーの表示だけを見てディスクの回転方向を知るには、ディスクをどのように塗ればよいでしょうか。

まず、ディスクは見て確認できないという点を頭に入れておかなければいけない。あなたはヒューストンにいて、ディスクは火星にある。回転方向はセンサーの遠隔測定データだけにもとづいて判断しなければならない。

センサーはその真下を通過する点の色を次々と伝えてくる。センサーの表示は「黒…黒…黒…白…

白……」のようになるだろう。ということは、回転の向きによって表示が異なるようにすればよい。言い換えると、表示が回文のようになっては困る。

回文とは、前から読んでもうしろから読んでも同じというおもしろい言葉や文のことである。「新聞紙」とか「竹やぶ焼けた」の類だ。新しい回文を考えるのは容易ではない。だが、回文にしないのは丸太から転がり落ちるくらい簡単だから、回文にならない塗り分けパターンを工夫するのは造作ないと思うかもしれない。ところが、厄介な点が二つある。この問題では、あたえられているのは二つの「文字」、すなわち黒と白（それぞれがペンキの色を示す）だけなのだ。そして通常の回文だけでなく、循環する回文も避けなければならない。

たとえば、ディスクを黒と白で半分ずつ塗るのはお勧めできない。この場合、センサーの表示は「黒…黒…黒…白…白…白…黒…黒…黒…白…白…白…」のようになる。これは通常の回文ではなく、循環型の回文だ。先頭と最後をつなげると、時計まわりに読んでも反時計まわりに読んでも同じ結果になる。データが際限なく流れつづけるのを見ているだけでは、半分黒くて半分白いディスクがどちら向きに回転しているのかわかりようがない。

パターンはすべて循環型の回文になるわけではない。色が三色あれば、ディスクを（時計まわりに）黒、白、赤の等しい扇形に塗り分けられる。そうすると、時計まわりの回転で「黒…黒…黒…赤…赤…赤…白…白…白…」に、反時計まわりの回転で「黒…黒…黒…白…白…白…赤…赤…赤…」になる。これなら簡単に区別できる。一つは黒のあとに赤が、もう一つは白のあとに赤がくる（山歩きをする人が毒ヘビと毒のないヘビを見分けるのに、「赤に黄色は人殺し、赤に黒ならジャックの友だ

よい塗り方：
ディスクの1/3を縞模様に塗る

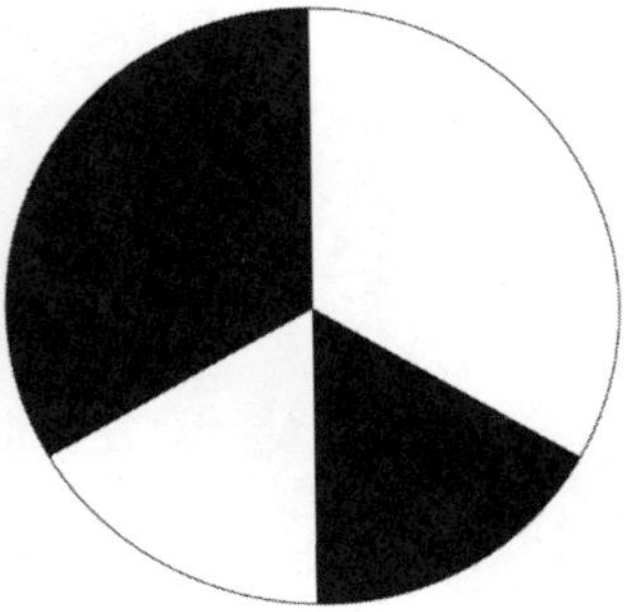

もっとよい塗り方：
面積の異なる2種の扇型
それぞれを白と黒で塗る

ち」と覚えるのに似ている）。

この問題では赤ペンキは使えないが、代わりに縞模様を描くという手がある。ディスクの一部を白と黒で交互に細く塗り分ければよい。縞模様が黒のあとにくるか（時計まわり）、白のあとにくるか（反時計回り）で区別できる。

この答えはまだ改良の余地がある。面接官はディスクの回転速度や、センサーが色の変化を認識して表示できる速度（いわばセンサーの「シャッタースピード」）あるいは「露光遅延」）について何も言っていない。ディスクの回転が速すぎるとセンサーはついていかれずに、真下を高速で通過する縞一本しか感知できず、あとの縞を見逃してしまうかもしれない。これでは縞模様が正しく表示されない。

縞をできるだけ太くするとよいデザインになる。実際には、縞は二本あれば充分だ。縞一本はディスクの1／6の面積で、もちろん交互に違う色にする。

ディスクがこのように塗られていて、センサーが一回転で六回の読みとりができるなら、時計まわりの回転は「黒…黒…白…黒…白…白…」となり、反時計まわりの場合はその逆になる。

この問題には別のバージョンがあって、ディスクがもとから白と黒に半分ずつ塗られている。センサーはいくつでも使える。このときディスクの回転方向を知るには、ディスクの周囲にいくつセンサーをつけたらよいだろうか。

センサー一個でわかるのは黒と白の割合だが、それが半々なのはわかっている。センサーが二個あれば、最初に思いつくのはその二個をディスク上で真反対の位置に、つまり一二時と六時の位置につけるという案だろう。この場合、任意の瞬間に片方のセンサーがどちらの色を表示していようと、もう片方はかならずもう一方の色を示す。これでは二個目のセンサーがなんの役にも立っていない。

そうではなく、二個のセンサーを接近させて、たとえば二時と二時一分の位置につければよい。二個のセンサーはほぼいつも同じ色を見ている。だが、一方が一歩先に色の変化を検知する。データは次のように表示されるだろう。

二時のセンサー：　黒…黒…白…白…白…

二時一分のセンサー：黒…黒…黒…白…白…

この表示から、二時のセンサーは二時一分のセンサーよりも早く黒と白の境界を検知することがわかる。色の境界が時計まわりなら、ディスクも時計まわりだ。二時一分のセンサーのほうが先に変化をとらえたなら、ディスクは反時計まわりに回転している。

？非共線の三つの点から等距離にある直線を平面上に何本引けるでしょうか。

面接官は専門用語であなたを翻弄しようとしている。知っていなくてはいけないのは非共線という言葉だろう。マーカーをとって、ホワイトボードに三つの点を描こう。一直線に並ばないように注意のこと（非共線とはそういう意味だ）。

図のように非共線の三つの点が描けた。

さて問題がたずねているのは、この三点から等距離にある直線を何本引けるかである。等距離とは、「同じ距離だけ離れている」という意味だ。ここにもう一つ、つまずきポイントがある。直線とは、両方向に無限に伸びる線である。だとすると、直線が「ある点から同じ距離だけ離れている」というのはどういうことだろう？　筋の通った唯一の解釈は、ここでは直線と点のあいだの最短距離が問題

にされているということである。夏の別荘がビーチまでどれくらいかを聞くようなものだ。波打ち際から別荘までの最短の直線距離を測ればよい。

図に例を示そう。この直線は三つの点からの最短距離（点線）が等しい。

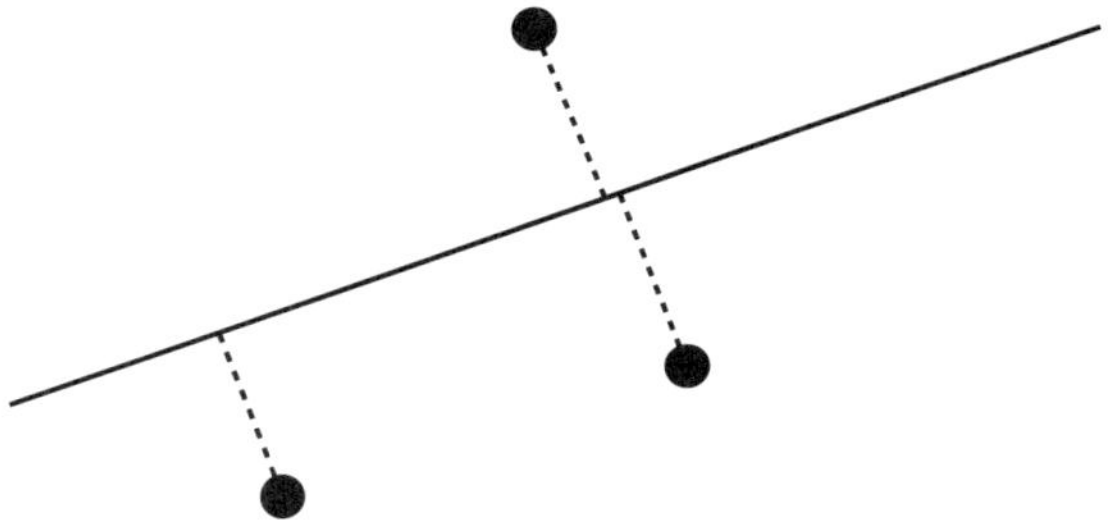

この直線を引くために、私は簡単な図形解析をした（まあ、実際にはあなたがホワイトボードです

るように、図をまじまじと見たにすぎない）。まず、下の二つの点を結ぶ線分を想像しよう。次にそれと平行な線を、一番上の点とのちょうど真ん中に引けばよい。

三つの各点について二点間を結ぶ線分を想像し、いまと同じ手順をあと二回繰り返す。すると図のようになる。等距離の直線は三本引けるというのが、この問題の答えだ。

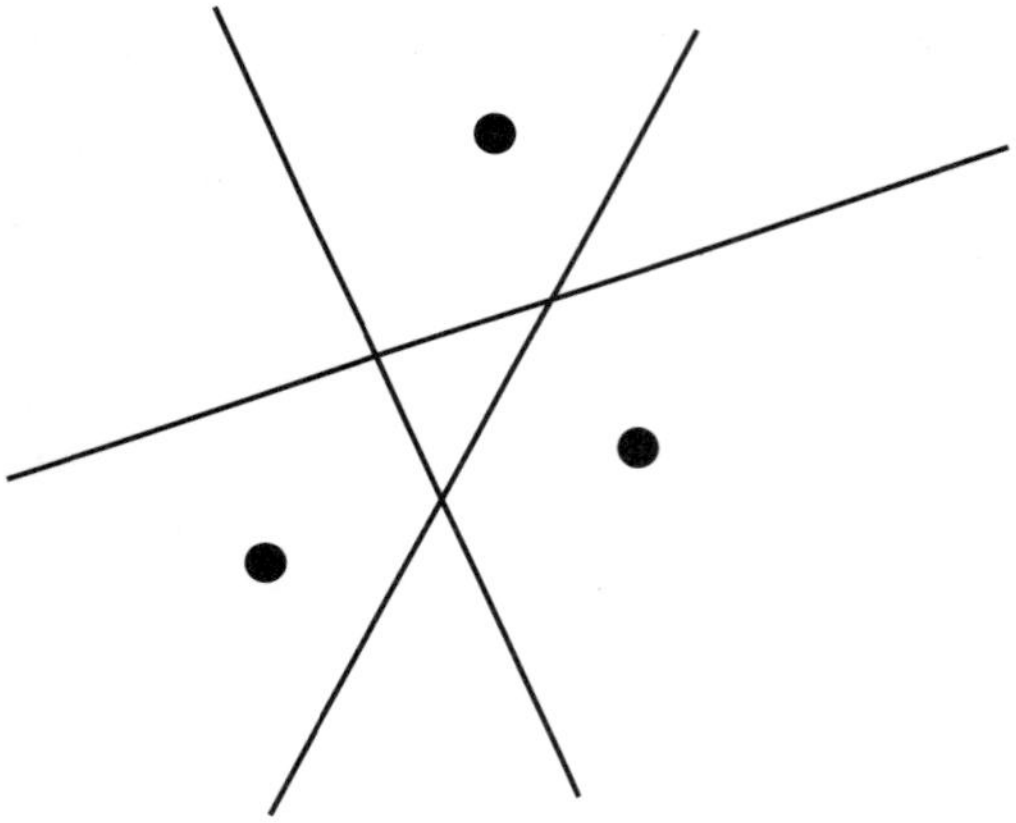

? 次の式が成り立つように、標準の演算記号を書き加えなさい。

3 1 3 6 = 8

左に3と1が並んでいる。あなたが『セサミストリート』で最初に学んだ演算記号は、たぶん+だろう。3+1は4だ。4は8の半分で、ありがたいことに8は目標の数ではないか。右に目をやると3と6がある。3は6の半分だ。割り算記号を二つの数字のあいだに入れれば3／6、つまり1／2になる。1／2で割るのは2を掛けるのと同じというわけで、答えは次のようになる。

$$(3+1)\div(3\div6)=8$$

さほど難しくなかったのでは？

さて、本当のテストはここからだ。この問題の隠れた意図は、あなたがここでやめるか、それともさらに先に進むかを見ることなのである。ときにはヒントをくれる親切な面接官もいるだろう（「それも一つですね……ほかには思いつきませんか」）。だからホワイトボードのあいているところに数字を書き写し、あらためて考えてみよう。ユニークでスマートな解答を（面接官がもういいと言うまで）たくさん思いつくほど、高い評価がもらえるだろう。

たとえばこういうのもある。

$$((3+1)\div3)\times6=8$$

分数アレルギーと言えばよいのか、多くの人がこの式に気がつかない。括弧内が4／3になるのを見るや、そこから整数の8にたどりつくのは無理だとあきらめてしまうのだ。

また、キーボードにある指数演算子（^）を使った独創的な解答もある。

$$(3-1)\wedge(-3+6)=8$$

平方根記号を使うと、さらに可能性が広がる。たとえば、

$$3-1+\sqrt{3\quad6}=8$$

あるいは、

$$\sqrt{3-1}\div(3\div6)=\sqrt{8}$$

お調子づけばまだまだ出てくる。たとえば等号に＞を書き加えて不等号にしてしまおう。

3+1+3+6≥8

あなたはほかによい解答を思いつくだろうか。

?人嫌いの客ばかりが集まるバーがあります。二五脚の椅子が一列に並んでいます。入ってきた客は、かならず先客からできるだけ離れた席にすわります。誰も人の隣にすわろうとしません。客が入ってきて、好みの席がないとわかればそのまま店を出てしまいます。もちろんバーテンダーは、できるだけ多くの客にきてほしいと思っています。バーテンダーが一人目の客にすわる席を指定できるとしたら、どの席にすわらせればよいでしょうか。

最も密集したすわり方は、両端の席に客がすわり、客と空席が交互に並んでいる状態だ。この場合、両端の1番と25番の席を含む奇数番号の席がすべて埋まり、偶数番号の席はすべて空いたままになる。これなら一三人の客がすわれる。

ところが、放っておいてはこうはならない。最初の客が1番の席に腰かけたとしよう。次にやってきたつきあい下手な呑ん兵衛は、1番の席からできるだけ離れた25番の席を選ぶだろう。三番目の客はちょうど真ん中の13番の席に行くしかない。そのあとにきた二人は、あいだをとって7番と19番の

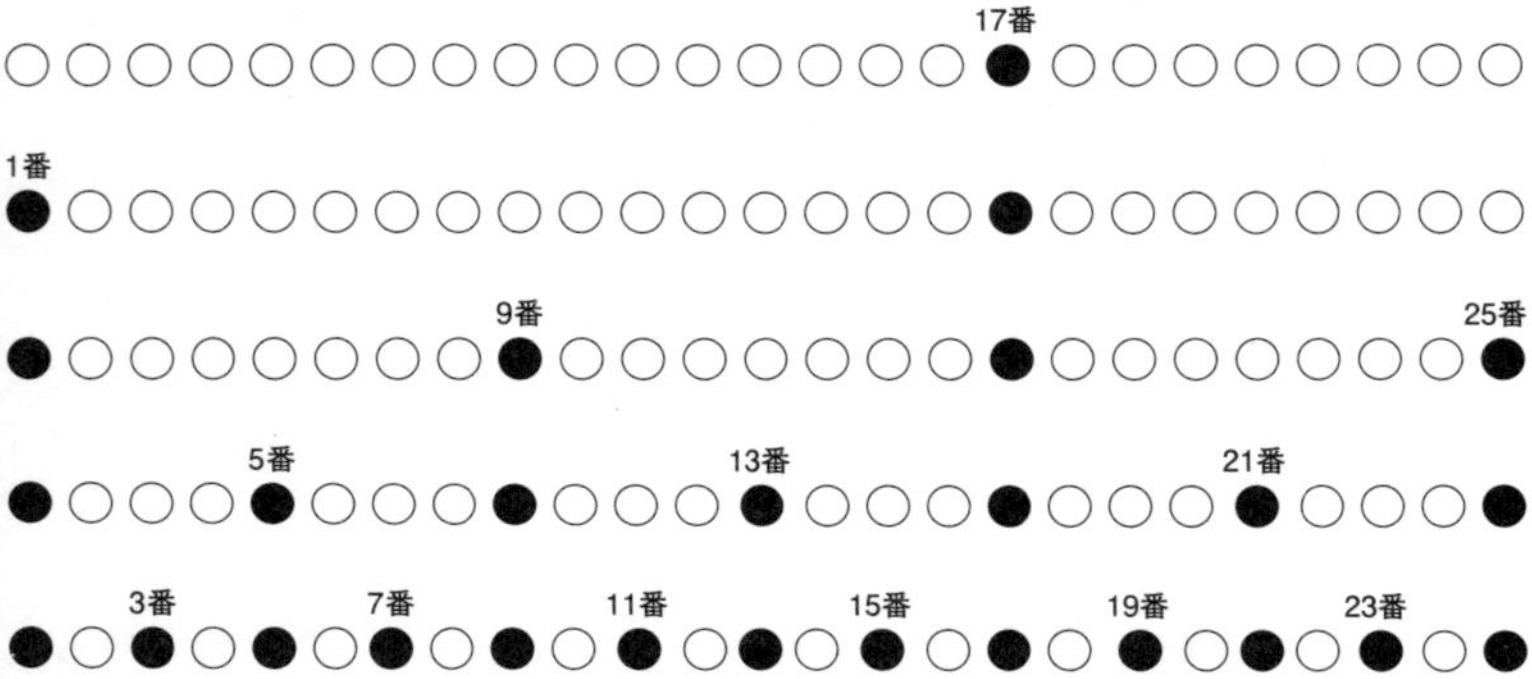

席にすわるだろう。ここまでは順調だ。

そのあとに入ってきた新しい客は、すでにふさがっている1番と7番のあいだにすわろうとするだろう。そこで4番の席を選ぶ。隣の人とのあいだに空席が二つずつはさまるからだ。そしてこの客のまわりにはもう誰もすわらない。あとの席も同じように埋まっていくため、客と客とのあいだに二つずつ空席が残ってしまう。このすわり方は、最も効率が悪い（最多の二三人に対して九人しかすわれない）。

このパズルもそうだが、多くのパズルは逆から考えたほうがうまく解ける。どんなすわり方が理想的かはもうわかっている。どうすればそれが実現できるだろうか。

図のとおり、結晶の成長のように対称性があちこちに見られる。バーをいくつかに分割してみたとき、各部分で同じように席が埋まっていく。番号の若い席に注目してみよう。1番と5番の席に客をすわらせることができれば、3番の席も埋まるはずだ。

5番の席にかならず客をすわらせるにはどうすればよいのか。答え——1番と9番の席に客をすわらせればよい。そうすれば真ん中の5番が1番からも9番からも最も離れた席になるからである。

9番に客をすわらせるにはどうすればよいだろう？　1番と17番に客がすわればよい。では、17番に客をすわらせるには？　1番から33番まで席があるバーなら、両端の席に客をすわらせれば、次の客に17番を選ばせることができる。ところがこのバーはそんなに長くない。だからバーテンダーは最初の客に17番の席を指定しなければならない。それがこのパズルの答えだ。

整理しよう。最初の客が17番にすわる（図の一列目）。二人目はできるだけ遠い1番の席にすわる。三人目は9番か25番を選べる。どちらも隣の客とのあいだに空席が七つある。この店の陰鬱でよそよそしい雰囲気のなかでは、三人目は25番を選ぶだろう。そこなら離れたところに客が一人いるだけで、右には誰もいない。こうして9番は四人目の客の席になる。

次の三人の客は、すでに埋まっている四つの席のあいだをとって、5番、13番、21番の席にすわる。それぞれ隣の客とのあいだに空席が三つ残っている。

そのあとにきた六人の客は、隣に人がいない六つの席、3番、7番、11番、15番、19番、23番にすわる。

バーテンダーが最初の客を9番にすわらせても同じようにうまくいく。その場合は席の埋まり方がこの図とは左右対称になる。

? 立方体を三色のペンキで塗るとしたら、何とおりの塗り方がありますか。

立方体《キューブ》を日産キューブと考えよう。そして日産がウェブサイトで団塊ジュニア市場向けのこの角ばったコンパクトカーにボディカラーの特別注文を受けているとする。購入者は車の六つの面の色を三つのデザイナーカラーのなかから指定できる。六面とはフロント、バック、右、左、ルーフ、そしてなんと底面だ。一面につき三色の選択肢があるので、全部で三×三×三×三×三×三とおりの塗り分けができる。七二九とおりだ。

こんな単純明快な計算ができるのは、キューブの六面が一面ずつ区別できるからである。ハンドルが左側にあるから、左サイドは右サイドと違うものだとわかる。底面はルーフではない。赤いルーフの白いキューブを注文した客は、赤いバックドアの白いキューブが届いたらおかしいと思うだろう。車がさかさまになって、タイヤが空を向いた状態で届いても納得はしない。

面接問題では、もっと抽象的な立方体を扱う。手のひらに収まるくらいの、一辺三センチの積み木のようなものだ。立方体の各面に見分けのつくような特徴はない。したがって、別のものとみなせる塗り分け方は七二九とおりよりもずっと少なくなる。七二九という数字は、一つの面が赤で、残り全部の面が白い状態を六とおりとして数えている。これは一とおりと数えるほうが合理的だ。さもないと、メニューがさかさまだとウェイターに文句をつけるディナー客と同じになってしまう。ひっくり返してご覧ください！

回転させれば同じになる色の配置は、同じものとして数えなければならない。問題はずっと難しくなる。取り組むには扱いやすい大きさに分けて考える必要がある。特別な数学の能力はいらない。ただ粘り強さと整理力が要求される作業だ。天才を見つけるのがこの問題の目的ではない。投げ出してしまうのは誰か、頭が真っ白になってしまうのは誰か、やり遂げるのは誰かを見分けるために出題される。ホワイトボードは二とおりの使い方ができるだろう。一つは塗り方の数をメモするため、もう一つは図を描くためだ。

覚悟はよいだろうか。深呼吸をして、さあはじめよう。三色で立方体を塗るとき、塗り方の数は次のようになる。

・立方体を（三色から選んだうちの）一色で塗る場合の塗り方の数。プラス、
・立方体を（三色から選んだうちの）二色で塗る場合の塗り方の数。プラス、
・三色で立方体を塗る場合の塗り方の数。

一色で立方体を塗る方法は、あきらかに一つしかない。選んだ色ですべての面を塗って終わりだ。色は三色あるから、真っ白、真黒、真っ赤と、三とおりの単色の色使いができる。

さて、次は二色使い。具体的に考えるために、黒と白の二色を選ぼう。職人的空間把握力に乏しくても、二色の塗り方はもらすことなく考えつく。

・一面を黒で塗る。（残りの面は白）
・二面を黒で塗る。二つの面は一辺を共有する隣り合った面とする。

・二面を黒で塗る。二つの面は向かい合う面とする。
・三面を黒で塗る。三つの面は一つの角に集まる面とする。
・三面を黒で塗る。そのうち二つの面は向かい合う面で、残りはほかの二つの面と隣り合う面とする（もし黒い面をはがしたら、三コマのマンガのような長方形ができる）。
・四面を黒で塗る。あとの二つの白い面は隣り合った面とする。
・四面を黒で塗る。あとの二つの白い面は向かい合う面とする。
・五面を黒で塗り、残り一面を白で塗る。

立方体を黒と白で塗る方法は八とおりになる。赤と白、赤と黒で塗る方法も八とおりずつだから、立方体を二色で塗る方法は全部で二四とおりということになる。

本当に難しいのは、立方体を三色で塗る場合だ。たくさんの色見本から選ばなくてよいだけましだが。

さらに細かく分けて考えよう。三色を二面ずつ同じだけ使う場合と、三面と二面と一面に使う場合がある。どの色も少なくとも一面には使わなければいけないので、これ以外の可能性はない。

初めに三色を二面ずつ塗る場合を見てみよう。次のような塗り方が考えられる。

・どの面も向かい合う面が同じ色で塗られている。

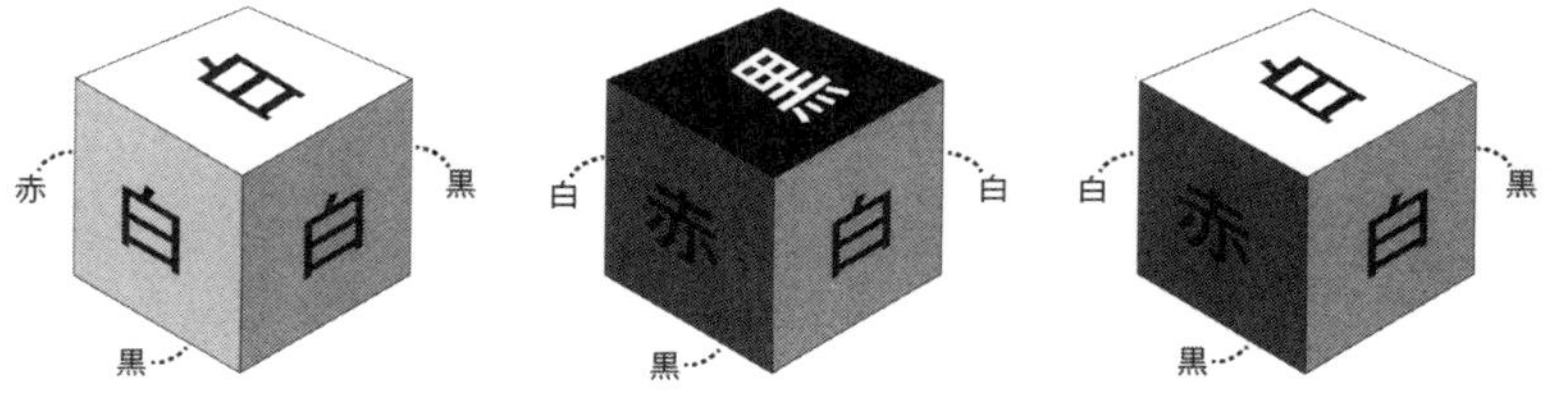

・どの面も同じ色の面と隣り合っている（したがって、どの面も向かい合う面は同じ色ではない）。
・白い面（だけ）が向かい合う面も同じ色で、黒い面と赤い面は二面が隣り合っている。
・黒い面だけが同じ色の面と向かい合っている。
・赤い面だけが同じ色の面と向かい合っている。

これで同色の二面が三組できる方法は五とおりになる。

次に三面、二面、一面で塗り分ける場合を考えよう。これが一番想像しにくいので、絵に描いてみるとよいだろう。まず白い面が三面、黒い面が二面、赤い面が一面あるとしよう。考えられる塗り方は次のとおりである。

・三つの白い面が一つの角で集まっている。あとのどの一面を赤く塗っても立方体を回転させれば同じことなので、この塗り方は一とおりと数えられる（上図の左）。
・二つの白い面が向かい合い、残りの「真ん中の」白い面に赤い面が向かい合っている。黒い面はたがいに向かい合っている（同中央）。

・二つの白い面が向かい合い、赤い面はその三つの白い面と隣り合っている。二つの黒い面は隣り合っている（前頁図の右。赤い面は白い面の右または左のどちらでもよい。立方体を回転させれば同じことになる）。

三面を白、二面を黒、一面を赤で塗る方法は三とおりになる。だが、三面を塗る色は三色から選べるし、そのあと二面を塗る色は残りの二色のどちらかを選べる。残った色が一面になる。したがって、三面 - 二面 - 一面の塗り分け方は、三×二×一で六とおり、それが三色だから、全体では六×三で一八とおりの塗り分け方がある。これを二面ずつ同じ色で塗る場合の五とおりと合算すれば、二三とおりだ。

さあ、まとめよう（うんざりする気持ちはわかるが、本当にこの仕事がほしいなら我慢だ！）

・三色から一色を選んで立方体を塗る塗り方は三とおり。
・三色から二色を選んで立方体を塗る塗り方は二四とおり。
・三色で立方体を塗る塗り方は二三とおり。

合計は五〇、というのがこの問題の答えだ。

昨今の採用面接は鏡の国に迷い込んだかのようだ。十九世紀にルイス・キャロルがこの種のパズルをつくっている。キャロルの問題は、六色のペンキで立方体を塗るには何とおりの方法があるかというものだった。答えは二二二六とおりだ。それにくらべれば、この問題ははるかに簡単だろう。

第8章

? 二五セント硬貨のふちにギザギザは何本あるでしょうか。

二五セント硬貨の直径はおよそ一インチ。外周の長さはそれにπ（3.14159……）を掛ける。三インチとしておこう。計算するのに不明なのは、一インチに入るギザギサの本数である。一〇本以上にはなるが、一〇〇本は入らないだろう。無理のないところで五〇本とし、そこに三を掛けると答えが出る。ギザギザは一五〇本だ。

二五セント硬貨のギザギザの実際の数は一一九本である。ところで、ギザギザはきちんとした言い方をすれば溝という。貴金属の貨幣のふちがけしからぬ輩に削りとられるのを防ぐためにつけられたのがはじまりだ。この問題は、世界四大会計事務所の一つであるデロイトで出題されるのがぴったりかもしれない。

? 世界中で一年間に生産されるシャンプーは何本でしょうか。

豊かな国の人々は一年間に何本ものシャンプーを消費する。途上国の人々の多くは、シャンプーのような贅沢品に縁がない。平均して一年間に一人あたり一本と考えることにしよう（プロクター&ギャンブルの面接問題でなければ、面接官もそれ以上詳しく知りはしないだろう）。世界に暮らす人々の数だけ一年間に生産される。六〇億本が答えだ。

簡単な助言を一つ。ごく普通の消費財の消費量を概算する場合には、よほどでなければ大きくはずれることはない。自分の消費量を考えて、それをもとに調整すればよい。適当に見積もっても何桁も違いはしないだろう。それで充分だ。

?アメリカの一つの州をトイレットペーパーで覆うには何ロール必要でしょうか。

正方形に切ったトイレットペーパーを四×四インチとする。それを縦横三枚ずつ九枚並べると一平方フィートになる。これをまるめて、「約一〇枚」で一平方フィートということにしよう。一ロールは正方形が何枚あるだろうか。三〇〇枚？　だとすると、一ロールの面積は約三〇平方フィートになる。

一マイルが五二八〇フィートなのはわかるだろう。正確に知らなくても、これもおよそで考えればよい。五〇〇〇フィートにしよう。そうすると一平方マイルは五〇〇〇×五〇〇〇で、二五〇〇万平方フィートだ。一平方マイルを覆うのに必要なロール数は、二五〇〇万を三〇で割る。フェルミ問題に答える場合、二五〇〇万は三〇〇〇万と考えてよい。トイレットペーパー一〇〇万ロールで一平方マイルとしよう。

面接を受けている場所がテキサス州だとする。アメリカ本土の四八州は東西の距離が約二五〇〇マイル。テキサス州はおよそ五〇〇×五〇〇マイルと考えれば妥当だろう。もちろんテキサス州は正方形ではないが、ここではそれでかまわない。面積は五〇〇×五〇〇で二五万平方マイルになる。これをトイレットペーパーで覆うには二五万×一〇〇万ロールで、答えは二五〇〇億ロールだ。

? 2^{64}は?

「2^{10}の値は?」というIT企業の並みの足切り問題よりもずっと難しいグーグルの問題だ。エンジニアなら2^{10}の値(1024)くらいは当然知っていなくてはならない。だが、さすがに2^{64}の値を即答しろとまでは要求されない。これもフェルミ問題である。どうやって計算するかが問題であって、答えは正確な値でなくてよい。

さて、2^{10}は約1000。2^{10}に2^{10}を六回掛ければ2^{60}になる。これはおよそで1000の六乗、すなわち10^{18}で、クインティリオンである(アメリカで)[イギリスでは、クインティリオンは10^{30}。10^{18}はトリリオンである。日本語で10^{18}は一〇〇京]。これに2^4を掛ければ2^{64}になる。2^4は2×2×2×2=16。急場しのぎの答えは「約16クインティリオン」だ。

2^{64}は16クインティリオンよりも少し大きい。1024は1000よりも二・四パーセント大きいからである。先の計算でこの近似値を六回使っているから、全体では一二パーセント以上大きい。そこであと2クインティリオンほど足そう。18クインティリオンだ。

応募した仕事が天才的計算能力を要するものでなければ、ここまでで充分である。ちなみに正確な値は、18,446,744,073,709,551,616だ。

? スクールバスにゴルフボールは何個詰められますか。

スクールバスとて、ほかの自動車と同じように道路を走れる大きさでなくてはならない。だからトヨタのピックアップトラック、タンドラよりもずっと大きいなどということはない。バスは通路をはさんだ両側に子供が四人ずつすわれる。バスの内側を幅八フィートとしよう。また、高さは教師が立って話せるくらいある。高さ七フィートとしよう。座席は何列あるだろうか。一二くらいか。それに三フィートくらいずつ間隔をあけなくてはならないから、長さは約三六フィートになる。これでバスの内側の体積は八×七×三六で、おおよそ六〇弱掛ける四〇弱だ。二〇〇〇立方フィートということにする。

ゴルフボールの直径は一インチよりも少し大きいくらいだろう。一〇個並べて一フィートとしよう。ゴルフボール一〇〇〇個でつくる一〇×一〇×一〇の立方格子は、体積にして一立方フィートになる。そこでだいたいの簡単な答えは、二〇〇〇×一〇〇〇で、二〇〇万個だ。

フェルミ問題には球状のスポーツ用品をバスやプール、ジェット機、競技場に詰めるという問題が多いことに気づいたのではないだろうか。このときケプラー予想のことに触れれば、ボーナス点がもらえるだろう。一五〇〇年代末、エリザベス女王の廷臣ウォルター・ローリーは数学者のトマス・ハリオットに、英国海軍の艦船に砲弾を効率よく積む方法を考えてほしいと頼んだ。ハリオットは友人の天文学者ヨハネス・ケプラーにこの問題のことを話した。ケプラーは、球体を積むには砲弾や果物を積むときにどこででもやっている方法が最高密度になるだろうと考えた。まず平面上に球を六方配置で並べる。次にその上に球を重ねるが、このとき第一層の球三個ごとにできるくぼみの上にのせていく。このやり方で大きい箱に球を詰めると、密度は最大で約七四パーセントになる。砲弾もオレンジもこうやって積まれている。ケプラーはこれが球の最密充填だと考えたが、証明するまでにはいたらなかった。

これが以後数百年ものあいだ未解決のままだったケプラー予想である。ケプラー予想は、一九〇〇年にダーフィト・ヒルベルトが発表した有名な二三の未解決問題の一つに挙げられた。この難問に多くの人が挑戦し、その一人にジオデシックドームで有名な建築家のバックミンスター・フラーもいた。だが、彼らの解法はことごとくまちがっていた。一九九八年になって、ようやくトマス・ヘールズがコンピューターを使った複雑な解を発表し、ケプラーが正しいことを証明した。ヘールズの解はほとんどの人に有効だと考えられているが、現在も正式な証明を目ざす努力が続けられている。それにはさらに二〇年かかるだろうとヘールズは述べている。

私は先のゴルフボールの問題を、一辺がゴルフボールの直径に等しいアクリル製の立方体にボールが入っているものとして考えた。このアクリルの立方体を最小単位として積んでいく。ボールは空間の五二パーセントを占めることになる（球の体積を求める公式$4/3\pi r^3$から、正確には$\pi/6$）。想像のアクリル箱をすてれば、ボールをもっと詰めることができる。これは経験的事実だ。物理学者は大きい容器にスチールの球をそそぎ込んで密度を計算する実験をしている。その結果、ランダム充填による密度は五五パーセントから六四パーセントのあいだになる。[1] これは立方格子よりも高い密度だが、ケプラーの予想した最高密度約七四パーセントよりもはるかに低い。しかも大きい幅がある。容器をどのように満たすかで違ってくるのだ。球を砂時計の砂のように少しずつそっと容器に入れていけば、密度は密度幅の低いほうになる。容器を力いっぱい振れば、球は六四パーセントの高い密度になる。

それでどうなるだろうか。ゴルフボールを砲弾と同じパターンでせっせとバスに詰めてくれる人がいたら、立方格子を想定して詰めるよりも四二パーセントも多く詰め込める。しかし、そもそも問題からして無茶だということを脇に置いても、ずいぶんと無茶なやり方ではないか。強く振ったランダム充填の実験結果のほうがまだ現実的だ。そうするにはバスにゴルフボールを流し込んで棒でかきまわせばよい。これで立方格子の密度よりも二〇パーセントほど高い密度になる。だから答えを二〇〇万個の二〇パーセント増にして、二四〇万個としよう。

参考までに、一九九五年の米国通学輸送基準は、スクールバスの最大の大きさを長さ四〇フィート、幅八・五フィートとさだめている。ゴルフボールの正規の規格は直径一・六九〇±〇・〇〇五インチである。

? 雨が降るなかを、駐車場の一番遠いはしに停めた車まで行かなければなりません。できるだけ濡れないようにするには、走るのと走らないのとではどちらがよいでしょうか。傘をもっていたらどうでしょうか。

この問題に答えるためには、二つの対立する考え方を天秤にかける必要がある。走るほうがよいと考える理由はこうだ。雨のなかに長くいるほど、それだけ多くの雨粒を頭に浴びるので余計に濡れてしまう。走れば雨に打たれている時間が短くなるから、その分濡れずにすむ。走らないほうにも理屈がある。水平に移動すると、じっと立っていればあたらずにすむ雨粒にあたってしまう。雨のなかを一分間走った人は、一分間じっと立っていた人よりも濡れるだろう。

もっともらしい言い分だが、ピントはずれだ。車まではどうしても行かなければならない。仮に駐車場を無限の速度で駆け抜けるとしよう。五感も果てしなく研ぎ澄まされているので、駐車中のほかの車に激突することはない。あなたには時間が止まって見える。まるで特殊撮影で撮られた映画のワンシーンのようだ。雨粒は空中に静止している。あなたの頭にも背中にもわき腹にも、一滴も雨がかからずに車にたどり着く。だが、あなたは雨のなかをそこまで行くのに雨のトンネルを掘り進まなくてはならない。着ている服の前面は、雨宿りしていた場所から車までの静止した雨粒を一滴残らず吸いとるだろう。

普通の速度で歩いていっても、この同じ雨粒に、いやむしろ続いて落ちてくる雨粒のなかに飛び込んでいかざるをえない。普通の速度では頭にも雨粒が落ちてくるだろう。ぶつかる雨粒の数は、水平距離と移動にかかる時間で決まる。距離は変えられない。自分で変えられるのは時間だけだ。できるだけ濡れずにいたかったら、できるだけ速く走るしかない。走るほうが濡れずにすむのである。ただし傘をもっているなら別だ。

もし街路の一区画に相当するくらい大きい傘があって、あなたがその傘を手にもってさしていられるなら、ぶらぶら歩こうと走ろうと問題ではない。あなたは焼きたてのトーストのように乾いていられるだろう。

普通の傘は、静かにまっすぐ降る雨でも、濡れるのを防いでくれない。少々濡れるのは覚悟のうえだ。

傘は雨粒が入ってこない領域、いわば雨の陰をつくる役目をする。垂直に降りしきる雨のなかで丸い傘をさせば、雨の陰は円柱形になる。雨が斜めに降っているときは、円柱形がゆがむ。だが、雨に慣れた人なら誰でも知っているとおり、降りかかる雨の方向に傘を向けるのが一番よい。これで雨の陰は傾いたきれいな円柱形に戻る。

立っている人間の体は、傾いた円柱にうまく収まらない。台風が横殴りの雨を降らせているなら、傘を横倒しにして構えなければならず、直径一メートル前後の傘では体の半分程度しか保護してくれないだろう。残りはびしょ濡れになる。

風が強敵なら、動きも強敵だ。傘をうまく操る人は、なるべく体を濡らさないためには自分が動く方向に傘を傾ければよいのを知っている。最適な傘の向きという点では、風と動きに区別はない。無風状態で垂直に降る雨のなかを時速一マイルで走るなら、風速一マイルの風のなかに立っているときと同じ角度に傘を傾けなくてはならない。どちらの場合も、雨粒は下向きに落ちる速度に水平方向の時速一マイルを加えた速度であなたに向かってくる。

雨がまっすぐ落ちてくるときは、ゆっくり歩くのが一番だ。傘を大きく傾ける必要もなく、体は雨の陰にすっぽり収まるだろう。足が雨の陰からはみださない速度で歩けばもっとよい。

だが、現実はもっと面倒だ。いつ突風が吹くかわからないし、足元で雨水がはね、傘から水が滴り落ちる。傘にあたった雨は消えてなくなるわけではない。傘をつたって落ち、雨の陰を取り巻く筒状の雨のカーテンに加わる。この「雨水ゾーン」はほかのどこよりも雨の量が多い。体がこのゾーンにはみ出せば、傘をささない場合よりも速く余計に濡れてしまう。

向かい風が強いときは、ゆっくり歩いても効果がない。下半身が雨の陰からはみ出すくらいまで傘を傾けなければならないだろう。何をしても、体のどこかはずぶ濡れになる。

なんだかんだと言っても、結局は母親の言いつけに勝るものはない。傘があれば歩き、なければ走りなさい。

? ビー玉の入ったガラス瓶があり、なかのビー玉の数はいつでも数えることができます。あなたと友人はゲームをすることにしました。ガラス瓶から交互に一個または二個のビー玉を取り出します。最後のビー玉を取ったほうが勝ちです。どんな作戦でいくのがよいでしょうか。どちらが勝つか前もってわかりますか。

ビー玉の数は順番がまわってくるごとに減っていき、最後は二、三個になる。このとき作戦がはっきり見えてくる。

たとえばガラス瓶にビー玉が一個だけ残ったときに自分の番がきたとしよう。最後のビー玉を取れば勝ちだ。

残ったビー玉が二個でも、二個とも取ればよいのでやはり勝てる。

ビー玉が三個のときは万事休すだ。一個か二個を残さなければならず、相手はあっさり勝ちを決める。

残りが四個か五個ならこっちのものだ。魔の数である三個を残せば、相手にとどめをさせる。

勝負のパターンは明快だ。三で割れる数はすべて負けが決まっている。三、六、九、一二……はアンラッキーな数、それ以外の数（一、二、四、五、七、八…）はラッキーナンバーだ。

このことをゲームで生かすにはどうすればよいだろうか。ゲームをはじめるときにはビー玉はたくさんあるが、数はわかっている。その数を三で割ろう。割り切れたら要注意だ。先手は避けたい。もし相手がコイントスで順番を決めようと言ったら、気前のよいふりをして先を譲ろう。

ビー玉の数がラッキーナンバーで、あなたが先攻なら、必勝法がある。毎回アンラッキーな数が残るようにビー玉を取るのだ。たとえば最初にビー玉が三〇四個（ラッキーナンバー）あったら、一個取ってアンラッキーナンバーの三〇三個を残す。毎回同じようにしていけば、最後に三個のビー玉を残せるだろう。あなたの勝ちは確定だ。

相手がどんな手を使おうと（痫癪を起こしていきなりガラス瓶をひっくり返しでもしないかぎり）影響がないという点で、この作戦は磐石である。相手はアンラッキーナンバーから一個か二個ビー玉を取らなければならないから、あなたの番にはかならずラッキーナンバーがまわってくる。

あなたが一回目に取るときにビー玉の数がアンラッキーナンバーだった場合を考えてみよう。相手に前述の作戦をとられたら運のつきだ。ここは前向きに考えよう。相手はこの作戦を知らないかもしれないし、へまをしでかすかもしれない。相手がいきあたりばったりでプレーするだけなら、数のうち三分の二はラッキーナンバーなのだから、いずれかならずあなたにラッキーナンバーがまわってくる。もし相手が必勝法を知っていても、たった一度でもミスをすれば、あなたは勝たせてもらえる（自分がミスをしないかぎり）。

問題では、どちらが勝つか前もってわかるかとも聞かれている。プレーヤーが二人とも完璧なゲーム理論家なら、わかる。初めのビー玉の数がラッキーナンバーかどうかを確かめよう。もしそうだったら、先攻のプレーヤーが勝つ。そうでなければ後攻の勝ちだ。

現実には人間はつねに完璧な理論家とはいかないから、予想するのは難しい。二人とも正しい作戦を知っていたとしても、最初のビー玉の数が多いほど、それだけミスする可能性も大きくなる。過たずに作戦を進められるプレーヤーのほうが有利だろう。

面接官は変形問題も出してくるかもしれない。最後のビー玉を取ったほうが負けだったらどうか。この場合は、$3N+1$がアンラッキーナンバーになるだけで、あとは同じ作戦が使える。

? 五〇台のトラックがあります。どれもガソリンが満タンで、一〇〇マイル走行できます。どれくらい遠くまで荷物を輸送できるでしょうか。トラックがN台ならどうでしょうか。

この問題は意味をつかみきれない人もいるだろう。これはガソリンスタンドのない、終末後の世界だ。ガソリンはトラックのガソリンタンクに入っている分しか残っていない。トラックとトヨタのプリウスを交換することはできない。トラックは途中のどこで乗り捨ててもかまわない。運転手の心配もいらない。重要なのは、貴重な積荷をトラックで運ぶことだけである。

五〇台のトラックを一〇〇マイル走らせるだけの燃料はある。トラックを一台にすれば五〇×一〇〇マイルで五〇〇〇マイル走れるが、それがこの問題の答えなのだろうか。そうはいかない。ガソリンをタンクからタンクへ瞬間移動させる方法でもないかぎり無理だ。どのトラックもガソリンが満タンであることを思い出そう。タンクに入っている分を使ってしまわなければ、ガソリンは注ぎ足せない。

初めは単純に。トラックは五〇台でなく一台だけだとする。荷物を荷台に積み、運転席に乗り、トラックを走らせる。一〇〇マイル行ったところで止まってしまうだろう。

では、トラックは二台だとしよう。一台に荷物を積み、一〇〇マイル走る。二台目のトラックを使えるだろうか。それは無理だ。一台目のトラックは一〇〇マイル先に行ってしまっている。あとを追っても、追いついたときにはガソリンタンクがからっぽになっているだろう。

一台目のトラックが二台目を牽引すればいいかもしれない。一台目のガソリンがつきたら、ガソリン満タンの二台目に乗り換える。もう一〇〇マイルは走れる。

一台目のトラックはどれくらい走っただろうか。一〇〇マイルではない。一台目は通常の二倍の重さを運んでいるのだ。物理法則にしたがえば、移動できる距離は多くて半分にしかならない。しかもこれは大目の見積もりだ。現実的に考えると、重いものを牽引しているときの自動車は燃費がもっと悪くなる。

別のアプローチがある。二台のトラックを同時に出発させ、並んで走らせる。五〇マイル走ったところで、どちらもガソリンが半分に減っている。二台分を合わせればタンクは満タンになるから、一台のタンクからガソリンを抜いてもう一台のタンクに移そう。これで一台は満タンになる。タンクがからになったほうは乗り捨て、満タンにしたほうでもう一〇〇マイル走れる。総走行距離は一五〇マイルだ。二台目を牽引するのとは違って、この数字は理論上の上限ではない。まったく実際的である。

トラック三台となると、牽引はますますできない相談になるが、ガソリンを移し替えるアイデアは変わらず使える。三台のトラックを一列縦隊縦で出発させよう。一〇〇マイルの1／3、33と1／3マイルのところで停車する。どのトラックもタンクの2／3のガソリンが残っている。一台からガソリンを抜いてあとの二台に移せば、二台とも満タンになる。トラック二台の場合のスタート時とまったく同じ条件になった。トラック二台なら一五〇マイル走れるのはすでに見たとおりだ。ここまでの33と1／3マイルと合わせれば、走行距離は全部で一八三マイル強になる。

パターンが見えてきた。トラック一台は一〇〇マイル走れる。もう一台使えば、走行距離は100 ÷ 2 = 50マイル伸びる。三台目はさらに100／3マイル、四台目は100／4マイル増やせる。*N*台のトラックなら、総走行距離は次のようになる。

100*（1/1 + 1/2 + 1/3 + 1/4 + 1/5… + 1/N）

この式の分数の部分は調和級数という。詳しくは別の問題の解答で説明しよう。調和級数の計算は難しくない。Nが五〇のとき、級数の和は四・四九九…になる。この数字に一〇〇マイルを掛ければ、荷物を四四九・九二マイル運べることがわかる。

Nが大きいほど、級数の和も大きくなる。充分な数のトラックがあれば、好きなだけ遠くまで荷物を運べる。ところが、Nが大きくなるにしたがって走行距離の増え方はゆっくりになり、エネルギー効率は話にならないほど悪くなる。一〇〇〇台目のトラックは、たった1／10マイルしか距離が増えない（それなのにほかのトラックと同じだけCO_2をまき散らし、終末の到来を早める）。一〇〇万台目のトラックにいたっては、距離はたった数インチしか増えないだろう。

以上が面接官の求める解答である。ガソリンを運ぶ方法があれば、そして積荷が重くなりすぎなければ、もっとよい解答がきっとあるだろう（これらの点について面接官にたずねてもよい）。

この問題ではトラックが使われているが、トラックは普通の自動車とは違う。定義から言って、トラックは大きくて重い荷物を運搬するようにできている。ゼネラルモータズでもフォードでも、標準的な平台トラックは車両全備重量が約二トン、積載量もだいたい二トンである。トラックは二トンの荷物を安全に輸送できるように設計されているのだ。もっとも発泡スチロールの緩衝材や綿あめが二トンとなると話は別だが。

トラックの燃料タンクの容量は三〇ガロンだ。一ガロンは四クォートで、一クォートはざっと一リットルに相当する。そして一リットルは水一キログラム分である（フェルミ問題の愛好家は、これらの値をすべて熟知しているにちがいない）。したがって、一ガロンの水は約四キログラムになる。ガソリンの重さは水の〇・七五倍なので、ガソリン一ガロンを三キロとしよう。それを三〇倍すると、トラックのガソリンタンクに入るガソリンの重さは一〇〇キロにもならない。

ここで着目したいのは、トラックの燃料の重さがトラック自体にくらべてはるかに軽いことだ。比率にして、トラックの車両全備重量の200/5000、つまり1／25でしかない。

ガソリンタンクのたった一〇〇キロ分のガソリンがほしいがために、二トントラックを牽引したり走らせたりするのは馬鹿げている。トラックの平台に荷物と一緒にガソリンを積んだほうがずっとよい（ガソリンの容器はどこかから拾ってくるか、さもなければほかのトラックを分解してガソリンタンクを使う）。荷物があまり重くないなら、トラック一台で二五台分の燃料を運べる。

つまりトラック一台あれば、全部で五〇台あるトラックの燃料の半分を輸送できるのだ。そうすれば二五×一〇〇で、二五〇〇マイル走行できる。もちろん、荷物の重量で燃費が悪くなるからそこまでの距離は行かれないだろう。それでも一五〇〇マイルは堅いところだ。ガソリンを移し替える方法だと四五〇マイルのところ、その三倍を超える距離が走れ、しかもトラック一台と運転手一人だけですむ。

？七面のサイコロを五面のサイコロで代用します。五面のサイコロをどのように使えば、1から7までの数を無作為に出せますか。

正八角形のサイコロは、マジックエイトボールという占いゲームで使われる。ダンジョンズ&ドラゴンズというロールプレイングゲームでは、五種類の「プラトンの立体」（四面、六面、八面、一二面、二〇面の正多面体）をサイコロとして使う。きちんとした五面体のサイコロをつくるのはもっと難しい。二面の三角形と三面の長方形でできたおにぎり形の五面体サイコロは、アメリカ合衆国特許第六九二六九七五号を取得している。角が欠けないように面取りしてある。このサイコロが長方形の面を下にして止まったときは、見えている長方形の面のどちらかの上の数字を読む。図の状態では、出た目は3とする。

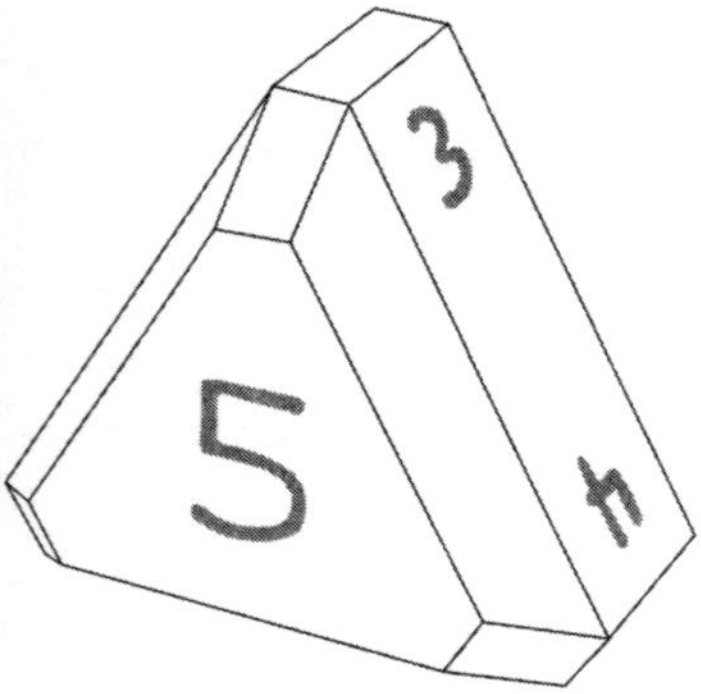

というわけで、疑問に思う人のために言っておくと、五面のサイコロというものは確かにある。この問題は、1から5までの数字を無作為に出す装置があたえられると考えてよい。その装置を使って、1から7までの数字を無作為につくらなくてはならないというわけだ。口うるさい七人の人が、1番から7番までの七枚の宝くじをもっているとしよう。五面のサイコロを使って、あたりくじを一枚選ばなければならない。はずれた人

はきっと文句を言うから、抽選の手順は完全に無作為だったと裁判で証明できるくらいでないといけない。サイコロをどのように使えばよいだろうか。

簡単な方法がいくつか思い浮かぶが、どれも誰かしらにとって不公平になる。五面のサイコロを転がして、出た数を足す方法がそうだ。この方法では、2から10までの数がつくれる。この線でいけそうに思えるが、そうは問屋が卸さない。二個のサイコロの目の合計で勝ち負けを競うクラップスをカジノでやる人ならご存じだろうが、サイコロの目の合計は、同じ確率で出るわけではない。合計の分布の真ん中あたりの数字（たとえば7）が出る確率が高いのである。五面のサイコロも同じことだ。

また、サイコロを二回転がして出た目を足すか掛けるかして、あるいは何か別の方法で大きい数をつくり、それを7で割ってあまりを出すという方法もある。あまりは0から6のあいだになる。0は使えないので、これを7とすると、1から7までの数字を「無作為に」出せる。

「無作為に」と鉤括弧をつけたのは、数学者のジョン・フォン・ノイマンが述べたとおり、「演算で乱数をつくるのは一種の犯罪」だからだ。[1]このやり方が何らかの目的にかなったとしても、得られる結果は真の意味で無作為とは言えないので、グーグルやアマゾンで高い評価を得ることはできない。インターネット上では、無作為と言ったら本当に無作為でなければならない。さもないとハッカーに足をすくわれてしまう。

正真正銘の無作為な結果を出すために、宝くじをもっている七人に五面のサイコロを一回ずつ振ってもらおう。一番大きい目を出した人が勝ちだ。引き分けだったらもう一度（必要なら何度でも）

繰り返す。サイコロを何度も転がさなくてはならないのが欠点といえば欠点だ。引き分けがなくても（引き分けはめずらしくないが）、サイコロを七回振らなくてはならない。

もっとよい答えがある。デジタルで考えてみよう。1から7までの数を二進数で表わすと001から111までとなり、三ビットで表わせる。五面のサイコロで三ビットを無作為につくれるだろうか。もちろん。サイコロを振るごとに、三ビットの数のうち一ビットを決められる。サイコロの目が2か4と出たら、その結果を0とする。1か3なら1とし、5ならもう一度振る。5以外の数が出るまでサイコロを振ればよい。

この作業を三回することで、000から111までの数が一つできる。これを十進数に直せば、その番号があたりくじになる（たとえば101なら5番のくじがあたり）。000になってしまったら、もう一度やり直す。

この方法なら（やり直しがなければ）サイコロを三回転がせばすむ。平均で四回をやや上まわる回数になる。

? 誰もいない部屋があり、その外で何人かの人が待っています。一人を部屋のなかに入れるか、部屋から外に出すのを「一手」とします。すべての組み合わせが一度だけ部屋のなかにいるように人を動かすとしたら、どのように動かしますか。

どう答えたらよいのか、一瞬戸惑ってしまう問題かもしれない。たとえば部屋の外にラリーとサーゲイの二人がいるとしよう。部屋のなかにいる人の組み合わせは、誰もいない場合も含めて次の四とおりになる。

部屋に誰もいない。
部屋にラリーだけがいる。
サーゲイだけ。
ラリーとサーゲイ。

この問題は、部屋に誰もいない状態からはじめて、この組み合わせ全部を一つずつつくっていかれるかどうかということである。部屋に入れるか、部屋から出せるのは一度に一人だけで、ほんの一瞬でも同じ組み合わせが二度以上できてはいけない。この順番ではうまくいかないだろう。「ラリーだけ」から「サーゲイだけ」に一度で移行するのは無理だ。サーゲイを入れる前にラリーを部屋から出すと、「誰もいない」状態が繰り返されるし、ラリーが出る前にサーゲイが飛び込んでしまえば、サーゲイだけになる前に二人とも部屋にいる時間ができてしまう。これを解決するには次のような順番にすればよい。

1. 初めは部屋に誰もいない。
2. ラリーを部屋に入れる。

3. サーゲイを部屋に入れ、ラリーとサーゲイにする。
4. ラリーを部屋から出し、サーゲイだけを残す。

このケースは単純だが、考えなくてはならないのはN人の場合だ。おそらく少ない数ではないだろう。各人が部屋にいるか部屋を出ているかだから、組み合わせの数はNが大きくなるとともに指数関数的に増え、いきあたりばったりの考えではとうてい追いつかない。適切なアルゴリズムが必要だ。

このパズルを解くには二つの一般的な方法がある。少人数から数を増やしていくのが一つだ。二人の場合はすでに解き方がわかっている。三人目にエリックを加えたとしよう。状況はどう変わるだろうか。基本的には二人の場合の手順を二回、一度目はエリックなしで、次はエリックが部屋にいる状態で繰り返す。

まず、前述した手順を開始しよう。

1. 初めは部屋に誰もいない。
2. ラリーを部屋に入れる。
3. サーゲイを部屋に入れ、ラリーとサーゲイにする。
4. ラリーを部屋から出し、サーゲイだけを残す。

ここでエリックを加える。

5. エリックを部屋に入れ、サーゲイと二人にする。

こうしてエリックが加わった状態で、最初の手順を繰り返す。しかし、最初の手順が終わってサーゲイだけが部屋にいるところ（4）からはじめるわけだから、手順を逆向きに繰り返さなければならない。「ラリーとサーゲイ」の手順を巻き戻すわけだ。入室を退室に変え、退室を入室に変える。エリックは最後まで部屋のなかにいる。残りの手順は次のようになる。

6. サーゲイとエリックがいる部屋にラリーを入れる。
7. サーゲイを部屋から出し、ラリーとエリックを残す。
8. ラリーを出し、エリックだけを残す。

これでアルゴリズムのパターンが決定する。四人目を扱うには8番までの手順を踏んでから四人目を加え、巻き戻せばよい。四人の場合は一六手かかる。一人増えるごとに手の数は二倍になる。*n*人なら、2^n回の手が必要になる。

大きく考えると、この問題のテーマはアナログとデジタルの対立だ。人を部屋に入れたり出したりする動作はアナログ的な操作である。人間をある場所から別の場所へ、数字をパタパタと替えるようにまばたき一つで動かせるわけではない。この問題の起こりは情報化時代の幕開けまでさかのぼる。フランク・グレイは、ベル研究所が巨大デジタル業界の牽引役だったころに科学者としてそこに加わっていた。グレイはカラーテレビの基本的原理の多くを開発した。その名は一九四〇年代半ばに考案された二進数の表記法、グレイコードに残されている。

初期のテレビは厳密にはアナログだった。水平方向に走査する電子ビームは、絶えず変化する電圧で生じる磁界によって垂直方向に偏向される。グレイはアナログの電圧をデジタルの数（一連のコード化されたパルス）に変換しようと考えた。当時のエンジニアは、二進数に相当する穴のあいたマスクに電子ビームをあてて通過させるという、いささか古臭い技術を発案した。電子ビームは偏向の度合いに応じてマスクの異なる部分にあたり、異なるパターンで穴を通過する。それによって電子ビームは正確な電圧を二進数で表わすはずだった。しかし気の利いたアイデアの多くがそうであるように、これはうまくいかなかった。電子ビームは乱れる。いたずらな猫を水鉄砲で狙い撃つようなものだ。

本当の問題は、この方式では電子ビームの電圧数が変動するときにデータの読み出しが不安定になることだった。これを改善するために、グレイはある値が一増減するときに一ビットしか変化しない数値符号が必要だった。そのような方式

数	グレイコード
0	000
1	001
2	011
3	010
4	110
5	111
6	101
7	100

は、現在ではグレイコードと呼ばれている。グレイコードは十進法を含めて何進法のものもあるが、最もよく知られているのは二進数グレイコードである。右のように表わす。

グレイコードの一桁の数字は2の累乗を表わすものではなく、またほかの何も表わしていない。たんなる符号だ。グレイコードの111はたまたま5を意味するのであり、それ以上の何かを読みとろうとしても無駄だ。グレイコードが使われる唯一の理由は、数を生成するのにその直前の数をきっかり一ビットだけ変化させればよいからである。5（111）を6にするには、真ん中の桁数を変えるだけでよい（101になる）。

グレイはこのコードを生成する簡単な手続きを考案した。最初は0と1ではじまる。これは普通の0と1にあてられる（ここまでは何の目くらましもない）。続いてこの0、1の並びを反転させて1、0にし、もとの数0、1のあとに続ける。これで0、1、1、0になる。

もとの数の並びとそれを反転させたものを区別するために、コードの左側に数字を一つつける必要がある。もとの数字には0を、反転させたものには1を用いる。こうして00、01、11、10ができる。

これでグレイコードの最初の四つのコードができた。もっと続けようか？ この並びを反転させて、もとの並びにくっつける。00、01、11、10、10、11、01、00になる。それから前半の四つのコードに0を、後半の四つに1を加えると、000、001、011、010、110、111、101、100ができる。

グレイコードで6が101と表わされるのはこういう理由だ。8がグレイコードで1100になるのは、それほど苦労しなくてもわかるだろう。グレイの方式は、その気になればどこまでも簡単に拡張できる。

グレイコードは循環する。あなたが愛車を一〇〇万マイル走らせたと考えてみよう。走行距離計は999999を示したあと、000000に変わる（一〇〇万の位はない）。グレイコードでも、最後の数から最初の数に戻るが、それにはたった一桁の数字を変えるだけでよい。前記の表では、最大の数（100）は一ビット入れ替えるだけで最小の数（000）になる。

この面接問題を解くのにグレイコードが利用できる。この問題を出されたエンジニアはその関連性に気づくことが期待されているわけだ。

人の数をnとし、部屋の状態をn桁の数字で表わそう。各桁が人一人に対応している。その人が部屋にいれば1、外に出ていれば0とする。たとえば次のようになる。

ステュ	アン	エミリー	ボブ	フィル	もう一人のフィル	リーサ	エリック	サーゲイ	ラリー
1	1	0	0	1	0	0	0	0	1

n桁の二進数（2^nとおり）は人の組み合わせを表わしている。全部の組み合わせを一巡する必要がある。普通の二進数の数え方では役に立たないが、グレイコードならうまくいく。0000000000からスタートして、グレイコードを順に数え上げていき、それらを前述の手順に置き換えればよい（たとえば一番小さい桁を0から1に変えれば、それは「ラリーが部屋に入ってくる」という意味になる）。

解答は次のようにはじまる。

0000000000：部屋には誰もいない。
0000000001：ラリーが部屋に入ってくる。
0000000011：サーゲイがラリーと合流する。
0000000010：ラリーが部屋を出る。
0000000110：エリックがサーゲイと合流する。

各段階で数字を一桁だけ変えれば、かならず一人が部屋に入るか、部屋から出ていくことになるのである。

グレイコードは数多くの有名なパズル、とくに「ハノイの塔」や知恵の輪の一種の「チャイニーズリング」を解く鍵になる。アジア生まれだと誤解させるまぎらわしい名のこのパズルになじみがなくても、実物や写真なら見た覚えがあるだろう。ハノイの塔は中心に穴のあいた八枚の円盤と三本の杭を使うもので、初めは円盤が杭の一本に刺さって積み重ねられている。すべての円盤を別の杭に移し替えればでき上がりだが、大きい円盤を小さい円盤の上に載せてはいけないという決まりがある。ハノイの塔はテレビゲーム（『マスエフェクト』『ゾークゼロ』『スター・ウォーズ――旧共和国の騎士たち』など）のミニゲームとしても定番になっている。コンピューターサイエンスを専攻する学生はかならずグレイコードを学び、ハノイの塔を解くためのグレイコードを書く課題が出される（そしてそれを利用してビデオゲームに励む）。

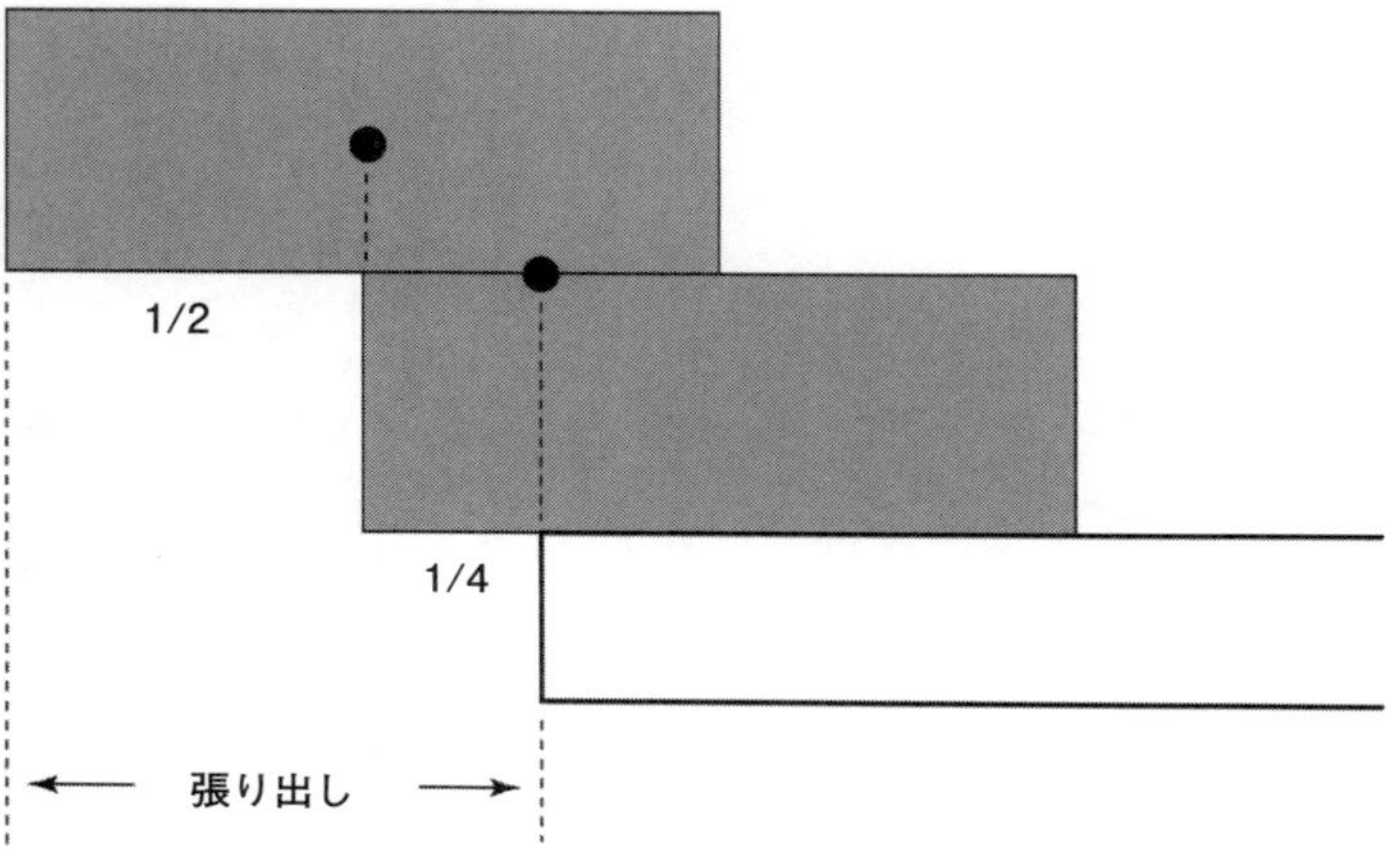

? 煉瓦がいくらでも手に入ります。煉瓦の上に次の煉瓦を張り出すように重ねて積み上げます。最大でどれくらい張り出せるでしょうか。

レンガを一個、テーブルのはしから一インチはみ出させて置いたと思ってほしい。煉瓦は落ちない。さらに一インチ押し出してみる。そしてもう一インチ、また一インチ。煉瓦は長さの半分以上はみ出たところで落ちるだろうと直感が教えてくれる。

一般論として、煉瓦の重心は固いものの上に載っていなくてはならない。このケースに限って言うなら、重心は固いもののはしに少なくともぎりぎりでとどまっていなければならない。均質な煉瓦は両端からの距離が等しいちょうど真ん中に重心がある。だから最大で長さの半分まで張り出させることができるのだ。安全をみるならそれよりも少し控え目にしたほうがよいだろうが、限界は煉瓦の半分である。

煉瓦は無数にあり、いくら積んでもかまわない。煉瓦二個で試してみよう。ほとんどの人がホワイトボードに図を描きたくなるか、描かずにいられないだろう。黒い丸は重心を表わしている。上の黒丸は上に載った煉瓦の重心を示している。上の煉瓦は下の煉瓦が安定しているかぎり落ちる心配がない。重心が（かろうじて）下の煉瓦に載っているからだ。

下の煉瓦はどれくらいテーブルから張り出せるだろうか。重なった二つの煉瓦の重心（下の黒丸）は、テーブルの上かはしに載っていなければならない。もしも外にずれたら、煉瓦は二個とも落ちるだろう。二つの煉瓦を合わせた合成重心は、上の煉瓦の重心から煉瓦の長さの四分の一だけ右にずれた位置にある。したがって煉瓦を二個使った場合は、1/2 + 1/4 = 3/4だから、煉瓦の長さの四分の三まで張り出せる。

応募者は速く答えにたどり着こうとあせる。各煉瓦の張り出しは上の煉瓦の張り出しの半分のように見えるだろう。1/2 + 1/4 + 1/8 + 1/16…は、和が1までの無限級数になるから、煉瓦一個分の長さが張り出せると答える者もいる。確かに上の煉瓦の張り出しの半分の長さを張り出させて順に煉瓦を積んでも、安定させることはできる。だが、それは最適な設計ではない。この答えでは面接官の受けはあまりよくないだろう。

正しい考え方のヒントになるたとえを挙げよう。頭のよい生徒が転校してきたとする。その生徒がきたことでクラスの平均点はどれくらい上がるだろうか。クラスの生徒数が多いほど、頭のよい生徒の効果は小さくなる。クラスの人数をnとすると、平均点引き上げ効果は1／nに比例する。また、転校生がほかの生徒よりもどれくらい頭がよいかによっても違ってくる。その生徒の成績がクラス全体と同じだったら、クラスの平均点はまったく変わらない。頭のよい生徒の効果は、その生徒の成績とクラスの平均点との差に比例するのだ。

同じことが煉瓦にもあてはまる。重心は（文字どおり）加重平均である。n番目の煉瓦を見てみよう。積んだ煉瓦全体を——慎重に——持ち上げて、その重心が新しい煉瓦のはしの真上にくるように置く。新しい煉瓦はテーブルからどれくらい張り出せるだろうか。

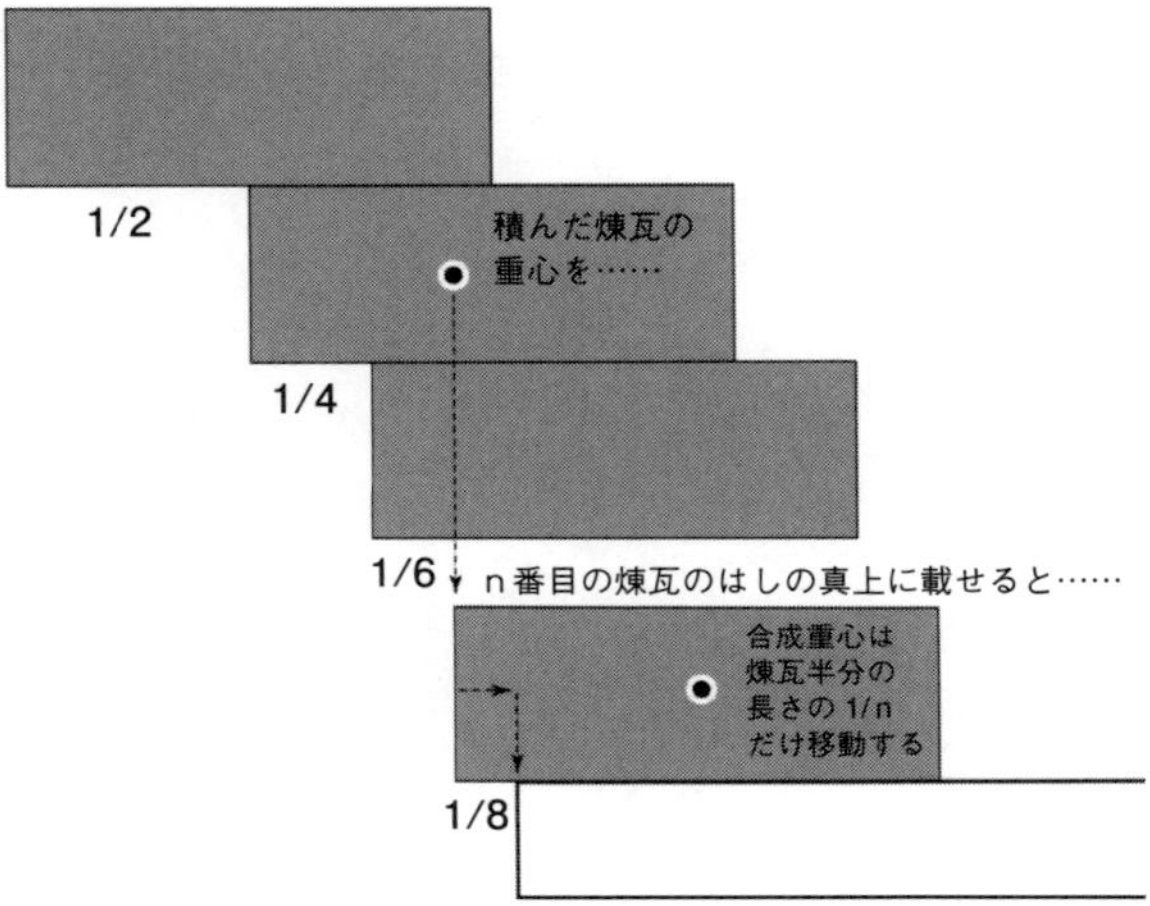

この問いに答えるには、積んだ煉瓦の重心（新しい煉瓦を含む）の位置を計算し直さなければならない。新しい煉瓦の重心は、もちろんその煉瓦の真ん中にある。左のはしから煉瓦の長さの半分だけ右に寄ったところだ。そして左のはしには、その上のすべての煉瓦の重心が載っている。新しい煉瓦の質量は、合成重心を「引っ張って」右に移動させる。その効果は、煉瓦の数、そして積まれた煉瓦の重心と新しい煉瓦の重心との距離によって異なる。前述のような積み方をした場合、その距離はつねに煉瓦の長さの半分になる。n個の煉瓦を使う場合、新しい煉瓦は積まれた煉瓦全体の1／nの重さがある。つまりn番目の煉瓦が積まれた煉

瓦の重心を移動させる距離は、1／n×煉瓦の長さの1／2で求められる。
したがって、煉瓦の張り出しは、次のような級数になる。

1/2 + 1/4 + 1/6 + 1/8 + 1/10 + 1/12 + …

この式を二倍すれば、次のような覚えやすい級数になる。

1/1 + 1/2 + 1/3 + 1/4 + 1/5 + 1/6 + 1/7 + …

これは数学や音楽理論では有名な級数だ。これが調和級数と呼ばれるのは、振動弦の倍音が基本音の1／1、1／2、1／3、1／4、1／5……の波長をもつからである。

調和級数は、音楽ではとろけるような豊かな音色と結びついている。数学ではいくらか評判が悪い。各項が次第に小さくなっていくことから、調和級数はその和がきれいな数に収束すると思われがちだ(1/2 + 1/4 + 1/8 + 1/16…が1に収束するように)。ところが、その和は無限大になるのである。

これを煉瓦にあてはめると、パラドックスが生じる。積んだ煉瓦の最大の張り出しは調和級数の和の半分に等しく、無限大の半分は無限大なのだ。(理論的には)いくらでも好きなだけ煉瓦を張り出せることになる。高々と積まれた煉瓦は、ゴールデンゲート・ブリッジに匹敵する全長になる!

手ごわい面接担当者なら、この級数が無限大であることを証明するよう求めるかもしれない。それには簡単な方法がある。考えついたのは中世の天才の一人、ニコル・オレームである。調和級数の各項を、一、二、四、八……個ずつ括弧に入れる。

(1/2) + (1/3 + 1/4) + (1/5 + 1/6 + 1/7 + 1/8) + (1/9 + 1/10 + 1/11 + 1/12 + 1/13 + 1/14 + 1/15 + 1/16) + …

続いて次の級数を書く。

(1/2) + (1/4 + 1/4) + (1/8 + 1/8 + 1/8 + 1/8) + (1/16 + 1/16 + 1/16 + 1/16 + 1/16 + 1/16 + 1/16 + 1/16) + …

二つの級数を比較しよう。すべての項は少なくとも等しいか、調和級数のほうが大きいので、調和級数の和はあきらかに二番目の級数の和より大きい。二番目の級数の和はいくつになるだろうか。括弧内の分数の和は二分の一である。この級数は二分の一の無限の連なりに等しい。つまり無限大であり、調和級数の対応する各項はさらに大きいから、調和級数もまた無限大なのである。

けっこう。だが、煉瓦は無限に張り出せると言っておしまいにしては、理論的には正しくてもまったく役に立たない答えだとして面接官に渋い顔をされてしまうかもしれない。ここは理論と実践を結びつける能力を示して、面接官を感心させたいところだ。たとえばギネスブックの編集委員が「無限大の張り出し」というあなたの答えを聞きつけて、実際にそうなるところをビデオに収めたがったとしよう。現実には煉瓦の張り出しはどこまで大きくできるだろうか。

こうなるとこれまでとはまったく違った話になるが、さいわい調和級数がほんのわずかずつしか増加しないことから容易に推測できる。すでに見たとおり、四個の煉瓦で煉瓦一個分の長さの張り出しができる。五個ではそれよりわずかに長くなり、一番上の煉瓦が完全にテーブルのはしからはみ出る。ここまではほんの余興だ（手近に煉瓦がなければ、ドミノや本やCDケースでどうぞ）。

一〇個の煉瓦でできる最大の張り出しは、煉瓦の長さの一・四六倍強である。一〇〇個では約二・五九倍、一〇〇〇個では三・四五倍だ。振動、風、煉瓦のゆがみなどを考えると、一〇〇〇個の煉瓦をモルタルで固定せずに柱のようにまっすぐ積み重ねるだけでもかなり難しいのに、まして煉瓦をずらして張り出させるなど、とうてい無理だろう。結論──煉瓦二個分までなら張り出せる。三個分となると、一か八かの危険な賭けだ。

この面接問題は、たぶんあなたが思う以上に現実の煉瓦積みと関連している。持送りアーチと呼ばれる構造は、両側から少しずつ迫り出すようにして積んだ煉瓦が中央でつながってアーチをつくっている。マヤ文明では紀元前九〇〇年の昔から持送りアーチが建設されていた。[2] ただし、持送りアーチにはくずれやすいという欠点がある。要石を使ういわゆるローマアーチは古代メソポタミアで発達し、しだいに世界中で持送りアーチに取って代わるようになった。

煉瓦積みのパズルは、一八五〇年にJ・B・フィアが著した工学の教科書『基礎力学』で紹介されている。[3] 一九五八年には物理学者のジョージ・ガモフが『数は魔術師』でこの問題を扱い、のちにマーティン・ガードナーも取り上げた。煉瓦積みはさまざまなバージョンがあり（水平方向に二個以上の煉瓦を使うもっと複雑な積み方を含む）、それに触発されて数々の数学の論文が執筆されている。あの問題は、五〇個の煉瓦でどれだけ張り出しが先の五〇台のトラック問題とも密接な関連がある。つくれるかと問うのと同じことなのである。

? あなたはA地点からB地点に行かなくてはなりませんが、たどり着けるかどうかわかりません。どうしますか。

経営学修士の解答▼ 「携帯を出してグーグルマップでA地点とB地点を検索します。B地点がグーグルマップに載っていなかったら、タクシーで行って領収書を経理にまわします。次の問題は？」

コンピュータサイエンス博士号取得者の解答▼ 「ああ、わかりました。ネットワーク検索の問題ですね……」

ソフトウェアエンジニアがこの問題を出されたら、検索アルゴリズムの特長を比較することが求められている。検索アルゴリズムはコンピューターのメモリやインターネットを検索するために開発されたものだが、ショッピングセンターや巨大迷路のなかを歩きまわるとき、あるいはイタリアののどかなウンブリア地方を旅するときの道案内としても役立つ。私なら、結局はコンピューター科学者の答えとあまり違わない常識的な解答をするだろう。

この問題を言い換えると、あなたはA地点にいて、B地点を探したいのだが、そのためのアプリケーションはない。A地点からの道路や小道からはずれてはいけない。もしB地点にたどり着けたら、そのとき初めてそこがB地点だとわかる。ただし行き着ける保証はない。B地点は道路網からはずれていて、たどり着けないかもしれない。

最初にいくつか重要なことを面接官に質問しよう。

1. 誰かに道をたずねてもよいか。GPSは使えるのか。B地点の方角やそこまでの距離を推測する方法はあるのか。
2. B地点がA地点からたどり着けない場所だった場合、永遠に探しまわる前にそれを知る方法はあるのか。
3. B地点をできるだけ早く見つけるのと、A地点からB地点への最短ルートをできるだけ早く見つけるのでは、どちらを重視したらよいのか。

人に道をたずねるなどという手を思いつく応募者は面接官に気に入られるだろうが、確実に道を教えてくれる人も物もあてにしてはいけないと言われるだろう。第二の質問は重要だ。エンジニアなら底なしの穴に時間と労力を果てしなくつぎ込むのはお断わりだと考えなくてはいけない。地球上をぐるぐると探しまわった挙句に、ここ（A地点）からそこ（B地点）へは行かれないという落ちがつくのはなんとしても避けたい。

最後の質問は少々迷うところだろう。たとえば、泣きわめく子供を二人連れてトウモロコシ畑の迷路のA地点で迷ったと考えてみよう。あなたは出口、すなわちB地点を見つけたい。頭はこの忌々しい迷路から出ることでいっぱいだ。

あなたはB地点が少しでも早く見つかる探索方法を知りたいと思う。それなのに角を曲がれば行き止まりの繰り返しで、選んだルートがかならずA地点からB地点までの最短ルートになるとはかぎらない。だが、この場合はそれでもかまわない。

一方、家（A地点）から職場（B地点）まで、公共交通機関を利用して通勤するとしよう。あなたはこれからずっと、出勤日にその通勤ルートを使うだろう。この場合はただB地点を探せばよいのではなく、AからBへの最短ルートを探したい。

どんな探索方法も試行錯誤をせずにはすまない。また、普通は知識や直感も活用される。地図、直感、生活の知恵、野性の勘、そして「B地点まで17マイル」の標識などをもとに、こうすればB地点へ行かれるはずだとあなたは判断するだろう。目的地までのルートを探すには、情報という情報を（あてにならない情報もあることを考慮しつつ）総動員する。最初はB地点への最短ルートである可能性が最も高いと思われる道を探ってみるだろう。引き返して別のルートを試してみなくてはならなくなる場合に備えて、たどった道を地図にしておこう。

ここまではあたりまえだ。面接官を唸らせるには、もっと思いがけないことを言わなくては。こう考えてみてはどうだろう。目的地を探すにあたっての根本的かつ奥の深い疑問は「どこで引き返すべきか」である。

途中で道に迷ってしまったと思うときがくるかもしれない。あなたはA地点からB地点までの最短ルートからどんどん離れていると感じたのだ。迷う前にいた場所まで引き返そうか。それともいまの（迷っている）場所からBまでの最短ルートを探すべきか。

これと同じことをこの前の旅行で連れと言い争ったという人もきっといるにちがいない。よくあるジョークが正しければ、男は引き返したり人に道を聞いたりするのが大嫌いだ。道に迷ったアシュレーとベンに通りすがりの親切な人が、B地点はこの道を少し行ったところだから「すぐに見つかりますよ」と教えてくれたとしよう。二人は車を走らせつつ、角を曲がるたびにB地点が見えるだろうと期待するが、そんなことをしながらもう三〇分も経ってしまった。B地点はまだ見えてこない。「この道じゃないのよ。道を聞く前の場所まで戻りましょう」とアシュレーは言う。「引き返してもしかたないだろう」とベンは言い返す。「ずいぶんきたし、さっきよりもB地点に近づいているはずだ。この先にきっと標識があるよ」

ベンの考え方はコンピューター科学者のいう最良優先探索アルゴリズムに似ている。分かれ道にぶつかるたびに、現在の知識にもとづいてB地点への最短経路と考えられる道を選ぶ。さいわいにして知識が一〇〇パーセント正しければ、ベンはB地点への最短ルートを進めるだろう。

アシュレーのやり方は、一九六八年にコンピューター科学者のピーター・ハートとニルス・ニルソンとバートラム・ラファエルが発表したA＊（エースター）アルゴリズムに近い。これにしたがうと、（大雑把に言って）AからBへの最短経路にできるだけ近いところを探す。ベンのやり方とどう違うのか、ピンとこないかもしれない。探索者のもつ情報が正確なら、二人のやり方に違いはない。違うのは最短ルートからはずれたときだ。そのときどうするのがよいかを決めるのに、ベンは一つの値しか見ない。現在地からB地点までの距離の推測値である。ベンはつねにBの方向へ進もうとする。アシュレーは二つの値、すなわち現在地からB地点までの推定距離と、A地点から現在地までのすでにわかっている道に注目する。アシュレーが目ざすのは両方の値を、より正確には二つの和を最小化することだ。アシュレーはAからBへの最短ルート上にありそうな地点を探索しようとする。

ベンとアシュレーのどちらが正しいのだろうか。アシュレーの探索方法は、曲がり角をまちがったときに効果を発揮する。図を見ればどういうことかわかるだろう。A地点から出発した探索者は分かれ道にぶつかり、右か左のどちらかの道を選ばなければならない。ベンが左に進んだとすると――まちがった！――長い道のりを苦労して進むことになるだろう。とんだ遠まわりにはなるが、いつかはB地点に近づく。

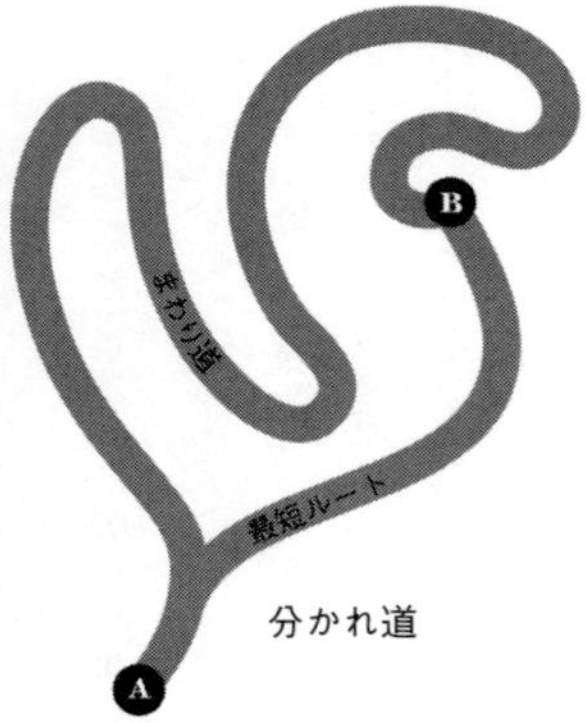

アシュレーが角を曲がりまちがえたとしたら、A地点からずいぶんきたのにB地点はまだ遠いことにそのうち気づくだろう。AからBへの最短ルート上にはいそうにないとわかる。そこでアシュレーは分かれ道まで引き返し、もう一本の道を行く。そしてベンよりも早くB地点を見つけるだろう。普通、道路には一つだけではなく多数の分かれ道があり、行く先々で何度も道を選ばなければならない。ここにも痛し痒しの選択がある。引き返してばかりも困るが、ほどほどの頻度なら引き返すほうが、前進するばかりよりも探索方法としてすぐれている。

問題はA地点からB地点にたどり着けるかどうかわからないと言っているので、A＊アルゴリズムはいよいよ有利だ。もしBにたどり着く方法がなかったら、ベンは幻を追いながら永遠にさまようことになるだろう。アシュレーはA地点からの距離を最小にしながらAの周辺を計画的に調査する。そして調べた地域の地図をつくり、それを判断材料としてAからBへは行かれないと結論できる。こうすれば徒労をそこまでで終わらせられる。

A＊アルゴリズムは、最短経路を探すのが目的のときにとくに有効だ。だからこそ地図アプリに採用され、テレビゲームでも主人公を仮想世界で動きまわらせるのに利用されているのだ。A＊方式の探索方法は、心理的にもまちがいなく利点がある。人間にミスはつきもので、私たちはそれが正しいのだと絶えず自分に言い聞かせながら選択する。そしてまちがった道、まちがったビジネスプラン、まちがった恋人、まちがったアイデアについつい時間と労力をそそぎ込んでしまう——次の角を曲がったらきっとうまくいくと自分を安心させながら。A＊探索アルゴリズムを使えば、見返りのない企てから思い切りよく手を引き、新しくやり直すことができる。多くのことにあてはまる考え方だ。成功の秘訣は簡単にあきらめないことだが、引き際を見極めるのも大切なのである。

結論——A地点からB地点へ行く最善の方法は、B地点を見つけることだけを考えず、現状で最短ルートだと思う道からはずれないこと（A＊探索アルゴリズム）である。

? 星のなかで最も距離の近い二つを見つけるにはどうすればよいでしょうか。

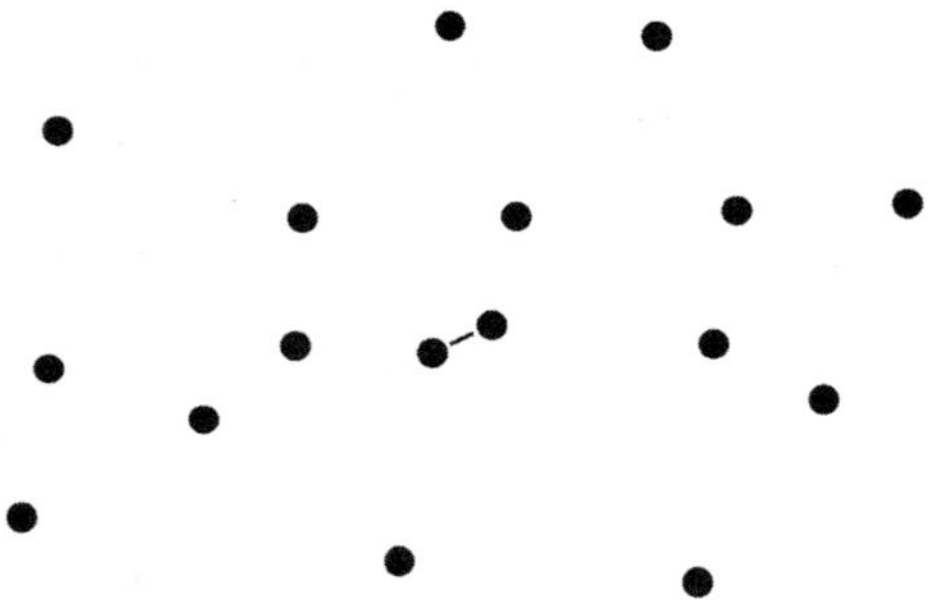

これはコンピューター科学者にはよく知られた「最近点対」問題である。人間の目は最も近い二つの星（あるいは平面上の二つの点）をひと目で見つけることができる。目の前の顔が男か女かを見分けたり、キャプチャ認証で意味のないゆがんだ文字を識別できたりするのと同じだ。こういうことはコンピューターにはうまくできない。最近点対問題を解くためのアルゴリズムは一九七〇年代にさかんに研究され、現在ではデジタル技術に欠かせない要素になっている。スマートフォンにさえ、地図からゲームやカメラまで、さまざまな目的でこのアルゴリズムを利用したアプリケーションが搭載されている。私たちの気の利いた道具に「見る」能力が備わるようになったのには、このアルゴ

リズムがひと役買っている。

面接官はコンピューター技術者に、本当のところはこうたずねているのだ。「あなたはアルゴリズムの授業でまじめに勉強しましたか」。もっと厳密に言えば、平面上に無作為に描かれた多数の点の座標があたえられたとき、視覚野をもたないコンピューターはどうすれば純粋な計算だけで最も近い点の対を見つけられるか、ということである。

頭を使わない方法は、全部の星と星の距離を計算することだ。星の数をNとすると、Nが大きければ計算は膨大になる。

実際には星の対をすべて調べる必要はなく、「ほどほどに近い」ものだけでよい。残念ながらコンピューターはバカなので、計算しないとどの対が「ほどほどに近い」のかわからない。

最もすぐれた最近点対アルゴリズムは次のようなものである。頭のなかで空を二分割してみると、N／２個の星がちりばめられた右半分と左半分の空ができる。さらに四分の一、八分の一、一六分の一、三二分の一…と分割していく。そのときかならず垂直に（天の北から南に）分割する。

都市近郊に住む人が、光害と靄でかすんだ空に見る星は一〇〇〇個ほどだろう。したがって、肉眼で見える星が二個くらいずつ入るように空を細長く切るには、一〇回程度分割する（2^{10}は１０２４）。

三四七ページの図を見れば基本的な考え方がわかる。細長い空の一片に含まれる対の星の距離を計算してみよう。これならすべての星と星の距離を計算するよりも、はるかに簡単だ。

楽勝だと思ったあなたは考えが甘い。最も近い星の対がある区画を見つけておしまいだとは、とんでもない！　次頁の図を見てほしい。分割された空の区画は細長いので、いくらそのなかで最も近く

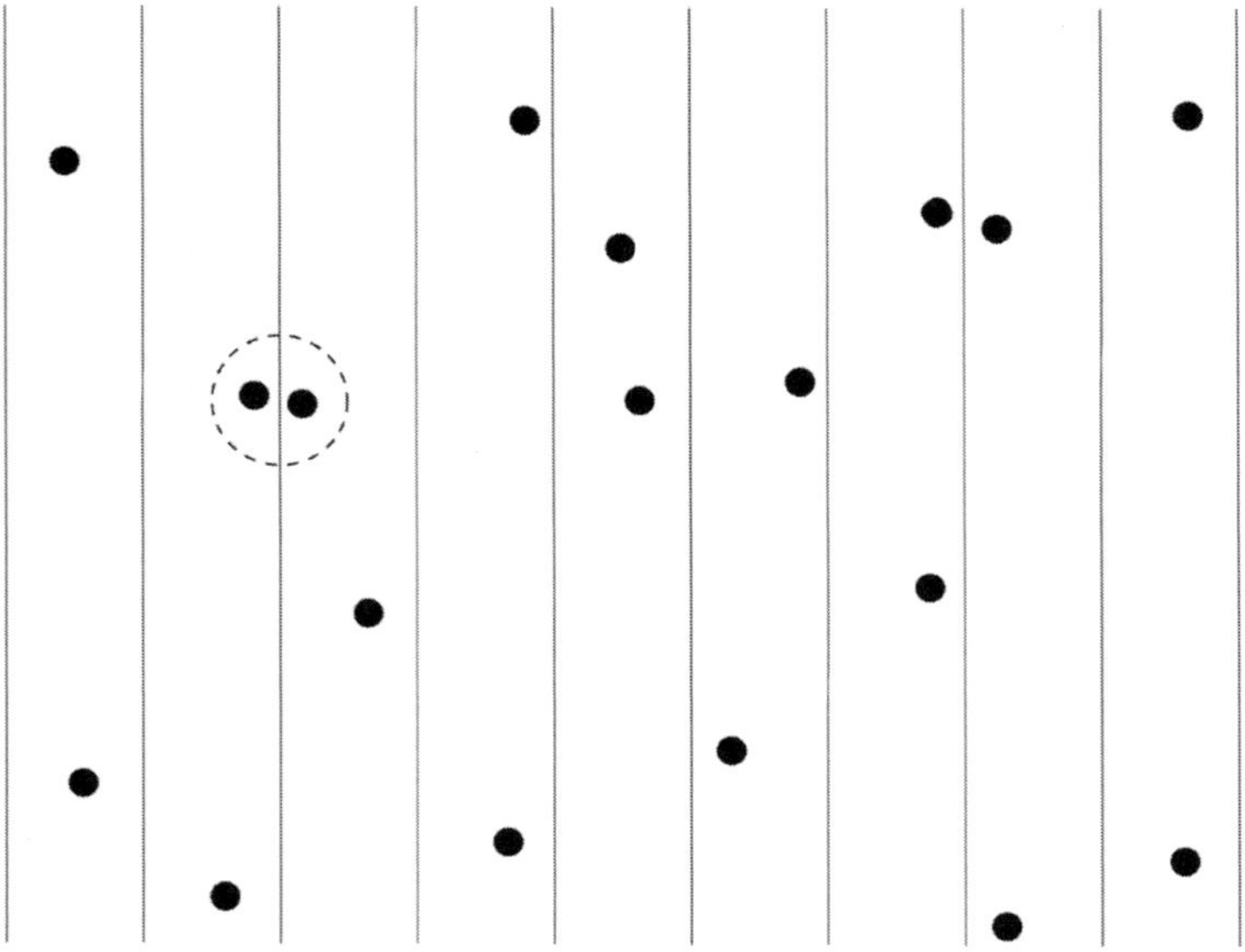

ても、さして近くはないかもしれない。ストローに入った二粒のタピオカのようなものだ。空全体を見わたせば、隣り合った区画の二つの星が最も近いこともあるだろう。図では丸でかこんだ対がそうだ。

隣り合う二つの空の区画を結合させるアルゴリズムが必要だ。右と左の区画それぞれの最も近い星の対同士をアルゴリズムに比較させ、二つの区画を合わせたなかで最も近い星の対を探させる。続いてそれを繰り返し、幅二倍、幅四倍、幅八倍……の区画をつくる。分割された細長い区画は、一〇回の結合でもとの空の大きさに戻る。

結合アルゴリズムは次のような手順になる。二つの隣り合った区画があたえられ、分割線を中心としたゾーンを調べて、左右の区画でそれぞれ一番近いものよりももっと近い星の対がないかどうかを確かめる。

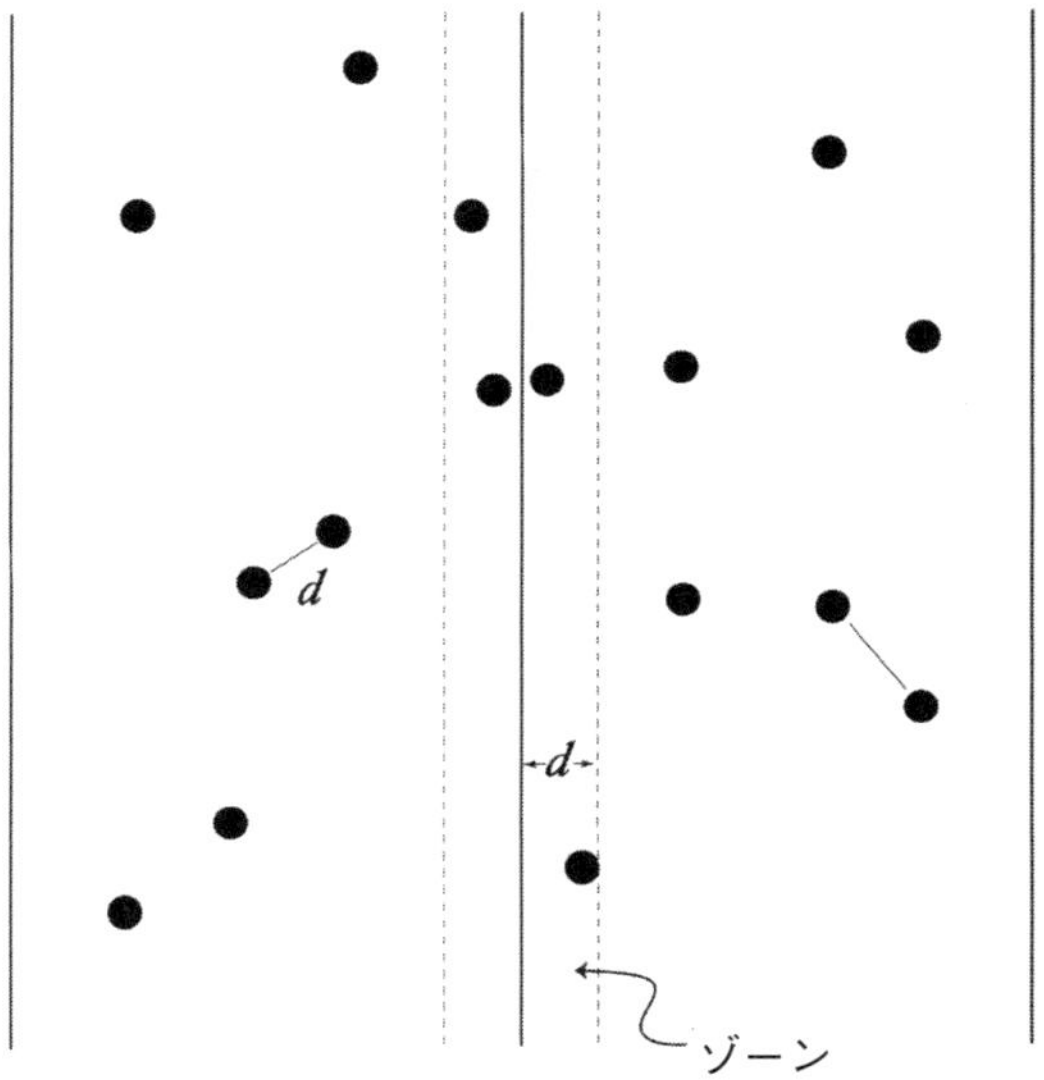

もしあれば、それが結合区画で最も近い対だ。

完全に右または左の区画にあるなかで最も近い星の対を探し、その距離をdとする。このdを基準として、それより距離の近い対を見つけたい。分割線から距離dまでの範囲のなかに、線の左右にまたがる対を探さなくてはならない。ゾーンの幅は$2d$である。

これは効率的にできる。「ああ、そうだといいけどね」とあなたは思うかもしれない。コンピューター科学者は最悪のシナリオ（つまりユーザーにとってのバグ）を心配する癖があるからだ。ゾーンの星は縦の座標にしたがって簡単に並べ替えられる。その一つ一つについて、その星から上下に距離dの範囲にある星の距離を調べる必要がある。次頁の単純な図を見れば、調べるべき星が多くても六個しかありえないことがわかる。その程度なら扱うのは簡単だ。

さて、分割線のやや左側にあるベテルギウスが、右側にある星と分割線をまたいで近い星の対をつくっていないかを確かめたい。確かめる必要があるのは$d \times 2d$の枠内に限定される。右側にはたがい

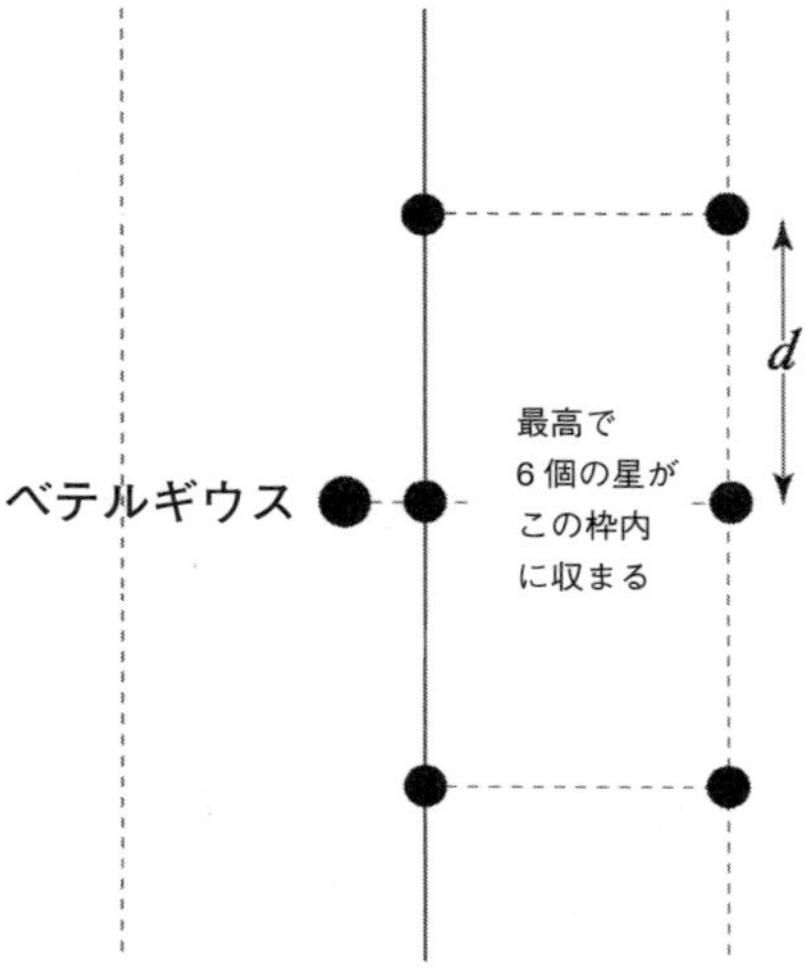
d
最高で
6個の星が
この枠内
に収まる
ベテルギウス

との距離がdより近い二つの星はないのがわかっているので、この枠内に収まる星は最高でも六個しかない。

コンピューターサイエンスを学んだことのない人は頭が混乱しているだろう。プログラマーにとっては、この問題はパズルの難問奇問よりやさしいはずだ。学校で学んだ知識の復習を求めているだけなのだから。

注目に値するおもしろい答えが別にある。天文ファンは、距離の近い星の対には二種類あると指摘するだろう。「連星」（地球が太陽のまわりをまわるように、おたがいのまわりをまわっている二つの星）と、「見かけの二重星」（たがいに関係はないが、地球から見るとたまたま接近して見える星）だ。宇宙がからっぽに等しいくらいすかすかであることを考えると、地球から見た空のなかで最も近い星の対が連星であることはほぼ確実だろう。

さらに言えば、食連星もある。連星の軌道面が地球の方向から見た視線に近いため、二つの星がおたがいの前とうしろを通過するものをいう。最も有名な例はペルセウス座のアルゴルで、肉眼でも観測できる恒星だ。肉眼ではもちろん、高倍率の望遠鏡で見ても一つの星のように見え、三日周期で明

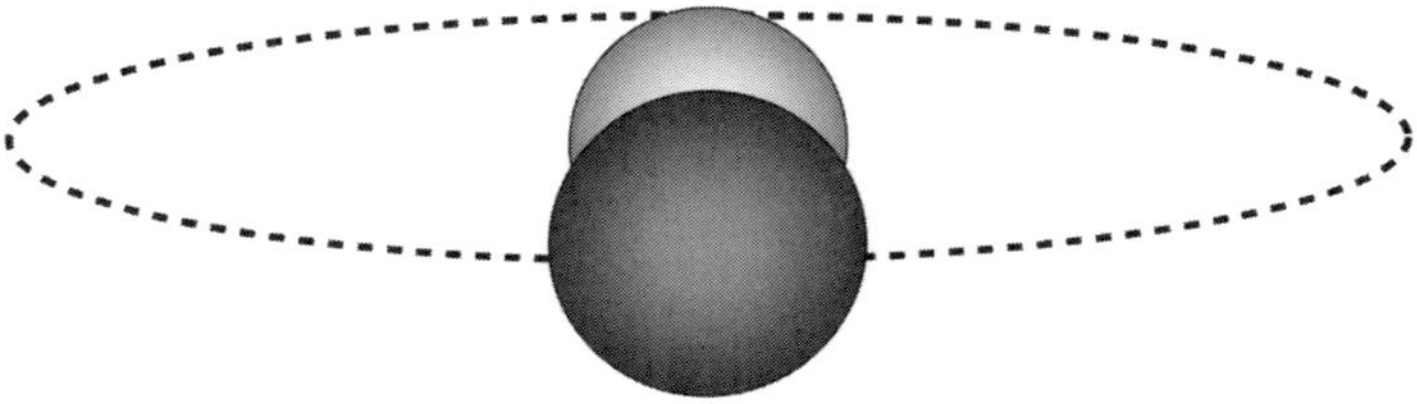

るさが変化する。天文学者は、アルゴルが実際には原寸比で図のような軌道をもつ二つの星であることを発見した。
一方の星がもう一方の星を部分的に隠すとき、アルゴルが暗くなるのが肉眼でもわかる。食のあいだは二つの恒星面の距離がゼロになる。二つの星は空で接触し、重なり合うのだ。これ以上距離の近い星の対はないだろう。
では、最も近い星の対をどうやったら見つけられるだろうか。食変光星は周期的に変化する光度と分光学的特徴から発見できる、というのが天文家の答えである。

第10章

? 水のなかとシロップのなかでは、どちらが速く泳げますか。

十七世紀にアイザック・ニュートンとクリスティアーン・ホイヘンスがこの問題をめぐって議論したが、答えは出なかった。三〇〇年後、ミネソタ大学の化学者エドワード・カスラーとブライアン・ゲッテルフィンガーがシロップ対水の実験を行なった。これほど長い年月がかかったのも当然かもしれない。カスラーによれば、大量のシロップを下水に流す許可を含めて、二二もの承認を得なければならなかったそうだ。また、ミネアポリスの下水が詰まると判断されたため、トラック二〇台分のコーンシロップを無償で提供するという申し出も断わらざるをえなかったという。実験に使用されたのは、アイスクリームやシャンプーやサラダドレッシングに使われる食品用増粘剤のグアーガムだ。スイミングプールにたたえられた約三〇〇キロ近いグアーガムは、「鼻水のように見えた」[1]。

オリンピック級のスイマーだったゲッテルフィンガーは、グアーガムのプールに飛び込むというめずらしい体験をした。その結果については、いましばらくお待ちいただこう。カスラーとゲッテルフィンガーの発見は、二〇〇四年にアメリカ化学技術者学会報に掲載された[2]。翌二〇〇五年、二人はイグノーベル賞化学賞を受賞した。イグノーベル賞は、ストックホルムで授賞式が行なわれる有名な賞をもじったもので、受賞のニュースはおもしろネタとして報じられる。シロップ問題がとびきり嗜虐的な面接問題として復活したのは、一因としてメディアの注目もあったにちがいない。

シロップ競泳大会でのグアーガムの粘性は水の約二倍、密度はただの水とほぼ変わらなかった。この点は重要だった。人間は密度の高い海水でのほうが速く泳げることが昔から知られているからだ。船と同じで、人間の体は海水では浮きやすく、受ける抵抗が小さくなる。

ゲッテルフィンガーらミネソタ大学の学生たちは、水と「シロップ」のプールを何往復もし、標準的な泳法をみな試した。背泳ぎ、平泳ぎ、バタフライ、自由形のいずれの場合も、水とシロップのタイム差は数パーセント未満だった。どちらかのほうが速く泳げることを示す全般的なパターンは見られなかったのである。

ニュートンはまちがっていたということだ。ニュートンは、シロップの粘性のせいで泳ぐスピードが落ちると考えた。速さに違いはないはずだと予想したホイヘンスが正しかった。ゲッテルフィンガーとカスラーの論文には、その理由が述べられている。煙草の煙がどのように立ち昇るかを思い出そう。煙は数センチほど垂直にすうっと昇る。そこから上で分散し、複雑に渦を巻いたり螺旋を描いたりする。渦とは乱流である。ジェット機やスピードボートなど、流体中を高速で通過する物体の邪魔をするものだ。人間の体は泳ぎに最適化されていないので、人は水のなかでとんでもない量の乱流を自分でつくっておいて、悪戦苦闘しながら進もうとする。乱流は粘性よりもはるかに大きい抵抗を生じさせる。二つをくらべれば、粘性は泳ぐのにほとんど妨げにならない。そして乱流は水でもシロップでも同じように生じるので、泳ぐ速さもほぼ変わらないというわけである。

水の流れは魚にとって、さほど大きい乱流ではない。バクテリアならなおそうだ。[3] だからバクテリアはシロップのなかで動きが鈍くなるだろう。

それにしても、これは公正な面接問題なのだろうか。カスラーは私に、シロップ問題に答えるのにコンピューター科学の知識は「まったく役に立たないでしょう」と言った。だが、こうもつけ足した。「大学教養程度の物理の知識がある人なら答えられるはずですよ」。[4] 物理学を専攻した者として、私はそれは甘いと断言しよう。いずれにせよ、採用面接でこの問題に出くわす応募者のほとんどは物理学にあまり詳しくないだろう。そういう人がうまく答えるには、ぱっと連想したものを利用して、なぜこの疑問の答えを出すのに実験が必要だったかを説明しよう。以下はその四つのポイントだ。

1. **ラ・ブレア・タールピットでは泳げない。** 粘性が高すぎる流体は、そのなかで泳げない。ロサンゼルスにあるタールの池に大昔にはまってしまったマストドンに聞いてみればいい。セメントや流砂のなかで泳ごうとしたらどうなるだろう？　粘性の非常に高い流体のなかでは、水のなかよりも泳ぐ速度が遅くなるのは明らかだ。抵抗は大きくなるが、泳ぐ速度が遅くなるか、まったく泳げない。

2. **「シロップ」にもいろいろある。** 問題は樹脂や流砂ではなく「シロップ」についてたずねている。ひと口にシロップと言っても、メープルシロップ、咳止めシロップ、チョコレートシロップ、高果糖コーンシロップ、さらにはアトランタのナイトクラブですするシロップもあって、水のように薄いものから古いパンケーキシロップの瓶の底で固まったもののように濃いものまで、濃度はさまざまだ。どのタイプのシロップかがわからないかぎり、もしくは水よりも粘性の高いすべての流体で泳ぐ速度が遅くなるのが明らかでないかぎり、問題には答えられない。

3. **ダーウィンを呼び出す。** 泳ぐ速度が最高になる粘性の最適レベルがあるとしよう。H_2Oの粘度がたまたま泳ぐのに最適レベルであると考える理由はあるだろうか。

あなたが洞察力に富む魚だったら、あると答えるかもしれない。魚は進化の過程で、そのすんなりした体に沿って流れる水に「適応」して流線型になった。ヒトの体は魚に似ても似つかず、泳ぎ方も魚に似ていない。人間も人間の直接の祖先も、その遺伝子プールは川や、湖や海のような水たまり《プール》のなかで充実した時間を過ごさなかった。私たちはハンググライダーで空を飛びもすれば、水のなかで泳ぎもするが、体はそれに適したようにできていない。オーストラリア式クロールをするようにできている生きものは、姿かたちが人間とはまるで違うだろう。カスラーいわく、「泳ぎが最もうまい生物は、ヘビの体にゴリラの腕をもっているにちがいない」[5]

人間が水と粘性の異なる物質のなかでのほうが水のなかよりも速く泳げるとわかっても不思議はないかもしれない。また、粘度が違っても泳ぐ速さは変わらないことにも不思議はないだろう。

4．**泳ぐことはカオスである。**流体と気体のふるまいはカオスの典型的な例である。わずかな違いが大きく影響するので、結果が予測できない。そのために航空機の設計者は、風洞《ふうどう》を使って実験する必要がある。人間の体は流線型ではなく、水中では動きがぎこちなくなるので、ことはややこしくなるばかりだ。したがって問題で問われている「シロップ」を使って実験し、確かめる必要がある。

カスラーのイグノーベル賞受賞スピーチは、とどのつまりは次のような内容だった。「その理由はややこしい[6]」

おまけ

総合コンサルティング会社アクセンチュアの採用面接で伝統的に出題される四つの問題。[1]

1. 冷蔵庫にキリンを入れるにはどうしますか。

正解　冷蔵庫の扉を開けてキリンをなかに入れ、扉を閉める。

2. 冷蔵庫にゾウを入れるにはどうしますか。

正解　冷蔵庫の扉を開けてキリンを出し、ゾウを入れて扉を閉める。この問題は、自分の行動の結果を認識する能力を試している。

3. 百獣の王ライオンが動物会議を開いています。ある動物を除いてすべての動物が参加しています。参加していない動物とは?

正解　ゾウ。ゾウは冷蔵庫に入っている。この問題は記憶力を試している。さあ、いよいよ実力を証明する最後のチャンス。

4. ワニの国の川を渡らなくてはなりませんが、ボートがありません。どうやって渡ればよいでしょうか。

正解　泳いで渡る。ワニは全員動物会議に出席している。この問題は失敗をどれだけ肥やしにできるかを試している。

謝辞

私は二〇〇三年に『ビル・ゲイツの面接試験――富士山をどう動かしますか?』を出版した。マイクロソフトが出題して有名になった採用面接の難問奇問をテーマにした本だ。以来、私のもとには同社の面接を受けたことのある人々から、ありがたくも続々と手紙が届く。いい感じで終えた面接、苦い思いをさせられた面接、どうしようもなく頭にきた面接、いろいろだ。私がこのテーマへの関心を失わずに今日までできたのは、手紙をくれた人たちの熱意のおかげである。前回と同様に、協力してくれた人々の多くは名前を伏せねばならない。

エドワード・カスラーは「シロップ問題」の経緯について情報をくれただけでなく、オックスブリッジが昔からひねった面接問題を出すことも教えてくれた。グーグルのトッド・カーライルとプラサド・セティは同社の人事採用の方針について親切にも詳しく説明してくれた。グーグルプレックスの見学と取材のお膳立てをしてくれたジョーダン・ニューマンに感謝する。

次の方々にもお礼を言いたい。ラケシュ・アグラワル、アダム・デヴィッド・バー、ジョー・バレラ、トレイシー・ベハー、カレン・ボンダラパティ、ジョン・ブロックマン、グレン・エラートと学生たち、カーティス・フォンガー、テリー・フォンヴィル、ランディ・ゴールド、ウィリアム・ヒリアード、ラリー・フザー、ローハン・マシュー、カティンカ・マトソン、ジーン・マッケンナ、アジャ・マチニック、アレックス・ペイキン、キャシー・パウンドストーン、マイケル・プライア、ミシェル・ロビノヴィッツ、クリスティーナ・ロドリゲス、アーサー・セイント・オービン、クリス・セルズ、アリソン・ションテル、ジョエル・ショーキン、ジェリー・スロカム、ジェローム・スミス、ノーマン・スピアーズ、ジョエル・スポルスキ、ノア・スオジネン、カリフォルニア大学ロサンゼルス校リサーチライブラリーの職員のみなさん、カレン・ウィッカー、ジョー・ウィスノフスキ。ありがとう。

訳者あとがき

検索窓に「グーグル」「面接」と入力して「ググって」みると、うわさどおり、グーグルの面接でいかに変わった問題が出されるかを話題に取り上げたサイトやブログがたくさん見つかります。そのなかに、ラトビアの男性の体験談を本人の許可を得て翻訳したサイトがありました。その二十代後半の男性は二〇〇八年にグーグルの面接を三回の電話調査を含めて合計八回受け、各回がどんな様子だったかを報告しています（グーグルとの秘密保持契約に違反しない範囲でなので、問題そのものは詳しく書かれていませんが）。結果は残念ながら不合格だったようですが、経験を積んでから再挑戦するようにとの返事をもらったそうで、面接を受けたこと自体がエキサイティングで楽しい体験だったと感じているのが文章全体からうかがえます。採用面接はただでさえ緊張を強いられるものなのに、難問が出されることで有名なグーグルの面接をこんなふうに楽しめたらどんなにいいでしょう。（もとのブログはhttp://www.catonmat.net/blog/my-job-interview-at-google/、翻訳したブログはhttp://d.hatena.ne.jp/shiumachi/20090122/1232574613。こちらは「グーグルの面接を受けてみた」で検索するとトップに表示されます。）

本書の著者であるウィリアム・パウンドストーンは、二〇〇三年にマイクロソフトの採用試験と面接問題を取り上げて『ビル・ゲイツの面接試験――富士山をどう動かしますか』（青土社刊）を書き、企業の採用面接で難問奇問を出題することの意味を問いました。今度はグーグルです。マイクロソフト式の面接をまねる企業が続出していることは前著ですでに指摘されていましたが、それから八年経った今日、世界のトップ企業になったグーグルも面接で難問を出すことで有名になっています。そして、この面接方式はいまや先端産業ばかりでなく成熟産業の企業にも広がり、創造的でカッコいいと思われたいがために難問を出す企業もあるといいます。著者はその現象を現実として認めたうえで、本書でいま一度このテーマを取り上げた目的を明確に述べています。面接で出題されるさまざまなタイプの難問にどう答えるのがベストなのか、創造的な思考力とはどんなものなのか、雇用者にとってどんな面接問題が有効なのか。それを分析し、考察していこうというわけです。仕事を探している人があたえられたチャンスを生かし、人を探している企業が本当にほしい人材を見出せること、言い換えれば、現在の雇用市場における幸福なマッチングを願ってのことでしょう。前作と同様に昨今の面接の難問の具体例を挙げて解説していますので、頭の体操本としても楽しめるのは言うまでもありません。

前作とくらべて興味深いことは、難問奇問を出すことでは何歩も先を行っていたマイクロソフトとグーグルの違いを扱っている点です。現在、グーグルはどこよりも人材採用がうまいと言われています。すぐれた人材を見つけ出して獲得すること、その有能な人が離職してしまわないようにすることにグーグルは成功しているのです。数度にわたる電話での聞きとり調査、五回以上のグーグルプレックスでの面接。こうした手順はマイクロソフトも同じです。グーグルの面接のユニークさは徹底して偏見を排除しようとしていること、そのための工夫にあります。面接官同士が候補者のことを話し合ってはいけないという決まりを設け、面接結果を含めた候補者に関する情報を「パッケージ」にまとめ、採用委員会に何度もかけたうえで合否を決定します。そのもとにあるのは、どんな人もまったく偏見のない決定を独りで下すことはできないという考えです。

さらに、問題の解き方もマイクロソフトとグーグルでは違います。創造的な思考力、柔軟な発想力のある人、ずば抜けて優秀な人を求めているのはどちらも同じですが、同じ問題をどんなふうに解く人を求めているかは異なるようです。たとえば、第5章の「ボブとイヴと電話番号」や「ウサギの一〇〇メートル競走」などの問題を見ていただければわかるとおり、理論的には正しいけれども複雑で面倒な解答がマイクロソフト式、目が覚めるようなすっきりした簡潔な解答がグーグル式。どちらが明快かつあざやかな解答かは歴然としており、そこには二つの企業の社風と経営者のタイプの違いとともに、王者の座を守ろうとする企業と新しく台頭した気鋭の企業との違いが象徴的に現われています。

グーグルが人材採用に成功している理由は、難問を課して優秀な頭脳を見抜いていることや念を入れた採用手法ばかりでなく、総合的な人事戦略にあるのでしょう（グーグル人事部の名称「ピープルオペレーションズ」はまさに「人材作戦」という意味です）。大学のキャンパスのような明るく楽しげな職場環境、無料の社員食堂や外国語レッスンや旅行といった破格の社員特典、つねに新しいものを創造する先端的な企業というイメージを人々に印象づけるための変わった広告など、あらゆる方面から人材を引きつけて離さないように作戦が練られています。ひと口に言うと、グーグルはグーグルで働くのが楽しいと思える人を雇うのがうまいのでしょう。楽しいと感じながら働く社員は会社への貢献度が高く、会社は新しいものをどんどん生み出して波に乗り、社員にとってますます働きがいのある職場になる。相乗効果なのです。

どの企業もグーグルのような人事戦略を実行できるわけではないし、もちろん求職者の誰もがグーグルのような企業で仕事をしたがっているわけでもありません。しかし、力をつくして働いてくれる人材がほしいのはどこの企業も同じ、働きがいのある職場で働きたいと思うのは誰も同じでしょう。企業はどんな人材がほしいのかを明確にし、そういう人を選ぶにはどんな方法をとればよいかをよく考えること、求職者は自分が創意工夫に長けた生産的な社員であるために何をすればよいかを問うことが求められているようです。著者は面接試験に合格するための心構えとして、短い言葉でそのヒントをくれています。思考をひと跳びさせること、肝心なのは粘り強さだ、と。そしてそれは採用面接のみならず、どんな場面でも大切なことではないでしょうか。経済低迷、政治混迷の今日の日本ですが、それを心がけるだけで毎日を前向きに暮らしていかれる気さえします。

本書の翻訳は青土社の篠原一平氏からすすめられましたが、パウンドストーンの著作の読者であったわたしには大変うれしいお話でした。先述した「ボブとイヴと電話番号」の問題は、このわたしでも簡潔なグーグル式解答がすぐにひらめいたりして、翻訳は思ったとおりの楽しい作業になりました（もっとも、解答編にあるような暗号を用いた解答は思いつくべくもなかったわけですが……）。実際の編集作業は足立桃子氏が担当してくださいました。お世話になった両氏に感謝いたします。ありがとうございました。

桃井緑美子

二〇一二年七月

索引
Index

人名

あ行

か行

さ行

た行

な行

は行

ま行

や行

ら行

問題（解答）

ウェブサイトと映像
Websites and Videos

CareerBuilder www.careerbuilder.com/

大手求人サイト。求人情報とアドバイスを提供するほか、サイトから履歴書を送ることができる。

Career Cup http://www.careercup.com/

IT・テクノロジー分野専門の求人サイト。最新の面接問題を知るのに便利。

Glassdoor http://www.glassdoor.com/index.htm

金融、テクノロジー、その他の分野に強い求人サイト。給与、会社情報、面接問題について情報を投稿できる。

Google Interview http://google-interview.com/google-interview/

グーグルの面接に関する投稿サイト（グーグル公認ではない！）。グーグル全般について非常に役立つ情報が掲載されている。技術に関する問題、ひねった難問ともに豊富。個人の大げさな体験談もあり。

Hacking a Google Interview http://courses.csail.mit.edu/iap/interview/materials.php

MITのビル・ジェイコブスとカーティス・フォンガーによる講座。ソフトウェアエンジニアに出題される技術的な問題を解説する。講座のプリントがサイトから入手できる。

Monster.com http://www.monster.com/

最も有名な求人サイト。求職活動のあらゆる段階に関する記事を掲載。

Stanford's Entrepreneurship http://ecorner.stanford.edu/authorMaterialInfo.html?mid=1090

2002年5月1日にラリー・ペイジとエリック・シュミットを招いて行なわれたスタンフォード大学での公演。人事採用を含むグーグルの文化のさまざまな面について二人が語っている。

原注
Notes

題　辞

　この問題は数多くのウェブサイトに掲載されている。ナショナル・パブリック・ラジオ『カー・トーク』の公式サイトに投稿したリスナーの「エリザベス・G」によると、カリフォルニア州フォスター・シティーのEFI社で「友人の父親の友人」である「アラン・B」という人物から聞いたという。EFIは面接で難問を出すことで知られている。このパロディはデヴィッド・モーガン－マーの「イレギュラー・ウェブコミック！」読者アンケートの#248に解答と一緒に掲載されている（括弧内は投票結果）。

64スクエアは王国全体よりもコメを蓄えている。695票（16.4%）
その医者は彼の母親だ。493票（11.6%）
もう一方のドアに変えたほうがよい。485票（11.4%）
7人目の哲学者は飢え死にする。472票（11.1%）
彼はつららで自殺した。466票（11.0%）
時速16マイル。389票（9.2%）
宣教師が修道女の伯父でもある場合にかぎって。366票（8.6%）
29日真夜中の最初の人食い人種。346票（8.1%）
もう一人の農夫の教える道が正しいかを彼に聞くこと。209票（4.9%）
彼は自分の馬を加え、最後にそれはあまる。183票（4.3%）
彼は背が低くて10階よりも上のボタンに手が届かない。145票（3.4%）
さらに、30人を超すダグラス・アダムズのファンが正解は42だとeメールを送ってきた。

第 1 章

1. Auletta, Googled, 15.（『グーグル秘録』オーレッタ）
2. この問題についての面接官と応募者のやりとりは数人の面接経験者の話をもとにした。
3. Bernard, "Google to Add Pay."
4. On-Line Encyclopedia of Integer Sequences. https://oeis.org/
5. ウィキペディアのエドワード・カスナーの項を参照のこと。http://en.wikipedia.org/wiki/Edward_Kasner.
6. "Origin of the Name 'Google,'" http://graphics.stanford.edu/~dk/google_name_origin.html
7. Merrell, "Heve Your Google People."
8. 2010年5月24日のアリソン・ションテルへのインタビュー。
9. Auletta, Googled, 286. グーグルの副社長マリッサ・メイヤーを情報源としている。（『グーグル秘録』オーレッタ）
10. もっともな格言としてステッカーになっている。アインシュタインは1929年にサタデー・イブニング・ポスト紙のインタビューに答えてこう言った。Viereck, "What Life Means to Einstein."
11. gamedev.net への "nuven" からの 2005 年 2 月 8 日の投稿。http://archive.gamedev.net/archive/community/forums/topic.asp?topic_id=299692.
12. LaBarbera, "The Biology of B-Movie Monsters."
13. Borelli, On the Movement of Animals.
14. Vogel, "Living in a Physical World," 303に引用。
15. Aulletta, Googled, 215-6.（『グーグル秘録』オーレッタ）

第 2 章

1. クリス・セルズのブログ。2005 年 11 月 23 日に掲載。www.

sellsbrothers.com/Posts/Details/12378.

2. Dunnette and Bass, “Behavioral Scientists and Personnel Management.”
3. Martin, “Confessions of an Interviewer.”
4. コーエンのブログ。2004年7月6日に掲載。www.advogato.org/person/Bram/diary.html?start=111.
5. Hansel, “Google Answer to Filling Jobs Is an Algorithm.”
6. Gunter, Biodata, 7.
7. この数は最初120だったが、その後150に増え、最終的に180になった。ウィキペディアのJ・P・ギルフォードの項を参照。http://en.wikipedia.org/wiki/J._P._Guilford.
8. ウィキクォートのトマス・エジソンの項にいくつかのバージョンと出典が記されている。http://en.wikiquote.org/wiki/Thomas_Edison.
9. Torrance, Guiding Creative Talent, 16.（『創造性の教育』トーランス）
10. Millar, E. Paul Torrance, 51.
11. メルヴィルは1850年の小説『白いジャケツ』で、哲学を「足場になる地面がところどころにほんの少し見えるだけの泥沼とぬかるみ」と呼んだ。グーグル・ブックスで読める。1892年版（New York: United States Book Company）p.177。
12. Cohen, “Charting Creativity.”
13. 2010年6月16日のエドワード・カスラーへのインタビュー。Moggridge, How to Get into Oxford and Cambridge. 以下も参照。http://dailysalty.blogspot.com/2007/09/brilliant-interview-questions-how-many.html.
14. Lohr, “John W. Backus.”
15. Lohr, “John W. Backus” では、この言葉が初めて使われたのは1958年とされている。
16. Lohr, “John W. Backus.”
17. Lohr, “John W. Backus.”
18. グーグルは2004年に証券取引委員会に株式公開を申請したとき、

2,718,281,828ドルの資金調達の許可を求めた。eドルの10億倍の金額だ。

19. Pegg and Weisstein, "Mathematica's Google Aptitude." 偶然だが、サーゲイ・ブリンはウルフラム・リサーチでインターンとして働いたことがある。
20. Auletta, Googled, 33.（『グーグル秘録』オーレッタ）
21. Auletta, Googled, 98.（前掲）
22. Auletta, Googled, 98.（前掲）
23. 以下に掲載されたコメント。www.glassdoor.com/Interview/Apple-Interview-Questions-E1138_P6.htm.
24. www.glassdoor.com/Interview/Apple-Interview-Questions-E1138_P6.htm.
25. Frommer, "It's Harder to Get a Job."
26. Guynn, "Tech firms try to outperk one another."
27. Auletta, Googled, 288.（『グーグル秘録』オーレッタ）
28. Auletta, Googled, 286.（前掲）
29. Auletta, Googled, 57.（前掲）
30. Edmans, "Does the Stock Market Fully Value Intangibles?," 2.
31. Auletta, Googled, 33.（前掲）
32. Guynn, "Tech Firms Try to Outperk One Another."
33. Warner, "The Why-Worry Generation."
34. ピーター・ベイリーの言葉。Laakmann, "Cracking the Technical Interview," p.15に引用。

第 3 章

1. Goodman, "U.S. Job Seekers Exceed Openings."
2. 2010年6月8日のアグラワルへのインタビュー。
3. 2010年6月8日のアグラワルへのインタビュー。

4. CareerCupのサイト www.careercup.com/question?id=1945への投稿。
5. Patterson, The Quants, 166.（『ザ・クオンツ』パタースン）
6. www.glassdoor.com/Interview/Bank-of-America-Interview-Questions-E8874_P3.htm
7. Bryant, “On a Scale of 1 to 10.”
8. http://money.cnn.com/magazines/fortune/bestcompanies/2010/snapshots/53.html.
9. 2002年5月1日、スタンフォード大学におけるペイジの談話。以下のビデオ参照。http://ecorner.stanford.edu/authorMaterialInfo.html?mid=1090
10. Glater, “Another Hurdle for the Jobless.”
11. Isidore, “Out-of-Work Job Applicants.”
12. Tugend, “Getting Hired.”
13. 2010年6月17日のロビノヴィッツへのインタビュー。
14. Bray, Formative Years in Business.
15. Kahneman, “Nobel Prize Autobiography.”
16. Stone and Jones, “Perceived Fairness of Biodata.” 公正感を調べる質問のなかに、「模型飛行機を組み立てたことがあるか」という質問があった。

第 4 章

1. http://sites.google.com/site/steveyegge2/google-secret-weapon
2. Auletta, Googled, 109.（『グーグル秘録』オーレッタ）
3. http://sites.google.com/site/steveyegge2/google-secret-weapon
4. 2010年4月7日のカーライルへのインタビュー。
5. 2010年4月7日のカーライルへのインタビュー。
6. 2010年4月7日のカーライルへのインタビュー。
7. 2010年4月7日のカーライルへのインタビュー。

8. Hansell, “Google Answer to Filling Jobs Is an Algorithm.”
9. 2010年4月7日のカーライルへのインタビュー。
10. 以下のサイトの2008年8月1日付、Julietteによる投稿。http://techcrunch.com/2009/01/18/why-google-employees-quit/#ixzz0oUskrlwQ
11. Auletta, Googled, 49.（『グーグル秘録』オーレッタ）
12. Auletta, Googled, 214.（前掲）
13. www.sfgate.com/cgi-bin/blogs/techchron/detail?entry_id=50641参照。
14. Hansell, “Google Answer to Filling Jobs Is an Algorithm.”
15. 2010年4月7日のカーライルへのインタビュー。
16. 2002年5月1日、スタンフォード大学におけるペイジの談話。http://ecorner.stanford.edu/authorMaterialInfo.html?mid=1090
17. 2010年4月7日のカーライルへのインタビュー。
18. ユーチューブのオミッド・コーデスタニによる2006年の講演参照。www.youtube.com/watch?v=ZARPcmuTTXs
19. 2010年4月7日のカーライルへのインタビュー。
20. Tugend, “Getting Hired.”
21. 2010年4月7日のカーライルへのインタビュー。
22. 2010年4月7日のセティへのインタビュー。
23. 2010年4月7日のセティへのインタビュー。
24. 2010年4月7日のセティへのインタビュー。
25. 2010年4月7日のセティへのインタビュー。
26. Tugend, “Getting Hired.”
27. Tugend, “Getting Hired.”
28. 2010年4月7日のカーライルへのインタビュー。
29. 以下のサイトの2009年11月19日付、BillRによる投稿。http://blog.seattleinterviewcoach.com/2009/02/140-google-interview-questions.html
30. オバマとシュミットの公開座談会のビデオは以下のユーチューブ参

照。www.youtube.com/watch?v=k4RRi_ntQc8&feature=related

31. 2010年4月7日のセティへのインタビュー。

32. Lorraine, “Google Cheat View.” ブログ “Idiot Forever” の作成者がのちに、この話は自分がでっちあげてサン紙に知らせたものだと公表した。以下の投稿を参照。http://idiotforever.wordpress.com/2009/03/31/how-i-duped-the-sun/

33. Kaplan, “Want a Job at Google?”

34. 2010年4月7日のカーライルへのインタビュー。

35. CareerBuilder, “Forty-Five Percent of Employers Use Social Networking Sites.”

36. 2010年6月8日のアグラワルへのインタビュー。

37. 2010年4月7日のカーライルへのインタビュー。

38. ニューヨーク・タイムズ紙のサイトのWortham記者の記事 “More Employers Use Social Networks” に対する “libation” からの投稿。

第 5 章

1. Poundstone, How Would You Move Mount Fuji?, 79-80.（『ビル・ゲイツの面接試験』パウンドストーン）

2. Auletta, Googled, 28.（『グーグル秘録』オーレッタ）

3. Auletta, Googled, 32.（前掲）

4. www.joelonsoftware.com/items/2005/10/17.html.

5. ティマのブログ。 Http://paultyma.blogspot.com/2007/03/howto-pass-silicon-vallely-software.html.

6. 100万枚の活動記録を並べ替えるのに、ティマ夫人の方法は処理回数100万を要した。クイックソートなどのソートのアルゴリズムはO(1,000,000 log_2)(1,000,000)で、数値だけを見ればティマ夫人の方法はおよそlog_2(1,000,000)、19.9＋倍早い。

第 6 章

1. 以下のモハンマドのブログに掲載。 http://allouh.wordpress.com/2009/04/14/interview-with-google/.
2. 2006年12月30日、以下のブログに掲載された"Daniel"のコメント。www.shmula.com/31/my-interview-job-offer-from-google.
3. Gardner, Wheels, Life and Other Mathematical Amusements, 30.（『アリストテレスの輪と確率の錯覚』ガードナー）
4. Gardner, The Scientific American Book of Mathematical Puzzles and Diversions, 24, 28. (『おもしろい数学パズル』ガードナー)
   Gardner, The Unexpected Hanging and Other Mathematical Diversions, 186（『数学ゲーム１』『数学ゲーム２』ガードナー）も参照。そのなかで最初の出版年を1957年としている。
5. Auletta, Googled, 43.（『グーグル秘録』オーレッタ）

第 7 章

1. 2010年4月7日のカーライルへのインタビュー。

第 8 章

1. 2010年5月25日のアリソン・ションテルへのインタビュー。
2. 2010年5月25日のアリソン・ションテルへのインタビュー。
3. Orlowski, "Tales from the Google Interview Room."
4. 2010年の外部の試算によると、Gメールによる収入はグーグルの収入の0.3パーセントだった。以下を参照。http://seekingalphs.com/article/196953-youtube-much-more-important-than-gmail-for-google.
5. 全米大学雇用主協会によると、2010年4月に大学卒業後の就職先が

決まっていた大学四年生は4分の1以下だった。2007年の52パーセントから下がり続けている。Warner, "The Why-Worry-Generation."

第 9 章

1. Time, "An Eggalitarian Education," 50. 以下も参照。Gardner, The Last Recreations, 54.
2. 2006年12月6日、以下に掲載された「ptoner」のコメント。http://classic-puzzles.blogspot.com/2006/12/google-interview-puzzle-2-egg-problem.html.

第 1 0 章

1. Akron Beacon Journal, "Head a Burger Standard."
2. Akron Beacon Journal, "Head a Burger Standard."
3. 私はこの問題を以下でも取り上げた。Poundstone, How Would You Move Mount Fuji?, 79-80.（『ビル・ゲイツの面接試験』パウンドストーン）
4. Brozek, "Densitometric Analysis of Body Composition."
5. "Mass of Human Head" by Glenn Elert and students. http://hypertexbook.com/facts/2006/DmitriyGekhman.shtml.
6. http://danny.oz.au/anthropology/notes/human-head-weight.html.
7. Cohen, "Charting Creativity."
8. Cohen, "Charting Creativity."
9. www.brainquote.com/quotes/authors/t/thomas_a_edison.html.
10. 2009年11月19日のBillRの以下への投稿。http://blog.seattleinterviewcoach.com/2009/02/140-google-interview-questions.html.

解答編　第2章

1. Newell and Simon, Human Problem Solving.
2. Gardner, The Scientific American Book of Mathematical Puzzles and Diversions, 33.（『おもしろい数学パズル』ガードナー）
3. Gardner, The Scientific American Book of Mathematical Puzzles and Diversions, 34.（『おもしろい数学パズル』ガードナー）プッツァーとローウェンが1958年に発表したのは、サンディエゴのコンベア科学研究所刊行の研究記録だった。
4. Selvin, "A Problem in Probability."
5. Selvin, "On the Monty Hall Problem."
6. Tierney, "Behind Monty Hall's Doors."
7. Granberg and Brown, "The Monty Hall Dilemma," 711.
8. Selvin, "A Problem in Probability."
9. Granberg and Brown, "The Monty Hall Dilemma," 718.
10. Vos Savant, The Power of Logical Thinking, 15.（『気がつかなかった数字の罠』サヴァント）
11. 重力波とブラックホールのような特異なものや潮汐力に関するより奥深い重力実験は除くべきだ。

解答編　第4章

1. Cox, "Emergency Evacuation Report Card"
2. Cox, "Emergency Evacuation Report Card" の25ページ脚注参照。
3. www.goldengatebridge.org/research/facts.php#VehiclesCrossed参照。
4. ほかの解答例は、以下の "Ace the Interview" のサイト参照。

www.acetheinterview.com/questions/cats/index.php/fundamental/2007/09/17/chicken-by-spencer

5. じつを言うと、これはたんなる偶然の一致で、1マイルのキロ換算

値（1.609）が隣り合うフィボナッチ数の比率（大きい数では約1.618）にたまたま近いというだけである。2010年のPeteris Kruminsの投稿を参照。“Using Fibonacci Numbers to Convert from Miles to Kilometers and Vice Versa” 参照。www.catonmat.net/blog/using-fibonacci-numbers-to-convert-from-miles-to-kilometers

6. Crease, “The Greatest Equations Ever.”
7. Nahin, Dr. Euler's Fabulous Formula, 1.（『オイラー博士の素敵な数式』ナーイン）
8. Galton, “President’s Address,” 494-95
9. Dirac, “The Evolution of the Physicist’s Picture of Nature,” 47.

解答編　第5章

1. primes.utm.edu.

解答編　第6章

1. Conway, “The Weird and Wonderful Chemistry of Audioactive Decay.” この級数は以下でも扱われている。Clifford Pickover, The Cuckoo's Egg.

解答編　第8章

1. Cartlidge, “The Secret of Random Packing.”

解答編　第9章

1. Von Neumann, “Various Techniques Used in Connection with Random

Digits."
2. Paterson, "Maximum Overhang," 1-2
3. Gardner, "Some Paradoxes and Puzzles Involving Infinite Series."

解答編　第10章

1. http://blogs.chron.com/sciguy/archives/2006/02/ill_bet_you_did.html.
2. Gettelfinger and Cussler, "Will Humans Swim Faster or Slower in Syrup?"
3. Gettelfinger and Cussler, "Will Humans Swim Faster or Slower in Syrup?," 2647; 2010年6月16日のカスラーへのインタビュー。
4. 2010年6月16日のカスラーへのインタビュー。
5. Hopkin, "Swimming in Syrup Is As Easy As Water."
6. www.mitadmissions.org/topics/life/boston_cambridge/no_time_for_your_stupid_questi.shtml.

おまけ

1. この問題には数多くのバージョンがあり、インターネット上で広く伝わっている。アンダーソン・コンサルティング（現アクセンチュア）でつくられたとか、「転職希望者の約90パーセントが4問すべてに正答できなかったが、幼稚園児はいくつかに正しく答えた」とするメールをもらっているが、確認できていない。キリンの問題はアクセンチュアのほかにも多数の企業の採用面接で、もちろん冗談として問われている。

参考文献
Bibliography

Akron Beacon Journal. “Head a Burger Standard.” January 18, 2006. wwwredorbit.com/news/science/361388/new_coffee_ship_in_w_akron_plans_oodles_of_noodle/index.html

Arango, Tim. “Present-Day Soapbox for Voices of the Past (with a Web Site).” New York Times, November 30, 2009.

Associated Press. “Study: Older Americans Staying Put in Jobs Longer.” September 3, 2009.

Auletta, Ken. Googled: Tne End of the World As We Know It. New York: Penguin, 2009.（『グーグル秘録――完全なる破壊』ケン・オーレッタ著、土方奈美訳、文藝春秋）

Beatty, Richard W., and Craig Eric Schneier. Personnel Administration: An Experientiai/Skill-Building Approach. Reading, Mass.: Addison-Wesley,1977.

Bernard, Tara Siegel. “Google to Add Pay to Cover a Tax for Same-Sex Benenefits.” New York Times, Iu ne 30, 2010.

Borelli, Giovanni Alfonso. On the Movement of Animals. Translated by P.Maquet. Berlin: Springer-Verlag, 1989.

Bray, Douglas W., Richard I . Campbell, and Donald L. Grant. Formative Years in Business:A Long-Term AT&T Study of Managerial Lives. New York: Wiley, 1974.

Brozek, Josef, Francisco Grande, Joseph T. Anderson, and Ancel Keys. “Densitometric Analysis of Body Composition: Revision of Some Quantitative Assumptions.” Annals of the New York Academy of

Sciences 110 (2006): 113-140.

Bryant, Adam. "On a Scale of 1 to 10, How Weird Are You?" New York Times, January 9, 2010.

CareerBuilder.com. "Forty-Five Percent of Employers Use Social Networking Sites to Research Job Candidate, CareerBuilder Survey Finds." Press release, August 19, 2009, www.careerbuilder.com/share/aboutus/pressreleasesdetail.aspx?id=pr5l9&sd=8/19/2009&ed=12/31/2009&siteid=cbpr&sc_cmpl=cb_pr5l9_&cbRecursionCnt=3&cbsid=22b26a56aa6241049185fc24b7298023-304332027-JP-5.

Cartlidge, Edwin. "The Secrets of Random Packing." Physics World, May 8,2008.

Clifford, Stephanie. "Bug by Bug, Google Fixes a New Idea." New York Times, October 4, 2009.

Cohen, Patricia. "Charting Creativity: Signposts of a Hazy Territory." New York Times, May 7, 2010.

Conway, J. H. "The Weird and Wonderful Chemistry of Audioactive Decay." Eureka 46 (1986): 5-18.

Cox, Wendell. "Emergency Evacuation Report Card." American Highway Users Alliance, 2006. www.highways.org/pdfs/evacuation_report_card2006.pdf

Crease, Robert P. "The Greatest Equations Ever." Physics World, October 6, 2004.

Cureton, Edward E. "Validity, Reliability and Baloney." Educational and Psychological Measurement 10 (1950): 94-96.

Dasgupta, Sanjoy, Christos Papadimiuiou, and Umest Vazirani. Algorithms. New York: McGraw-Hill, 2008.

Dirac, Paul A. M. "The Evolution of the Physicist' s Picture of Nature." Scientific American, May 1963.

Dunnette, Marvin D., and Bernard M. Bass. "Behavioral Scientists and

Personnel Management." Industrial Relations 2 (1963): 115-30.
Edmans, Alex. "Does the Stock Market Fully Value Intangibles? Employee Satisfaction and Equity Prices," 2009. http://ssrn.com/abstract=985735.
Feynman, Richard, Robert B. Leighton, and Matthew Sands. The Feynman Lectures on Physics. Reading, Mas s.: Addison-Wesley, 1963-65.（『ファインマン物理学4　電磁波と物性』リチャード・ファインマン他、戸田盛和訳、岩波書店）
Frommer, Dan. "It's Harder to Get a Iob at the Apple Store Than It Is to Get Into Harvard." Yahoo! Finance, November 12,2009.
Galton, Francis. "President's Address." The Journal of the Anthropological Institute of Great Britain and Ireland, 15, 489-99, 1886.
Gamow, George, and Marvin Stern. Puzzle-Math. New York: Viking, 1958.（『数は魔術師』ジョージ・ガモフ、マーヴィン・スターン著、由良統吉訳、白揚社）
Gardner, Martin. The Scientific American Book of Mathematical Puzzles and Diversions. New York: Simon and Schuster, I959.（『おもしろい数学パズル』M・ガードナー著、金澤養訳、社会思想社）
―― The Second Scientific American Book of Mathematical Puzzles and Diversions. New York: Simon and Schuster, 1961.
―― "Some Paradoxes and Puzzles Involving Infinite Series and the Concept of Limit." Scientific American, November 1964, 126-33.
――Mathernatical Carnival. New York: Knopf, 1975.
――The Unexpected Hanging and Other Mathematical Diversions. New York: Simon and Schuster, 1969.（『数学ゲーム1――楽しい数学へのアプローチ』、『数学ゲーム2――楽しい数学的思考のすすめ』M・ガードナー著、高木茂夫訳、ブルーバックス）
――Wheels, Life and Other Mathematical Arnusernents. New York: W. H.Freeman, 1983.（『アリストテレスの輪と確率の錯覚――ガードナーの数学ゲーム・コレクション』M・ガードナー著、一松信訳、日経サ

イエンス社)
——The Last Recreations: Hydras, Eggs, and Other Mystifications. New York:Copernicus, 1997.
Gettelfnger, Brian, and E. L. Cussler. "Will Humans Swim Faster or Slower in Syrup?" American Institute of Chemical Engineers Journal 50 (2004): 2646-47.
Glatter, Jonathan D. "Another Hurdle for the Jobless: Credit Inquiries." New York Times, August 6, 2009.
Goodman, Peter S. " U. S. Job Seekers Exceed Openings by Record Ratio." New York Times, September 26, 2009.
Granberg, Donald, and Thad A. Brown. "The Monty Hall Dilemma." Personality and Social Psychoiogy Builetin 21 (1995): 711-29.
Guilford, J. P. Way Beyond the IQ. Buffalo, N.Y.: Creative Education Foundation, 1977.
Gunter, Barrie, Adrian Furnham, and Russell Drakeley. Biodata: Biographical Indicators of Business Perform ance. London: Routledge, 1993.
Guynn, Jessica. "Tech Firms Try to Outpcrk One Another." Los Angeles Times, March 28, 2010.
Haldane, J. B. S. "On Being the Right Size." Harper's Monthly 152 (1926): 424-27.
Hansell, Saul. "Google Answer to Filling Jobs Is an Algorithm." New York Times, January 3, 2007.
Hart, Peter E., Nils]. Nilsson, and Bertram Raphael. "Correction to 'A Formal Basis for the Heuristic Determination of Minimum Cost Paths.' " SIGART Newsietter37 (1972): 28-29.
Helft, Miguel. "An Auction That Google Was Content to Lose." New York Times, April4, 2008.
—— "GoogIe Makes a Case That It Isn't So Big." New York Times, June 28, 2009.

Hopkin, Michael. "Swimming in Syrup Is As Easy As Water." Nature News, September 20, 2004. www.nature.com/news/2004/040920/full/news040920-2.html.

International Federation of Competitive Eating. "Sonya Thomas Retains Big Daddy Bu rgerTitle." Major League Eating, Ja nuary21, 2006. www.ifoce.com/news.php?action=detail&sn=361.

Isidore, Chris. "Out-of-Work Job Applicants Told Unemployed Need Not Apply." CNNMoney, June 16, 2010.

Iyer, Bala, and Thomas H. Davenport. "Reverse Engineering Google' s Innovation Machine." Harvard Business Review, April 2008, 59-68.

Kahneman, Daniel. Nobel Prize Autobiography, 2002. http://nobelprize.org/nobel_prizes/economics/laureates/2002/kahneman-autobio.html.

Kaplan, Michael. "Want a Iob at Google? Try These Brainteasers First." Business 2.0, August 30, 2007.

Laakmann, Gayle. "Cracking the Technical Interview," 2009. CareerCup.com.

LaBarbera, Michael C. "The Biology of B-Movie Monsters," 2003. http://fathom.lib.uchicago.edu/2l21701757.

Levering, Robert, and Milton Moskowitz. "What It Takes to Be #1: Genentech Tops the 2006 Best Companies to Work For in America List." Great Place to Work Institute, 2006. www.greatplacetowork.com.

Levering, Robert, Milton Moskowitz, and Michael Katz. The I00 Best Companies to Work For in America. Reading, Mass.: Addison-Wesley, 1984.

Lohr, Steve. "John W. Backus, 82, Fortran Developer Dies." New York Times, March 20, 2007.

Lorraine, Veronica. "Google Cheat View." Sun (London). March 31, 2009.

Lyons, Daniel. "The Customer Is Always Right." Newsweek, January 4, 2010.

Martin, Robert A. "Confessions of an Interviewer." MBA, January 1975.

McHugh, Iosh. "Google vs. Evil." Wired, no. 11.01 (2003).

Merrell, Gerald P. "Have Your Google People Talk to My 'Googol' People." Baitimo re Sun, May 16, 2004.

Millar, Garnet W. E. Paul Torrance, "The Creativity Man." Norwood, N.J.: Ablex

Publishing, 1995.

Moggridge, Geoff. How to Get into Oxford and Cambridge: Beating the Boffins. Cambridge: PGR Publishing, I998.

Nahin, Paul I. Dr. Eiders Pabuious Formuia: Cures Many Mathematicai Ills. Princeton, N.I.: Princeton University Press, 2006.（『オイラー博士の素敵な数式』ポール・J・ナーイン著、小山信也訳、日本評論社）

Neumann, John yon. "Various Techniques Used in Connection with Random Digits." In Monte Carlo Method, edited by A. S. Householder, G. E. Forsythe, and H. H. Getrnond. Washington, D.C.: National Bureau of Standards, 1951.

Newell, Allen, and Herbert A. Simon. Human Problem Solving. Englewood Clif&,N.].: Prentice Hall, 1972.

Orlowski, Andrew. "Tales from the Google Interview Room." Register, January 5, 2007.

Patterson, Mike, Yuval Peres, Mikkel Thorup, Peter Winkler, and Uri Zwick. "Maximum Overhang," 2007. www.math.dartmouth.edu/-pw/papers/maxover.pdf.

Patterson, Scott. The Quants: How a Smaii Band of Math Wizards Took Over Wail Street and Nearly Destroyed It. New York: Crown, 2009.（『ザ・クオンツ——世界経済を破壊した天才たち』スコット・パタースン著、永峯涼訳、角川書店）

Pegg, Ed, Jr., and Eric W. Weisstein. "Mathematica's Google Aptitude." Math world, October 13,2004. http://mathworld.wolfram.com/news/2004-10-13/google/.

Phear, I. B. EIementary Mechanics. Cambridge: Macmillan, 1850.

Pickover, Clifford A. Wonders of Numbers: Adventures in Mathematics, Mind, and Meaning. Oxford: Oxford University Press, 2001.（『ワンダーズ・オブ・ナンバーズ：数の不思議——天才数学者グーゴル博士に挑む〈超難問数学〉』クリフォード・ピックオーバー著、上野元美訳、主婦の友社、抄訳）

Poundstone, William. How Would YouMove Mount Fuji? Microsoft's Cult of the Puzzle: How the World's Smartest Companies Select the Most Creative Thinkers. New York: Little, Brown, 2003.（『ビル・ゲイツの面接試験——富士山をどう動かしますか？』ウィリアム・パウンドストーン著、松浦俊輔訳、青土社）

Selvin, Steve. “A Problem in Probability.” Letter to the editor. American Statistician 29 (1975): 67.

—— “On the Monty Hall Problem.” Letter to the editor. American Statistician 29 (1975): 134.

Stone, Dianna L., and Gwen E. Iones. “Perceived Fairness of Biod ata as a Function of the Purpose of the Request for Information and Gender of the Applicant.” Journal of Business andPsycholog'1l (1997): 313-23.

Thaler, Richard. “Mental Accounting and Consumer Choice.” Marketing Science 4 (1985): 199-214.

Tierney, John. “ Behind Monty Hall's Doors: Puzzle, Debate, and Answer? ” New York Times, Iuly2l, 1991.

Time. “An Eggalitarian Education.” May 18, 1970, S0.

Torrance, E. Paul. Guiding Creative Talent. Englewood Cliffs, N.].: Prentice-Hall, 1962.（『創造性の教育』E・P・トーランス著、佐藤三郎訳、誠信書房）

Tugend, Alina. “Getting Hired, Never a Picnic, Is Increasingly a Trial.” New York Times, October 9, 2009.

Viereck, George Sylvester. "What Life Means to Einstein." Saturday Evening Post, October 26, 1929, 117.

Vogel, Steven. "Living in a Physical World: III. Getting Up to Speed." Journal of Bioscience 30 (2005): 303-12.

Vogelstein, Fred. "Search and Destroy." Fortune, May 2, 2005.

Vos Savant, Marilyn. The Power of Logical Thinking. New York: St. Martin's Press, 1996.（『気がつかなかった数字の罠――論理思考力トレーニング法』M・サヴァント著、東方雅美訳、中央経済社）

Warner, Judith. "The Why-Worry Generation." New York Times, May 24, 2010.

Weekley, leff. "Biodata: A Tried and True Means of Predicting Success." Accessed October 9, 2010. www.kenexa.com/ResourceCenter/ThoughtLeadership/Biodata-A-Tried-and-True-Means-of-Predicting-Succ.

Wortham, Ienna. "More Employers Use Social Networks to Check Out Applicants." New York Times, August 20, 2009.

Yen, Yi-Wyn. "YouTube looks for the Money Clip." Fortune, March 25, 2008.

Are You Smart Enough to Work at Google?
Trick Questions, Zen-like Riddles, Insanely Difficult Puzzles, and Other Devious Interviewing Techniques You Need to Know to Get a Job Anywere in the New Economy
by William Poundstone

Googleがほしがるスマート脳のつくり方
――ニューエコノミーを生き抜くために知っておきたい入社試験の回答のコツ

2012年8月1日　第1刷印刷
2012年8月15日　第1刷発行

著者｜ウィリアム・パウンドストーン
訳者｜桃井緑美子
発行者｜清水一人
発行所｜青土社
東京都千代田区神田神保町1-29 市瀬ビル 〒101-0051
電話｜03-3291-9831［編集］／03-3294-7829［営業］
振替｜00190-7-192955
印刷所｜ディグ／方英社
製本所｜小泉製本

装幀｜桂川 潤

ISBN978-4-7917-6661-1
Printed inJapan